中国古代法律思想史研究

陈 洋 著

中国海洋大学出版社
·青岛·

图书在版编目（CIP）数据

中国古代法律思想史研究／陈洋著. -- 青岛：中国海洋大学出版社，2025.2. -- ISBN 978-7-5670-4091-5

Ⅰ. D909.22

中国国家版本馆 CIP 数据核字第 20255D12L2 号

中国古代法律思想史研究
ZHONGGUO GUDAI FALU SIXIANG SHI YANJIU

出版发行 中国海洋大学出版社	
社　　址 青岛市香港东路 23 号	**邮政编码**　266071
出 版 人 刘文菁	
网　　址 http://pub.ouc.edu.cn	
订购电话 0532-82032573（传真）	
责任编辑 付绍瑜	**电　　话** 0532-85902533
印　　制 日照日报印务中心	
版　　次 2025 年 2 月第 1 版	
印　　次 2025 年 2 月第 1 次印刷	
成品尺寸 170 mm×230 mm	
印　　张 14.25	
字　　数 239 千	
印　　数 1—1 000	
定　　价 59.00 元	

目 录

第一章　先秦时期的法律思想 // 1

第一节　夏商西周的法律思想 // 1

第二节　春秋战国时期的法律思想 // 13

第二章　秦汉时期的法律思想 // 37

第一节　秦汉时期法律思想形成的历史背景 // 37

第二节　秦王朝的法律思想 // 39

第三节　两汉时期的法律思想 // 46

第三章　魏晋南北朝时期的法律思想 // 68

第一节　魏晋南北朝社会发展概述 // 68

第二节　名法思想 // 69

第三节　玄学法哲学思想 // 77

第四节　律学思想 // 92

第四章　隋唐时期的法律思想 // 111

第一节　隋朝的法律思想 // 111

第二节　唐朝的法律思想 // 128

第五章　宋明理学视野中的法律思想 // 149

　　第一节　宋明理学产生的历史背景及思想特色 // 150

　　第二节　宋明理学家的法律活动及法律思想概述 // 157

　　第三节　宋明理学视野中的法律观 // 169

第六章　明末清初启蒙思想家的法律思想 // 185

　　第一节　明末清初启蒙思想家的法律思想概述 // 186

　　第二节　明末清初主要启蒙思想家的法律思想 // 193

结　语 // 220

第一章

先秦时期的法律思想

先秦时期,法律思想得到了一定的发展。在这一时期,法律不仅是社会秩序的基石,也是统治者的重要工具。先秦的法律思想,特别是儒家、法家、墨家、道家等学派的法律思想,为中国古代法律思想的形成和发展奠定了坚实的基础。

第一节　夏商西周的法律思想

夏商西周法律思想的发展,深植于中国古代社会的独特土壤中,呈现出两条鲜明且相互交织的主要线索:一是神权法思想,二是礼制思想。神权法思想在这一时期占据了举足轻重的地位。在夏朝,人们普遍相信"天命"与"天罚",认为法律是上天意志的体现,统治者则是上天的代言人,通过法律来执行上天的意志,维护社会秩序。这种观念在商代得到了进一步的强化,商人通过频繁的祭祀活动强化了对神权的信仰,法律也被视为是神意的体现。到了西周,神权法思想开始与"德治"理念相结合,统治者强调"以德配天",认为法律不仅是神的意志的具体体现,也是统治者德行的体现,从而赋予了法律更深层次的道德内涵。

与此同时,礼制思想也在夏商西周时期得到了充分的发展。礼制,作为中国古代社会的一种特殊规范体系,不仅涉及社会生活的方方面面,更是法律的重要组成部分。在夏朝,礼制已经开始萌芽,通过制定一系列的礼仪制度来规范社会行为。到了商朝,礼制得到了进一步的发展,成为维护社会秩序的重要手段。西周时期,礼治思想更是达到了顶峰,形成了"礼法合一"的法律体系。这种法律体系不仅注重法律的制裁功能,更强调通过礼制来预防犯罪、调和矛盾,实现社会的和谐稳定。

夏商西周法律思想的发展,既体现了神权法思想的深刻影响,也展示了礼制思想的独特魅力。这两条线索相互交织、相互渗透,共同构成了中国古代法律思想的基本框架。

一、夏商西周的神权法思想

(一)神权法思想产生的根源

神权观念是在远古社会的图腾崇拜和祖先崇拜的深厚土壤中逐渐孕育和成熟的。随着文明的演进,特别是在国家建立初期,神权法时期是一个不可或缺的历史阶段。神权法思想在法律领域的体现具有几个显著特征。第一,神或上天被视为至高无上的统治者,其地位凌驾于一切之上。统治者的统治权并非自赋,而是源于神的授权和恩赐。这一观念体现了神与人之间的紧密联系,统治者作为神的代表,行使着神的意志。第二,统治者颁布的法律法令被视为神的意志的具体体现。这些法律法令不仅仅是人类社会的规范,更是神对人类社会生活的指引和命令。有些法律法令甚至直接来源于神的启示,成为神对人类的直接指令。因此,违背这些法律法令就是违背了神的意志,必然会受到严厉的制裁。第三,在司法审判活动中,若遇到难以决断的疑难问题,人们会采取特定的仪式和程序,直接请求神来裁决。这种神裁制度体现了人们对神的敬畏和信任,同时也展现了神权法在司法审判中的核心地位。

神权法思想的诞生源于多重因素的交织影响。第一,它是自然压迫下的产物。在生产力尚未发达的时期,人们对自然界的认知受限,面对诸多无法解释的自然现象,如斗转星移、四季更迭,心中充满了敬畏。这种敬畏之情催生了原始宗教,人们相信存在超自然力量,认为它掌控着自然界的万物,同时也影响着人类社会中的生老病死等事务。因此,神权法的形成,可以说是人类对自然的一种误解和曲解,源于生产力的不足。第二,神权法也是社会压迫下的产物。随着国家的形成,人类社会中的诸多现象,如贫富分化、剥削、战争以及命运,同样令人费解。在这种情境下,人们也倾向于将这些复杂的社会现象归因于神的意志。第三,神权法的出现满足了政治统治的需求。为了强化王权,解释政权的神圣性以及自身掌握政权的合理性,统治者往往借助神权的力量来巩固其统治地位。神权法思想的产生与发展是历史发展的必然结果。在人类社会发展的初期阶段,神不仅是统治者维护其统治的精神支柱,也是统治者赖以生存的精神寄托。

(二)夏商时期的神权法思想

在我国古代,神权法思想虽未形成完备的理论体系或宗教形态,但其萌芽可追溯到遥远的夏代。这种思想的核心体现为对祭祀活动的重视,其中,孔子高度赞扬夏禹对鬼神的虔诚敬畏以及对政务的勤奋不懈。"禹,吾无间然矣。菲饮食而致孝乎鬼神,恶衣服而致美乎黻冕,卑宫室而尽力乎沟洫。"[①] 大意为:对于夏禹,我无任何非议。他自身生活俭朴,饮食朴素无华,却以丰盛的祭品向鬼神表示最高的敬意;他日常穿着朴素,不求奢华,但在祭祀神灵时,所穿祭服却极尽精美;他居住在简陋的环境中,但对待国家的水利建设却倾尽全力,不辞辛劳。

神权法思想在商代达到了顶峰。商人对鬼神的崇拜可以说达到了极致。这个时期,处于最高崇拜之位的是"帝"。《礼记·表记》记载"殷人尊神,率民以事神,先鬼而后礼",反映出商代人对鬼神迷信之深。在商代,人们将鬼神置于至高无上的地位,视其为一切之核心,构成了其意识形态的显著特征,这一观念深刻且广泛地渗透到社会生活的方方面面。无论是国家的重大决策,比如年成的好坏、战争的胜负,还是自然现象如雷电风雨,乃至官员的任免,商人都会通过占卜和祭祀等仪式向鬼神寻求指引。

殷墟遗址中发现的甲骨卜辞,为我们揭示了商代晚期王室及贵族通过龟甲兽骨这一独特载体进行占卜活动的真实历史面貌。这些卜辞不仅是商代文化的珍贵遗产,更是研究商代社会信仰和宗教仪式的直接依据。通过对这些卜辞的深入解读,我们可以发现商人的祭祀对象十分广泛,涵盖了自然界的山川河岳、日月星辰、风雨雷电,以及社会层面的高祖先公、先王先妣、父母诸妇等。这种多

---

① 《论语·秦伯》。

元化的祭祀对象体现了商代对于自然和社会秩序的高度敬畏与尊重。在祭祀的形式和名目上,商人也展现出了极高的丰富性和复杂性。据学者考证,仅祭名和祭仪的种类就多达两百余种,这充分说明了商代祭祀文化的成熟与完善。同时,商代已经形成了一整套严谨而细致的祭祀制度,这些制度不仅规定了祭祀的场合、对象、仪式等内容,还体现了商代社会对于宗教仪式的严格规范和高度重视。在祭祀的典仪方面,商人的表现更是令人叹为观止。他们通过奏乐、歌舞、献典册、黍稷、酒肉等方式来表达对神灵的敬意和祈求。商人对于祭祀活动的重视和尊神的态度,不仅体现了他们对于神权的依赖和信仰,也进一步促进了神权法思想的产生和发展。在这种思想的指导下,商代社会逐渐形成了一种以神权为核心的政治体系和社会秩序。

(三)神权法在西周的演进

1."以德配天"说

在诠释统治者的政权更迭时,相较于解释周朝的崛起,解释商朝的衰亡更为复杂和棘手。这一挑战源于商朝文化中的一个核心理念,即商人自视为天命所归,是天地的直系后裔,对鬼神怀有极高的敬畏和虔诚。在这样的背景下,要解释为何天命会离弃如此虔诚的子孙,并将天命转移至他处,无疑是一个极具挑战性的议题。为了解决这一难题,周朝的统治者对夏商时期的神权法思想进行了深入的审视和修正。他们并未直接否定神权法,而是选择了一种更为温和且富有哲学意味的诠释方式,即提出了"以德配天"的观念。这一观念不仅承认了天命的存在,还强调了德行在维系天命中的关键作用,从而为周朝的崛起提供了合理的解释框架。

"以德配天"的内涵主要包括以下几个方面。

首先,周人崇尚"天"的公正无私,坚信它与世间任何一人都无血缘联系,而是作为天下所有生灵的共同守护者和裁决者存在。在他们看来,"天命"并非永恒固定于某一族群或个体,而是会根据时代的变迁和人事的兴衰而发生转移。这种天命观打破了血缘和世袭的束缚,赋予了每个人通过自身努力去争取天命的可能,这就是"天命靡常"①或"惟命不于常"②。

其次,周人认为天命转移并非无章可循,而是有明确的条件,即"德"。他们深信,只有具备高尚品德的人才能赢得天命的青睐,正如古语所言:"皇天无亲,惟德是辅。"③商人的祖先因为拥有"德",得以成为"天之元子",即天的长子,进而成为天下的统治者。然而,由于其后代逐渐丧失了对"德"的敬重和追求,商朝逐渐失道,最终导致了天命的转移。而周文王则因其深厚的德行被上天选中,成为新的"天之元子",从而赋予了周朝统治天下的使命。在周人看来,王权的合法性不仅来源于上天的赋予,更取决于统治者自身是否具备"德"。他们强调,仅仅敬畏天地鬼神是不足以承受天命的,只有同时敬畏天地鬼神并坚守"德"的统治者,才能真正获得天命的认可。这种思想体现了周人对道德规范的重视和追求。

再次,"德"的核心内容是"保民"。周人认为,民心向背是衡量统治者是否有德的重要标准。民心直接反映了天意,只有真正关心民众疾苦、保障民众利益的统治者,才能赢得民心的支持,进而巩固其统治地位。这正如周公引古人所言:"人无于水监,当于民监。"④这句话强调了以民为镜的重要性,要求统治者时刻以民为本、以民为鉴,不断提升自己的道德修养和治理能力。

总之,"以德配天"的思想体系体现了周人对天命、道德和民心的深刻理解和追求。它强调了统治者必须具备高尚的品德和道德观念,才能真正获得天命的认可和民众的支持。人民首次在政治的天平上占据了举足轻重的地位,这一转变不仅深刻限制了神权势力的扩张,而且更为关键的是,它为中国古代政治法律思想领域奠定了"民本主义"的基石,形成了"重民""重德"和"仁政"等独特的传统风格,对于后世的政治、伦理和文化都产生了深远的影响。

---

① 《诗经·大雅·文王》。

② 《尚书·康诰》。

③ 《尚书·蔡仲之命》。

④ 《尚书·酒诰》。

2."明德慎罚"说

在中国古代社会的深远脉络中,"明德慎罚"这一法律思想不仅是对统治者治国理念的深刻诠释,更是对传统神权观念的一次重大挑战与超越,它如同一股清流,缓缓渗入西周乃至后世的政治法律体系之中,塑造了中国古代法律思想的独特风貌。

"明德慎罚"的提出,源于统治者对天意归属的深刻忧虑与洞察。在那个时代,人们普遍认为天命的选择与统治者的德行紧密相连,一旦统治者失德,天意便会转移至他族,导致政权更迭。因此,忧患意识在统治者心中油然而生,促使他们不得不从两个维度进行自我审视与调整:一是对内修养,即"明德",强调以道德为基石,提升个人品质,以期能够配享天命,稳固统治;二是对外施政,特别是在司法领域实践"慎罚",即在处理百姓事务尤其是犯罪案件时,秉持宽缓、审慎的态度,避免滥施刑罚,以免损害自身德行,动摇天命根基。

"明德慎罚"的主体,是站在国家权力顶端的周王及其各级贵族,他们不仅是法律的制定者,也是司法实践的直接参与者。在"明德"方面,他们深知,唯有以身作则,修身、齐家,方能治国、平天下。因此,这些统治者致力于培养高尚的道德情操,以期通过自身的德行示范,引领整个社会风气向善,从而赢得天命的眷顾与民众的拥戴。而在"慎罚"层面,他们则展现出前所未有的理性与慈悲,不再盲目遵循旧有的严刑峻法,而是根据犯罪的具体情况,如犯罪动机、前科记录,进行细致入微的分析与区分,力求做到罚当其罪,避免无辜受罚及冤假错案的发生。

这一思想在司法实践中的具体体现,首先是对犯罪行为进行精细化分析,不再一概而论,而是区分故意与过失、偶犯与累犯,根据犯罪性质的不同施以相应的刑罚,既体现了法律的公正性,也彰显了统治者的人文关怀。其次,西周统治者摒弃了殷商时期"罪人以族"①的残酷做法,转而推行"罪人不孥"②的原则,即犯罪者的罪责应由其个人承担,不应株连无辜的家族成员。这一转变无疑是对

———————————————

① 《尚书·泰誓上》。

② 《孟子·梁惠王下》。

人权的一大尊重与保护。再者,他们坚决反对滥杀无辜,强调法律的公正与严明,任何未经正当程序审判的处罚都是不被允许的,这在一定程度上遏制了暴力统治,促进了社会的和谐与稳定。

"明德慎罚"的提出与实践,不仅是对上古时期法律思想的一次重要丰富与完善,更为后世儒家法律思想的形成与发展奠定了坚实的基础。它强调了统治者与民众之间的和谐共生关系,主张以道德教化为主、法律制裁为辅的治理方式,这对于中国传统法律思想乃至整个中华文化的发展都产生了深远的影响。同时,它也标志着中国古代政治法律思想开始从神权色彩浓厚的阶段逐渐向人文主义方向迈进,为后世的政治法律实践提供了宝贵的思想资源与借鉴。

二、夏商西周的礼治思想

礼治思想作为与神权法思想并行不悖的另一重要精神支柱,共同维系着夏商西周时期统治者的权威。在这三个朝代的社会结构中,法律思想深植于神权法律观念与礼治理念之中,二者紧密相连,难以分割。随着时代的演进,神权与礼治的思想力量此消彼长:在夏、商两代,神权思想高居主导地位,统治者的一切政令法度乃至天子的言行举止,均被视为神谕的直接体现,神圣而不可侵犯。相比之下,礼治思想在夏商时期尚属萌芽状态,主要作为神权法思想的辅助力量而存在,其功能在于通过祭祀仪式强化神权或王权的权威,并促进同宗血脉的部族成员间的团结,以共同抵御外敌。

随着宗法制度的日益完善,礼治思想逐渐繁荣壮大,其内容涵盖了亲亲、尊尊、孝、忠、德、教化、刑罚等多方面的内容。它不仅是道德的标尺,也是法律的准则,更是统治者治理国家的核心策略。此时,神权法思想转而成为礼治思想的辅助工具,利用超自然的天意概念来论证礼治的正当性,将礼治塑造成顺应天命、符合神意的绝对真理。综上所述,神权法思想兴起于夏商时期,至西周时得到进一步的补充和完善;而礼治思想则自夏代初具雏形,经商代进一步发展,至西周达到其鼎盛阶段。

(一)夏商西周的宗法制

在国家形成之际,经济层面的发展尚未充分成熟,或尚未自然演进到足以催生国家的阶段,国家却已提前出现。依据社会演进的普遍逻辑,铁器或青铜器的广泛应用被视为国家诞生不可或缺的经济基石。然而,考古学证据揭示,在夏朝,尽管已能生产青铜器,但广泛使用的工具仍以陶器和石器为主;直至战国时期,铁器才大规模应用于生产活动中。鉴于经济基础的相对薄弱,传统习俗与社会结构成为弥补这一缺陷的关键。原本应在国家建立后逐渐淡化的血缘关系,在此背景下非但没有消散,反而得到了强化和延续。统治者不仅保留了以血缘为核心的传统统治模式,还创新性地将其直接融入国家架构之中,通过层层任命和分封制度,将亲属安置于各级官位之上,并允许这些职位世袭相传,这一独特的政治安排逐渐演化为宗法制度。

宗法是源于氏族社会末期父系家长制传统习惯的行为规范,以血缘为纽带,用以调整家族内部关系,进而维护家长、族长的统治地位及其世袭特权。

1. 宗法制的完善

夏、商、西周三代王朝均围绕着特定的家族核心而建立,深深植根于父系家长制的古老传统之中,因此,这一时期对宗法制度的重视达到了前所未有的高度。在商代,宗法制度相较于夏代虽有所进步,但仍处于尚未成熟的阶段。其继承制度中,既存在子承父业的传统,也并行着兄弟相继的做法;同时,既可能依据长幼顺序立储,也兼顾嫡庶之别。这种复杂并行的继承机制导致了宗室内部的秩序混乱,甚至引发了家族间的残酷争斗。宗族内部的团结与对权力的争夺,成为商代宗法制度下一对难以调和的矛盾。

及至西周,宗法制度在应对这一深刻矛盾的过程中得到了显著的完善与发展。周人通过一系列精心设计的制度安排,有效地平衡了宗族内部的权力分配,既保障了宗族的凝聚力,又减少了因继承问题而引发的纷争与冲突,从而实现了宗法制度在维护社会稳定与促进家族发展方面的双重功能。

宗法制完善的重要标志,在于确立了嫡庶分明的继承制度,即严格实行嫡长子继承制。这一制度遵循宗法等级森严的原则,明确规定在多妻制的家庭中,必须有一妻被尊为正妻,称为嫡妻,其余则称为庶妻。嫡妻及其子嗣被视为家族的正统与核心,享有至高无上的地位;而庶妻及其子女则处于旁支地位,相对次要。

在王位继承的关键时刻,这一制度严格规定了只有嫡系一脉的子嗣才具备合法继承的资格,无论庶子如何出众,均不得与嫡子竞争王位。更进一步地,在嫡子之中,也仅嫡长子被赋予法定继承王位的权利,这一规定进一步明确了继承的顺序与范围。在特殊情况下,如嫡妻无子嗣,方可考虑从庶子中挑选继承人,但此时仍需遵循"母贵子荣"的原则,即优先考虑其母在家族中地位较高的庶子。这种清晰而具体的继承原则,为立储君提供了明确而客观的标准,有效减少了因继承问题而引发的人为纷争与混乱,从而确保了宗法制度的稳定与延续。

2. 宗法制的内容

宗法制构成了"礼治"的基石,其核心涵盖以下两个方面。一是它依据血缘关系的亲疏来界定社会成员间的尊卑贵贱等级体系。具体而言,与王室血缘关系越为接近的个体,在国家与社会结构中所处的位置便越高,享有的身份与地位也更为显赫。二是宗法制的核心聚焦于嫡长子继承制,即天子、诸侯、大夫、士等贵族身份与权力均遵循严格的嫡长子传承原则。在宗族内部,嫡子享有尊贵地位,而庶子则相对卑微;进一步而言,在嫡子之中,嫡长子的地位最为尊崇,是家族权力与地位的直接继承者。

西周时期的宗法制,其外在形态鲜明地展现为层级分明的宝塔式分封制度。这一制度蕴含两大显著特征。首先,经济层面的土地所有权与政治层面的统治权紧密相连,形成不可分割的整体。周天子作为全国土地的最高所有者,自然而然地成为全国的最高统治者。各级贵族在受封之后,不仅获得土地,还对其封地内的居民拥有绝对的政治统治权。这种土地与政权的高度统一,极大地强化了王权的稳固性。其次,西周的分封制度在很大程度上遵循了宗法原则,除了少数因功勋卓著而被分封的异姓诸侯外,大多数分封均依据宗法关系进行。在宗法制度下,天子、诸侯、卿大夫等职位严格遵循嫡长子继承制,嫡长子作为土地与权力的法定继承人,享有至高无上的地位,被尊称为"宗子"。周天子作为全族之领袖,被称为"大宗"。其同母弟、庶兄弟及非嫡长子之子被封为诸侯,则为"小宗"。诸侯在其封国内亦遵循此制,卿大夫及以下各级亦同,形成了层层递进的宗法体系。在此体系中,"小宗"需服从并尊敬"大宗",而"大宗"则有责任保护"小宗"。

这种分封制与宗法制的紧密结合,不仅确保了各级政权牢牢掌握在统治者最信赖的亲属手中,实现了世卿世禄的传承,还通过宗法关系加深了天子、诸侯、大夫等贵族之间的紧密联系,用族权进一步巩固了王权。对于异姓贵族,则通过联姻等方式加强彼此间的联系,使他们在各自的封地内也建立起类似的宗法体系。如此以来,西周统治者巧妙地将宗法关系融入国家制度之中,实现了族权与王权的深度融合。这一宗法等级制度明确了各个等级的权利与义务,包括进贡、朝觐、提供劳役、接受军事调遣、服从裁判等方面,确保了国家机器的有序运转。

宗法制实为西周社会的基石制度,是西周统治阶层为稳固政权而采取的关键策略之一。在依据宗法原则实施分封之后,贵族阶层内部构建了一种独特的双重纽带:其一是基于国家政治框架的上下级从属关系,明确了行政层级与权力结构;其二则是根植于宗法制度中的尊卑有序与长幼之别,强调了血缘亲属间的伦理次序。这两种关系相互交织,从国家治理的宏观视角到家族伦理的微观层面,将统治者紧密地捆绑在一起,形成了命运相连、荣辱与共的紧密共同体。

(二)礼治的基本原则与特征

1. 礼治的基本原则

宗法礼治思想的核心,在于运用宗法等级制度来治理国家与天下。礼产生于原始社会的尾声,随着阶级社会的形成而被赋予了新的使命。它紧密地与宗法制度相结合,成为维系宗法等级秩序不可或缺的工具。

礼治的基本原则,通过区分尊卑贵贱来构建社会秩序。在西周时期,这一原则进一步细化为四个方面,即《礼记·大传》中所记载的"亲亲也,尊尊也,长长也,男女有别"。礼治思想将其提升为理论层面的指导方针,广泛传播并深入人心。

"亲亲"是指亲爱自己的亲属,首要表现为子女对父母的孝顺与敬爱。其次是"小宗"服从"大宗"。在国家的治理层面,分封土地与任命官员的决策,往往依据与王室血缘关系的远近亲疏来判定,即亲近者享有更高的地位与荣誉,而疏远者则相对卑微,即"任人唯亲"。"亲亲"确定和维护的是宗法等级制度,与其相应的思想或道德规范则是"孝",要求个体对家族长辈尤其是父母的无条件尊敬与服从,从而强化了宗法社会的秩序与稳定。

"尊尊"是指下级官吏或身份等级卑贱的人必须尊敬和服从上级官吏或身份高贵的人。"小宗"必须服从"大宗",整个社会的上下等级制度是神圣不可僭越的。其核心在于确立并维护严格的等级秩序,与"亲亲"侧重于家族内部的情感联结相比,"尊尊"则侧重于强化君主或上级的权威与尊严。与此原则相呼应的思想或道德观念便是"忠"。它倡导个体对君主、上级及整个等级制度的忠诚,从而确保社会秩序的稳固与和谐。

"长长"是强调年幼者应对年长者持以尊敬的态度。"男女有别",则是区分性别间的社会角色与地位,强调男尊女卑、男女授受不亲和同姓不婚的礼俗。与"长长""男女有别"相应的思想和道德观念则是"节""义"。

周礼的基石在于两大核心原则:"亲亲"与"尊尊"。其中,"亲亲"乃宗法制度之精髓,旨在强化家族内部的家长权威与秩序;"尊尊"则进一步融合了宗法观念与等级制度,旨在维护君主与宗族长的至高无上地位。这二者相辅相成,共同服务于宗法等级制度的稳固与发展。基于上述原则,周礼在伦理道德层面尤其凸显"孝"与"忠"的重要性。在当时的宗法等级社会结构中,"亲亲"与"尊尊"往往密不可分,家庭内部的孝顺自然延伸至对君主及宗族长的忠诚,形成了"孝"与"忠"相辅相成、相互交融的社会风尚。因此,"亲亲"与"尊尊"不仅是周礼制定与实施的根本原则,也是西周时期立法与司法实践的指导思想。相应地,"孝"与"忠"既作为个人品德修养的伦理标准,也被明确纳入法律规范之中,成为衡量行为正当与否的重要标尺。这种伦理与法律的紧密结合,深刻体现了西周社会对于秩序与和谐的追求。

《礼记·礼运》中将礼治思想的内容按人们在宗族、社会、家庭、国家中的不同地位做了更具体的表述:"父慈,子孝,兄良,弟弟,夫义,妇听,长惠,幼顺,君仁,臣忠"。由此我们可以体会到礼治思想的核心是"德"。在西周的丰富文献记载中,"德"这一概念频繁出现,且常与先祖的成就紧密相连。如《尚书·酒诰》:"聪听祖考之彝训,越小大德。"在宗法制度的框架下,"德""忠""孝"三者紧密相连,互为支撑。孝行之中蕴含着忠诚,而忠孝两全则被视为高尚品德的体现。与"礼治"思想所倡导的"亲亲""尊尊""孝""忠"等观念相似,"德"同样深深植根于宗法制度之中,但其内涵更为广泛而深刻。它不仅涵盖了对天道的敬畏、对祖先的孝顺、对民众的仁爱,还涉及恪尽职守、行事谨慎以及对不义之行的坚决讨伐等多个方面。这些均为"德"的具体体现。在法律层面,这种道德观念得到了进一步的强化与体现。西周的法律制度将道德规范转化为具有强制力的法律禁令,明确将不孝不友的行为视为最为严重的犯罪,以此来维护社会的伦理秩序与宗法制度的稳定。《孝经·五刑》记:"五刑之属三千,而罪莫大于不孝。"这一做法不仅体现了法律与道德的紧密结合,也彰显了西周社会对于品德教育的重视与追求。

总而言之,西周时期礼的核心功能体现在两大方面:首先是增强宗族内部的凝聚力,其次是明确并彰显社会各阶级与等级之间的界限与差异。鉴于西周社会深植于宗法等级制度之上,且血缘关系作为社会结构的基石,以礼为核心的治理理念自然而然地成为最为民众所接纳和推崇的国家治理哲学。

2. 礼治的特征

"礼者为异"①,其中"异"指的是等级差异。实行礼的根本目的在于通过等级制度来稳固每个人的社会地位,使他们能够安于因天生血统而带来的高贵或卑贱的命运。这样做旨在实现"民不迁,农不移,工贾不变"②,进而达到天下安定的目标。然而,等级的差异并非礼治思想的核心特征,其最本质的特征在于阶级与部族之间的差异,即"礼不下庶人,刑不上大夫"③。正如列宁所言:"在奴隶社会和封建社会中,阶级的差别也是用居民的等级划分而固定下来的,同时还为每个阶级确定了在国家中的特殊的法律地位"④。西周的等级制度首先体现在剥削者与劳动人民这两大贵贱分明的等级上,等级鸿沟是不可跨越的。在宗法制下,贵族恒为贵族,平民恒为平民。"礼不下庶人,刑不上大夫"正是这种阶级差异在法律层面的体现。它不仅是西周礼治的基本特征,也是西周立法与司法的

---

① 《礼记·乐记》。
② 《左传·昭公二十六年》。
③ 《礼记·曲礼上》。
④ 《列宁全集》(第6卷),人民出版社2013年第2增订版,第287页。

重要依据。

"礼不下庶人",意指"礼"的规范与约束主要面向庶人以上的各级贵族。换言之,"礼"是赋予各级贵族的特有权利,这些特权并不适用于庶人。"礼"强调等级差异,天子遵循天子之礼,诸侯遵循诸侯之礼,卿大夫遵循卿大夫之礼,总而言之,不同的等级对应着不同内涵的"礼"。这种"礼"仅在贵族阶层内部实施。"礼不下庶人"即表明贵族之礼并不适用于庶人,而庶人也不能擅自使用贵族之礼,否则便被视为僭越行为。

"刑不上大夫",意指"刑"的处罚主要针对的是大夫以下的庶人和奴隶。然而,这并不意味着大夫之上的各级贵族在犯有严重"僭越"行为时可以免受刑罚。即使需要对他们施加刑罚,也会给予一些特殊的照顾和考虑。

随着西周礼治的持续完善与丰富,"礼"的内容变得日益庞杂,涵盖了政治、经济、军事、教育、行政、司法、宗教祭祀、婚姻家庭、伦理道德等众多方面。它不仅涉及国家的立法、行政以及各级贵族和官吏的权利与义务,还深入人们的日常生活中,如衣食住行、婚丧嫁娶、迎来送往,几乎无所不包。实际上,"礼"已经基本具备了法律的性质,甚至可以被视为国家的根本大法。西周礼治思想对后来的中国传统法律思想产生了深远的影响,成为中国传统法的重要指导原则。

第二节　春秋战国时期的法律思想

一、儒家的法律思想

（一）先秦儒家代表人物

先秦儒家学派由孔子创立,其思想精髓深植于"仁"这一概念之中。在法律治理的层面,儒家主张礼治、德治与人治,明确反对过分依赖严苛的刑罚,反对单纯依循法律的治理模式,即"缘法而治"。孔子之后,儒家学说逐渐分化。在诸多继承者中,孟子和荀子的影响最为深远且广为人知,他们各自发展了儒家的思想体系。

1. 孔子

孔子,名丘,字仲尼,原籍鲁国昌平乡陬邑,其先祖为宋国贵族,因避战祸迁徒至鲁国,孔子年幼时家境已经败落。他二十岁左右做过权贵季氏的家臣,先后担任管理仓储的"委吏"和管理牛羊的"乘田"。他因精通礼仪而声名远播,为人"相礼"。及至三十岁左右,孔子开始广招门徒,传授学问。五十岁后,短暂担任过鲁国中都宰、司空、司寇等职务,但其一生主要致力于教育事业。孔子对西周时期的礼制、典章有着深入的研究。他尊崇周公,向往西周"礼治"社会,将恢复西周的繁荣与和谐视为毕生追求。为实现这一理想,孔子采用道德教化的方式,将西周的"礼治"思想融入自己的思想体系之中,创立了影响深远的儒家学派。

孔子思想的核心"仁",最根本的意思是"爱人"[①]"泛爱众"[②]。孔子的"爱人"是处理人际关系的基本原则,就是要求人们做到"孝悌"和"忠恕"。由此,西周礼治的主要内容——"孝""忠""节""义"等伦理观念皆在孔子的学说中得以保留,而且成为"仁"的体现。实际上,孔子的理想是要建立以"仁"为基础的伦理政治,而这个伦理政治的基础就是礼治、德治和人治。他一方面主张维持礼治,具有许多保守思想;另一方面,他希望通过改良周礼来缓和统治者和人民以及贵族内部的矛盾,提出了不少具有积极意义的思想主张。

2. 孟子

孟子生活在战国中期,名轲,字子舆,邹国人。孟子是鲁国孟孙氏的后代,是孔子之孙子思的再传弟子。他和子思共同创立的一派称"思孟学派"。孟子的思想与孔子、子思一脉相承。孔子与孟子的理论共同构成了儒家学派的核心与主流思想体系,因此,历史上常将二者的学说并称为"孔孟之道",以彰显其在儒家学说中的崇高地位与深远影响。

孟子所处的时代背景相较于孔子之时已发生了显著变化。战国中期,诸侯国间兼并战争频仍,百姓深陷水深火热之中,饱受统治者苛捐杂税与暴政之苦。在这一时期,大国为扩张疆域纷纷实施变法,力求富国强兵;小国亦不甘落后,变法图强以求自保。在这样的社会环境下,法家所倡导的"以力服人"的理念盛行一时。尽管孟子深刻意识到周朝旧制已难以复兴,孔子的学说在当世亦遭遇重

---

① 《论语·颜渊》。

② 《论语·学而》。

重阻碍，但他并未因此放弃希望，反而因对现实极度不满，更加坚定了孔子学说能够拯救世道的信念。孟子在坚守礼治原则的基础上，进一步将孔子的"德治"思想深化为"仁政"学说，强调以仁爱之心治理国家，关怀民生。尤为重要的是，孟子对民众的力量有着更为清醒的认知，他明确提出了"民贵君轻"的民本思想，以及"诛暴君"的激进主张，这些观点不仅彰显了孟子对人民主体地位的深刻认识，也体现了他勇于批判暴政、追求正义与仁爱的政治理想。

3. 荀子

荀子生活在战国末期，名况，字卿，赵国人。荀子曾游学于齐国，在齐国国都临淄稷下学宫讲学，获齐襄王敬重。后因谗言，离齐赴秦，未得重用，转至楚为兰陵令。复因谗归赵，赵王赞其学而不重用。再应楚春申君邀，续任兰陵令。申春君逝后，荀子退隐兰陵，著书至终。

荀子虽在政治生涯中屡遭挫折，未得显达，却在学术领域取得了非凡的成就。鉴于荀子所处的战国末期，正是诸子百家思想发展至鼎盛并趋于完善的阶段，他得以全面审视并总结春秋战国以来的各家学说，尤其是深入剖析了儒家内部的多样流派，包括"思孟学派"。在这一过程中，荀子不仅批判性地继承了前人的思想遗产，更创造性地构建了独树一帜的思想体系，其核心依旧围绕着对周孔德礼之教及王道仁政的颂扬与深化。值得一提的是，荀子在儒家与法家之间架起了桥梁，其兼容并蓄的儒法思想对中国古代法律制度的构建与王统法律思想的塑造产生了深远影响，堪称礼法融合思想的先驱与倡导者。

（二）"为国以礼"的礼治思想

1. 儒家对西周礼治思想的继承和发展

孔子是儒家学派的奠基者，秉持"为国以礼"①的理念。"周监于二代，郁郁乎文哉！吾从周"②彰显了孔子对西周礼治社会的推崇。面对周礼与当时社会现状之间的冲突与矛盾，孔子不仅坚持周礼的继承性，更倡导在继承中寻求"损

---

① 《论语·先进》。
② 《论语·八佾》。

益”①,即适度的调整与完善,以期恢复并巩固礼治秩序。在这一过程中,孔子创造性地提出了“仁”的思想体系,并将“仁”融入礼治之中,使之成为“礼”的精神内核。

“仁”构成了孔子对于社会伦理道德规范的全面概括。忠、恕、恭、宽等诸德,都是“仁”的具体体现。“仁”不仅是道德的集大成者,更是人们追求的理想道德境界。“仁”的概念超越了周礼所限定的家族性伦理范畴,不再局限于血缘关系的亲疏与家族内部的秩序维护,而是扩展至更广阔的社会领域,赋予了道德伦理更为普遍的社会价值和深远意义。

《论语·颜渊》载:“子曰:‘克己复礼为仁。一日克己复礼,天下归仁焉。为仁由己,而由人乎哉?’颜渊曰:‘请问其目。’子曰:‘非礼勿视,非礼勿听,非礼勿言,非礼勿动。’”这段话深入阐述了“仁”与“礼”之间的紧密关系,指出“仁”是“礼”的内在精髓与核心,而“礼”则是“仁”的外在表现形式与行为准则。“仁”与“礼”相辅相成,共同构成了内容与形式的完美统一。“仁”的思想在双重层面上发挥作用:首先,在统治阶级内部,它旨在遏制贵族间的纷争与冲突,预防弑主弑亲等叛乱行为,维护统治集团的稳定与团结;其次,对于广大民众而言,“仁”的思想倡导宽容、和谐,有助于缓解社会矛盾,巩固社会秩序,实现社会的整体安宁与繁荣。这便是“仁”所承载的社会政治目的。

孟子作为孔子思想的继承者,坚持礼治为恒定之道,他深信治国理政必须严格遵循先王的法度与智慧,视偏离此道为违背经典,可引来天怒人怨。孟子的“法先王”理念,根植于先秦儒家一以贯之的政治哲学之中,强调历史传统的连续性与权威性。

荀子虽同样重视礼治,但与孔孟有所不同。荀子更多地站在新兴统治阶层的立场,批判贵族世袭制度的弊端,同时却高度认可并推崇周礼所确立的等级秩序。他认为,新兴统治集团并非要废除等级特权制度本身,而是希望通过改革,使这一制度更好地服务于新的社会秩序。荀子对周礼进行了创新性的诠释。经过荀子改造后,“礼治”的内涵发生了深刻变化,在维护社会秩序与等级结构方

---

① 《论语·为政》。

面,与法家的"法治"理念在本质上趋于一致,实现了儒法两家在治理国家层面上的某种程度的融合与统一。

2. 儒家礼治思想的等级社会观

孔、孟、荀处于不同的社会历史背景之下,面临迥异的社会政洽挑战,却均将政治法律思想的核心聚焦于礼治之上,这一共通性源于他们共有的等级社会观念。儒家学派认为,社会本身具有多样性与层次性,并从中衍生出关于等级社会的深刻理解。

首先,人类在德行与才智方面存在着天然的差异。孔子言:"唯上知与下愚不移。"① 其次,社会的高效运转离不开明确的分工体系。这不仅仅体现在农业、工业、商业及贸易等生产部门之间的细致划分,更深刻地反映在"劳力"与"劳心"两种角色之间的必要区隔与互补上。"有大人之事,有小人之事……或劳心,或劳力。劳心者治人,劳力者治于人。治于人者食人,治人者食于人。天下之通义也。"② 这种分工不仅体现了社会结构的复杂性,也预示着社会地位贵贱高低的自然分化,其存在是必要且必然的。

基于上述认识,儒家思想构建了一个理想社会的蓝图,即一个德行才智、社会分工与社会地位三者紧密融合、相辅相成的等级社会。在这个体系中,德行才智的差异以及劳力与劳心的不同分工,既是社会地位贵贱高低的内在依据,也是其外在表现。贤能之人因其德行才智而居于上位,以脑力劳动治理社会;而相对不贤者则从事体力劳动,并接受治理,从而形成了社会等级体系。进一步而言,经济利益作为政治主张的核心驱动力与最终归宿,其分配原则与社会地位的贵贱高低紧密相连,呈现出一种正相关的关系。地位越高者享有的物质利益也更为丰厚,所谓"德必称位,位必称禄,禄必称用"③。这种德才、分工与地位的高度一致性,为物质利益的等级差别提供了坚实的基础。

先秦儒家深刻承袭了周礼所蕴含的伦理政治思想,尤为强调维护家族宗法

---

① 《论语·阳货》。

② 《孟子·滕文公上》。

③ 《荀子·富国》。

制度的等级差异与构建其理想中的等级分明社会秩序之间的紧密联系。他们不仅继承了周礼中"亲亲"与"尊尊"的基本原则，还进一步发展了这些原则。在社会层面，贵贱有别的等级制度严格界定了每个人的社会地位与行为准则；而在家族内部，尊卑、亲疏、长幼的差异则细致规范了家族成员间的地位与行为模式。景丑所说的"内则父子，外则君臣，人之大伦也。父子主恩，君臣主敬"①，揭示了家族伦理与社会伦理的内在一致性。通过"内"与"外"的结合、"恩"与"敬"的相互补充，构成社会秩序的完整体现。实现和维护这种贵贱、尊卑、长幼、亲疏各有等级分寸的社会秩序，即所谓"君君，臣臣，父父，子子"②，就是先秦儒家思想对于理想社会形态的核心构想。

（三）"为政在德"的德治思想

德治理念，作为先秦儒家法律思想的精髓，深刻体现了对西周时期"明德慎罚"传统的承继与发展。它鲜明地批判了统治者单纯依赖武力与强制手段的霸道径行，以及横征暴敛、严刑峻法的治理方式。它积极倡导统治者应致力于教化民众，通过兴办教育、弘扬道德，实施一种以理服人、赢得民心的王道之治。它主张在治理国家时，应将道德教化置于核心地位，辅以刑罚作为辅助手段，通过提升民众的道德素养来减少犯罪，最终实现"以德去刑"的理想状态。

1. 孔子"有耻且格"思想

孔子主张，仅凭法律手段治理国家和依赖刑罚来规训民众，不能达到理想的治理效果，会滋生民众的狡黠之风，导致其沦丧羞耻心，无法真正实现国家的长治久安。孔子言："道之以政，齐之以刑，民免而无耻；道之以德，齐之以礼，有耻且格。"③《论语·为政》用政令来治理百姓，用刑罚来整顿他们，百姓只求能免于犯罪受惩罚，却没有廉耻之心；用道德引导百姓，用礼治去同化他们，百姓不仅会有羞耻之心，而且有归服之心。孔子认为以德治与礼教作为治理国家的基石，其优越性远胜于单纯的政治手段与刑罚治理。他认为，通过道德与礼仪的教育，

---

① 《孟子·公孙丑下》。

② 《论语·颜渊》。

③ 《论语·为政》。

能够激发民众内心的自觉,使他们由外在的强制守法转变为内在的主动守义,从而达成社会的深层和谐与根本治理。"有耻且格"这一理念蕴含了多重深意:首先,它超越了西周时期"礼不下庶人"的界限,倡导将礼教与德治普及至广大民众;其次,在治理国家的诸多策略中,孔子强调德礼应占据主导地位,成为主要的治理工具;再者,他设想的国家治理最高境界乃是"无讼",即人们在发生纠纷时不主张利用诉讼法律来解决问题,而是利用传统的伦理道德等观念来调节协调。"有耻且格"并非意味着否定刑罚或法律制度的必要性,孔子认可在"礼"的统摄下,法律应得到恰当而有效的应用,"礼"虽高于"法",但二者相辅相成,共同维护社会秩序。

2. 孟子"以德服人"思想

孟子秉持人性本善的观点,认为犯罪并非人类天性中固有的恶,而是外在环境塑造的结果。这里的环境是指统治者制定的政策与治理方式。当政者横征暴敛,导致民众"无恒产"——即缺乏稳定的生活来源与财产保障,这才是引发犯罪的深层根源。孟子认为,在缺乏基本生计保障的情况下,能够保持不犯罪,唯有品德高尚的君子能够做到,而对于普通人而言,这是一项难以企及的挑战。"无恒产而有恒心者,惟士为能。若民,则无恒产,因无恒心。苟无恒心,放辟邪侈,无不为己。"[1] 孟子将犯罪根源归咎于"无恒产",间接地将预防犯罪的责任指向了为政者。在他看来,要有效遏制犯罪,统治者要减轻对民众的剥削压迫,确保人民拥有稳定的生活基础,从而实现社会的和谐安宁。这种以减轻剥削、保障民生、体恤民间疾苦为出发点的治理方式,正是孟子所倡导的德治的精髓。

德治理念至少涵盖了三个核心维度:首先,强调不轻易剥夺无辜者的生命,即"慎罚"原则。孟子指出"杀一无罪非仁也"[2],指为政者若错杀一个无罪之人,便是对仁政的违背。基于此,孟子坚决反对战国时期盛行的连坐与族诛等严苛的法律制度,主张统治者在行使刑罚时持谨慎态度,确保不滥杀无辜。其次,孟子提出法律应主要针对"不仁"之人,即"诛不仁",而对广大民众则实施"宽

---

① 《孟子·梁惠王上》。

② 《孟子·尽心上》。

政"，减少不必要的刑罚，即"省刑"。最后，孟子尤为重视教化在治理国家中的作用，他认为"人性本善"，统治者应当顺应人的天性，通过教育引导民众向善。在孟子看来，民众犯罪往往源于统治者的"不教"，即缺乏必要的道德教育和引导。因此，他主张"教而后诛"，即先对民众进行教化，若经教育后仍不悔改者，再依法惩处。

3. 教化思想

教化，作为一种与严酷刑罚相区别的治国手段，其核心在于统治者通过倡导道德伦理，采取温和的教育手段，引导民众摒弃恶行，追求善道。儒家主张应先以教化为主，通过教育感化人心，使民众自觉向善；而刑罚则作为辅助手段，在教化不足以纠正行为偏差时施用，强调通过提升民众的道德素养来实现国家的长治久安。

孔子认为，人类与生俱来的本性在本质上是相近的，但这种本性的展现会因后天环境的不同而发生变化，即"性相近也，习相远也"[①]，犯罪并非源自不可改变的内在缺陷，而是社会环境与个人习性交互作用的结果，"习"正是造成个体间差异乃至走向犯罪道路的关键因素。孔子强调，有效的教化手段，可以引导人们远离犯罪之路，达到预防犯罪的目的。孔子主张以教化为主，刑罚为辅的治理策略。

孟子的教化思想上文中已有叙述。他深受孔子教化思想的影响，并在此基础上进行了进一步的阐发。孟子认为"人性本善"，教化不仅是可行的，而且是必要的。教化可以保持、弘扬人的本性，所以应重视教化。孟子反对"不教而诛"，他认为，仅仅因为个体犯错就施以惩罚，而不去探究其背后的原因，尤其是缺乏教化引导的因素，这种做法是片面且不公平的。同时，孟子不赞同"教而不诛"的观点，他认为教化虽重要，但在某些情况下，适度的惩罚也是维护社会秩序、纠正错误行为的必要手段。

荀子立足于"人性恶"的立场，认为"善"并非人先天固有，而是需要通过后天的努力达成。他认为，教化能够改造人的原始恶性，使之向善。荀子主张结合

---

① 《论语·阳货》。

道德教化的引导与法律手段的约束,促使人们从恶向善,实现本性的转变。与孟子"人性善"理论侧重于教化的可行性不同,荀子的"人性恶"观点更侧重于强调教化的必要性。孟子的教化思想旨在预防人们走向犯罪的道路,而荀子则更侧重于通过教化来遏制已经显现或潜在的恶性,防止其进一步发展为犯罪行为,从而维护社会秩序的稳定。

(四)"为政在人"的人治思想

先秦儒家认为,国家的兴衰与天下的安宁,其根本系于统治阶层,尤其是国君的道德修养与综合素质之上。这一理念被后世概括为人治理念。儒家的人治思想包含两大核心要素:首先,君主自身言行举止的示范效果远胜单纯制定法律与制度;其次,在治理国家的实践中,选拔那些既具备高尚品德又拥有卓越才能的人才,其重要性超越了单纯构建制度。在治国理政的过程中,"人"与"法"之间,是统治者的道德自律与高尚品质占据主导地位,还是法律条文本身更为关键?儒家认为,"人"(特指统治者)的品德修养与自我约束,相较于法律条文,具有更为重要的作用。这一观点深刻体现了儒家对于领导者个人魅力与道德感召力的高度重视。

1. 孔孟的"为政在人"

孔子在论述国家治理时,深刻指出最高统治者的言行举止乃至情绪变化,都直接关乎国家的稳定、社会的和谐程度以及人民的福祉。他强调,上行下效是一种普遍的社会现象,即上层的行为往往成为下层效仿的榜样。孔子以"君子之德风,小人之德草,草上之风必偃"① 来比喻,将统治者的道德品质比作风,而民众的道德则如同草,风吹向哪里,草便倒向哪里,寓意着统治者的品性直接影响民众的行为模式和社会风气。孔子认为法令得以有效执行的最优路径,在于统治者,特别是君主自身必须"身正",即品行端正、行为正直。他进一步阐述,只要统治者能够以身作则,即便没有烦琐的法令,民众也会自然而然地效仿其榜样行为,国家因此能够顺畅运行。反之,若统治者自身行为不端,即便颁布再严厉的法律,

---

① 《论语·颜渊》。

也难以得到民众的真心遵从。这便是"其身正,不令而行;其身不正,虽令不从"①的深刻内涵。这一观点凸显了孔子对于统治者道德垂范作用的重视。

孟子在孔子"身正令行"这一理念的基础上,进一步提出了"惟仁者宜在高位"②的观点。孟子强调,在"君"与"法"的关系中,君主占据主导地位,是治理国家的核心。他认为,君主的品德直接塑造着一国的社会风气,即君主若具备仁爱之心,则国家上下皆能行仁;君主若秉持正义之道,则社会自然充满公正;君主若能做到品行端正,则国家秩序井然。这体现了孟子对于君主道德品质在国家治理中决定性作用的重视。

2. 荀子的人治思想

相较于孔子与孟子,荀子对于"人"和"法"的重要性有着更为详尽的阐述。其基本论点概述如下。

第一,法律乃由人所制定。"有治人,无治法"③。意指国家的治理关键在于人,而非法律本身;唯有贤明的统治者,方能引领国家走向繁荣。法律在治理中占据重要位置,被视为治理的起点,但究其根本,法律仍是由作为统治者的"人"所创立的,法律的优劣取决于制定它们的统治者"人"的品质。

第二,法律需依赖人来执行。即便制定了优良的法律,也必须依靠人来操控与实施,否则它将仅仅是一纸空谈,无法发挥其应有的效能。"故法不能独立,类不能自行。得其人则存,失其人则亡。"④意指法律条文不会自动产生和实施,关键在于要有人来执行法律;否则,规定得再完美也是形同虚设。这句话说明法律只是规范,法律是主观能动地参与客观的结果,它必然带有人的主观印迹,立法者、执法者的能力会影响法的作用发挥。

第三,法律无法全面涵盖国家事务的复杂性与社会生活的多变。加之法律本身具有相对稳定性,难以做到随机应变,因此,其存在的漏洞需依赖人的智慧

---

① 《论语·子路》。
② 《孟子·离娄上》。
③ 《荀子·君道》。
④ 《荀子·君道》。

去补充与完善。"故法而不议,则法之所不至者必废;职而不通,则职之所不及者必坠。故法而议,职而通,无隐谋,无遗善,而百事无过,非君子莫能。"① 意指如果仅仅遵循法律而不加审议,那么法律未能触及之处必将废弛;如果仅仅履行职责而不加变通,那么职责未能覆盖之处必将失落。因此,应当在遵循法律的同时进行审议,在履行职责的同时注重变通,这样才能没有隐藏的阴谋,没有遗漏的善行,从而确保各项事务无过失,而能做到这一点的,非君子莫属。荀子强调人治的重要性,并非意味着摒弃法律,而是指相较于"法","人"应被置于更为核心的地位。

儒家法律思想可归纳为捍卫礼治,推崇德治,重视人治。儒家并未否定法律的功效,但其认为,在国家治理中,法律不应成为主导力量,法律的真正价值需通过礼治、德治及人治来共同彰显。

二、法家的法律思想

(一)法家主要代表人物

1. 李悝

李悝,亦有说法称其为李克,大约生活在前 455 年至前 395 年之间,是战国初期的杰出政治家,魏国人。他曾担任魏文侯的老师,在魏国主持变法,改革覆盖了经济、政治及法律等多个领域。李悝秉持的改革原则是"为国之道,食有劳而禄有功,使有能而赏必行,罚必当"②,即依据个人的功绩来划定等级,确保奖惩公正合理。其核心目的在于削弱贵族的宗法世袭制,建立新的官僚制。普遍认为,李悝的一项重大成就是在整理自春秋以来各诸侯国所颁布的成文法的基础上,编纂了中国历史上第一部较为完备的成文法典——《法经》。《法经》对后世的立法工作产生了深远的影响,但遗憾的是,该法典已失传。

2. 商鞅

商鞅,姬姓,公孙氏,名鞅,卫国贵族,所以又称公孙鞅或卫鞅。由于其封地

---

① 《荀子·王制》。

② 《说苑·政理》。

位于商（现今陕西省商洛市附近），史称商鞅。商鞅是战国时期杰出的政治家、法学家，法家理论的重要奠基者之一。年轻时，商鞅热衷于"刑名之学"，曾前往魏国，成为魏相公叔痤的门客。公叔痤在临终之际向魏惠王举荐了商鞅，但魏惠王并未重用他。后来，秦孝公即位后，商鞅离魏入秦，向秦孝公阐述了法治理念，深得秦孝公的信赖。他两次主持秦国变法，均取得了显著成效，使秦国日益强盛。然而，秦孝公去世后，秦国的旧贵族以谋反的罪名诬陷商鞅。商鞅被迫反抗，兵败战死，其尸身被带回咸阳处以车裂。《商君书》是商鞅及其后学的代表性著作，也是研究商鞅及其学派法律思想的重要文献。

商鞅提出"一教""一刑""一赏"的主张。"一教"，意指通过法律来规范民众的善恶观念，统一社会舆论与风俗习惯，达到思想上的高度一致。"一刑"，强调法律的统一性和权威性，确保除君主外，所有人在法律面前一律平等，即所谓"刑无等级"[①]。"一赏"，则是指国家应仅对那些在农耕与战争中立功以及严格遵守法律的人给予奖励。"一教""一刑""一赏"的核心思想在于利用法律，全面规范民众的言行举止乃至思想观念，确保一切行为都遵循国家法治的轨道。

商鞅提出"重罚轻罪"的理论："行罚，重其轻者，轻者不至，重者不来。"[②] 即通过严惩轻微犯罪，以儆效尤，进而遏制更严重的犯罪行为，最终达到"以刑去刑"的目的。商鞅所倡导的法治观念，是与君主集权制度紧密相连的。他强调君主的绝对统治，使法律成为君主意志的执行工具，从而使法律服务于强权，却忽略了在实际操作中，过度严苛的刑罚虽能起到震慑效果，但同时也可能加剧社会的各种矛盾与冲突。

3. 慎到

慎到，赵国人，早年"学黄老道德之术"[③]，是道家学派中分化出的法家代表人物。慎到的思想体系兼具"尚法"与"重势"两大特点。他曾长期在齐国稷下学宫讲学，对法家思想在齐国的传播产生了深远影响，并且其关于"势"的见解

---

① 《商君书·赏刑》。

② 《商君书·靳令》。

③ 《史记·孟子荀卿列传》。

进一步丰富了法家理论。

"势"指的是地位与位置,慎到所强调的"势"特指君主所拥有的至高无上的权力。他的尚法重势思想是在批判儒家人治观念的基础上形成的。慎到明确指出,法治相较于人治具有优越性。他认为,即便法律存在不完善之处,其存在仍优于无法,因为法律能统一人心。同时,他批判儒、墨两家所倡导的"尚贤"观念,认为这会导致社会混乱,因为尚贤会削弱君主的权势。通过对人治的批判,慎到确立了尚法的思想;而对尚贤的批判,则使他形成了重势的观念。他认为,君主若要实施法治,就必须掌握能够确保法令得到贯彻执行的权力。君主一旦拥有权势,即便如夏桀般昏庸,也能使法令畅通无阻;而若无权势,即便是尧、舜那样的圣贤,也难以有所作为。用韩非的引述就是:"尧为匹夫,不能治三人;而桀为天子,能乱天下。吾以此知势位之足恃,而贤智之不足慕也。"[1]

在此基础上,慎到坚决反对儒家的德治主张,他认为贤者不足以服众,而权势地位则足以使贤者屈服。在法律与国家政权的关系上,慎到认为法律的推行必须依靠国家政权的支持。尽管他重视"势",但他并非君权至上论者。他认为天子、国君及各级官吏都应"任法""守法""唯法所在",且君与官都是为了服务天下、国家而设立的。他主张国君无须事必躬亲,只要"抱法""处势",便能达到"无为而治"的境界。慎到这种将"法"与"势"相结合的思想,不仅为法家推行法治提供了理论依据,而且对法理学的发展也具有重要的历史意义。

4. 申不害

申不害,郑国人,在韩昭侯时期任相。他将道家与法家的思想相融合,在先秦法家学派中,以重视"术"而闻名。"术"在现代语境中可理解为"策略"或"手段"。申不害所强调的"术",主要指君主治理国家的策略。首先,他主张君主应建立一套公开且有效的奖惩机制来管理国家,尤其是对官员的管理,实质上倡导君主"缘法而治",这也是学术界将申不害归类为法家的缘由。《韩非子•定法》中对申不害的这一思想进行了总结,概括如下:"术者,因任而授官,循名而责实,操生杀之柄,课群臣之能者也。"即"术",就是君主应根据大臣的能力分配

---

[1] 《韩非子•难势》。

职位,并依据职位的要求来检验大臣的表现。同时,申不害还强调官员应各司其职,不得越权干涉非本职工作,对越权者应予以惩罚,既不容忍失职,也不允许越界。此外,申不害还提出,君主应掌握一套"藏于无事,窜端匿疏,示天下无为"①之术。这套"术"要求君主不向臣下显露个人喜好,以防臣下揣摩君主心意,投机取巧,从中谋取私利。

申不害的"术",为法治的实施提供了具体方法,使法家的法治理念更加贴近实践。然而,过度强调"术"的作用,也可能导致君主对法律观念的忽视与淡化。

5. 韩非

韩非,战国末期人,出身韩国贵族,被誉为先秦法家思想的集大成者。曾师从荀子,《史记·老子韩非列传》中记载,韩非"喜刑名法术之学,而其归本于黄老",见韩国衰弱,向韩王提议实施变法,未被采纳。前233年,韩非受韩王之命出使秦国,遭到李斯、姚贾的陷害,在狱中离世。

生活在战国末期的韩非,系统地总结自春秋战国以来各学派的思想,尤其是对法家学说进行了深入探讨。他从多个角度分析了法家学说的利弊,构建了完整的法治理论体系。韩非的法律思想以法治为核心,在汲取前期法家法、势、术三派经验的基础上,提出了以法为本,法、势、术相结合的思想,使得法家的理论更具有实践性和可操作性。

(二)法家的法律观

1. 法的起源

法家关于法律起源的论述彻底摒弃了自西周以来的天命神权思想。他们主张,法律与国家均是历史演进至特定阶段的必然结果,并非人类社会初始即存在的。在人类社会的早期原始状态,既无法律亦无国家。随着社会的逐步发展,人与人、部落与部落间的冲突与争夺日益频繁。为平息这些纷争,实现"定分""止争",必须"立禁""立官""立君",从而催生了国家与法律。"定分",意味着清晰

---

① 《申子·大体》。

界定人们的权利与义务。"分"即"作为土地、财货、男女之分"①,也就是划分土地、财产及男女的界限。"立禁",则是要制定法律与禁令,以保障这些权属不受侵犯,利用国家的强制力量来遏制争斗,维护社会秩序。法家的法律起源理论将国家与法律的诞生与"定分止争"紧密相连,由此形成的法律本身蕴含了强制性与暴力性,成为对内实施镇压、对外进行战争的工具。

2. 法的本质

法家对法律本质的理解主要存在两种观点。第一种观点将法律视作度量衡。法律如同衡量长短的标尺、校正曲直的墨线、称量轻重的衡石,体现了公平与正直,是评判人们行为的客观标准。此观点旨在凸显法律的客观性和平等性,强调其作为人人应遵循的行为规范与准则。这种公平正直的特性,与"礼"形成了鲜明对比。在法家眼中,贵族对经济(土地)和政权的垄断是不公的。经济上,他们主张土地应可私有,无论贵族还是新兴阶层均可拥有;政治上,则应根据功劳和才能分配官爵,废除世袭制度,以实现公平。因此,法家认为应依据新兴阶层的意愿来制定法律,唯有如此,法律才名副其实;而基于贵族意志的法律,实则为"礼",缺乏公平与客观性。这表明,法家所提的"法",并非泛指一般法律,而是特指反映新兴阶层意志和利益的法律。同时,这也透露出法家仅反对贵族的世袭特权,并未从根本上否定等级和特权制度。

另一种法家观点则将"法"与刑罚紧密结合,视"法"为定罪量刑的基准,而将刑罚及与之对应的奖赏作为执行"法"的手段。如《韩非子·定法》所述:"法者,宪令著于官府,刑罚必于民心,赏存乎慎法,而罚加乎奸令者也。"意思是说,"法"由官府明文公布,赏罚制度深入民心,对于谨慎守法的人给予奖赏,而对于触犯法令的人进行惩罚。"法"与刑罚的结合意味着刑罚同样适用于高层贵族,与礼治中"礼不下庶人,刑不上大夫"的原则相悖。此外,由于"法"以刑罚为保障,因此它成为人民必须遵循的行为规范,具有国家暴力作为后盾的强制性,任何违法行为都将受到刑罚的惩处。

---

① 《商君书·开塞》。

3."法"的作用

法家强调"法"的重要性,在于其在"定分止争""兴功禁暴"方面展现出的作用。

一是定分止争。上文已述,法家指出名分与权利的不明确是世间纷乱的根源。儒家同样重视"名分",但两派在确立名分的手段上存在根本分歧。儒家倾向于通过"礼"来界定名分,而法家则坚决主张以"法"为准绳。相较于"礼","法"更为规范、精确,且具备公开性与平等性,因此在"定分""止争"上的效果更为突出。

二是兴功禁暴。功指的是农耕与战争,就是法家所说的农战。法家认为唯有勤勉耕作、勇敢战斗,才能令国家强盛。暴指的是私斗及违法乱纪的行为。兴功禁暴即要奖赏农耕与战功,以增强国力与军力,同时严禁私斗与违法行为。韩非认为,法治是激励善行与惩治恶行的最佳途径。若坚决实施法治,善良之人自然向善,恶人也因惧怕法律而不敢作恶。

(三)法家推行法治的方法

法家的法治学说与儒家不同,显著地带有现实主义的特征。法家为实施法治构建了一套可行的方案,这正是战国时期多数国君倾向于采纳法家思想的关键所在:法家详尽阐述了推行法治的具体方法,从而使法治理论既具备可行性,又易于操作。

1."以法为本"

将法律视为治国基石,意味着把法律作为治理国家的核心。韩非子的观点是,法律能成为基石,是因为它直接关联到国家的繁荣与衰败。"奉法者强则国强;奉法者弱,则国弱。"[①]此外,法律还与君主的权威紧密相连,君主若实施法治,其地位将至高无上;反之,则会丧失这一尊贵地位。韩非有言:"本治者名尊,本乱者名绝。"[②]

法家倡导的"法",是顺应时代变迁、具备规范性、公开透明、公正无私及平

---

① 《韩非子·有度》。

② 《韩非子·饰邪》。

等适用的法律。法家在立法时遵循四大原则：一是与时代背景及人性相契合；二是条文简洁明了且使民众周知；三是为全民共同遵循；四是制定与公布须保持统一，在制定新法时，务必废止旧法，以确保法令条文间不冲突矛盾。

"以法为本"的核心在于树立"法"的权威，韩非认为："儒以文乱法，侠以武犯禁，而人主兼礼之，此所以乱也。"① 他指出，儒生凭借道德教化轻视法律，侠客依仗武力挑战法网，若君主对这些人表示赞赏，法律的权威将大打折扣，国家势必陷入动荡。与儒家视道德为法的精神内核相反，法家强调，个人的道德观念唯有与国家法律相符时，才具备实际意义。因为在法家看来，任何违背国家法令的言行和思想，均属私欲之行，应由国家禁止并惩处。韩非主张利用法律统一民众思想，规范其言行，确保举国上下所有言论与行为"必轨于法"②。

2. 运用赏、罚确立法的权威

法家主张法律的实施依赖于赏、罚双重机制。

一是"信赏必罚"。执法者必须严格按照法令，对应当奖赏者毫不吝啬地给予奖赏，对应当惩罚者坚决执行惩罚，唯有如此，才能赢得民众信赖，进而确保法令的顺利推行。韩非认为赏、罚是巩固法律权威的重要途径，也是君主掌控臣僚的有效手段。"信赏以尽能，必罚以禁邪"③，即利用赏作为激励，使大臣们各展所长，以惩罚作为约束，确保他们不敢逾越法律、破坏制度。

二是"厚赏重罚"。赏、罚要具备足够的吸引力与震慑力。"厚赏"指所提供的奖励诱人，足以驱使人们竞相追求；"重罚"指刑罚严苛，足以令人心生畏惧，不敢轻举妄动。法家坚信唯有如此，方能真正树立法的权威，并引导社会风气。法家所倡导的"厚赏""重罚"并非无度，韩非反对君主抛开法令随意加重赏罚。"故用赏过者失民，用刑过者民不畏。有赏不足以劝，有刑不足以禁，则国虽大，必危。"④ 即不遵循法令的奖赏无法鼓励善行，不依法施行的刑罚也无法制止恶行，这样的国家，无论大小，都将面临重重危机。

---

① 《韩非子·五蠹》。

② 《韩非子·五蠹》。

③ 《韩非子·外储说左下》。

④ 《韩非子·饰邪》。

三是"赏誉同轨,非诛俱行"。法家主张在制度健全的国家里,不应存在与法令相悖的道德观念。法所嘉奖的行为,必然也是社会舆论所赞扬的;法所惩处的行为,同样是社会舆论所谴责的,这便是"赏誉同轨,非诛俱行"①。法家主张任何人均无权凌驾于法律之上,触犯法律必将受到严厉的制裁、承受社会舆论的谴责。

3. 法、势、术结合

韩非对早期法家理论进行了系统总结,并对法、势、术之间的内在联系进行深入剖析。

一是法与势的关系。慎到着重强调了势的重要性,他将君主比作龙,将权势比作云雾,认为龙借助云雾才能腾空。同样,君主依赖势才能统治百姓。韩非综合了早期法家观点,提出法与势的关系是"抱法处势则治,背法去势则乱"②,强调法与势的相辅相成。他认为,君主唯有遵循法令治理国家,才能维护其至高无上的权威;而君主也只有具备了这种权威,才能有效地推行法治。因此,"处势"是实现法治前提,而"抱法"则是确保君主权力集中的关键保障。

二是法与术的关系。韩非将这二者之间的关联比作食与衣对于人的重要性,强调对于治国者而言,二者不可或缺。"人不食,十日则死;大寒之隆,不衣亦死。谓之衣食孰急于人?则是不可一无也,皆养生之具也。""君无术则弊于上,臣无法则乱于下,此不可一无,皆帝王之具也。"③韩非认为,君主的地位时刻面临着群臣的觊觎与挑战。倘若君主缺乏术,便易被臣下欺瞒,从而丧失权势。因此,对于君主而言,掌握驾驭群臣的有效方法至关重要。

三、道家的法律思想

春秋战国时期,道家学派以老子与庄子为杰出领袖,其核心思想围绕"道"这一哲学概念构建。道家在法律思想层面推崇"道法自然"的原则,视"道"为万物本源,是统御万物的最高力量,并倡导"无为而治"理念。该学派坚决反对

---

① 《韩非子·八经》。

② 《韩非子·难势》。

③ 《韩非子·定法》。

任何违背自然规律的人定法,同时对儒家所捍卫的"礼"与法家所提倡的"法"进行批判。代表道家思想的两部经典著作——《老子》《庄子》,共同展示了先秦时期道家思想演进的两个重要阶段。

(一)道家主要代表人物

1. 老子

老子,道家学派的开创者,姓李,名耳,字聃,被尊为老聃,楚国人。西汉时期的著名史学家司马迁在《史记》中持有一种观点,认为老子即是李聃,其生活时代略早于孔子,并且孔子曾向他求教过有关古代礼仪等问题。另一种说法则将老子视为与孔子同时代的老莱子。还有一种观点主张老子实际上是孔子去世百余年后的周太史儋。第一种观点为后世学术界所普遍接受。至于道家经典《老子》(又称《道德经》)的成书时间,同样是历史学家们争论的焦点。本书采纳了当前学术界的主流看法,认为《老子》一书所体现的是老子本人或其思想接近者的基本哲学思想。

2. 庄子

庄子,名周,是战国时期道家思想的杰出代表与集大成者。他曾短暂担任过管理漆园的小官职,但不久后选择隐退。尽管一生清贫,庄子却对功名利禄不屑一顾,甚至拒绝了楚威王以重金厚礼的聘请,长期坚持隐居生活。他的思想深受老子影响,但在某些方面表现得更为超然物外,对世间万物持一种淡然、无所谓的态度。《庄子》一书,既包含庄子本人的著作,也收录了其门生及后世学者根据庄子思想所撰写的篇章,总体而言是对庄子学说的系统汇编。

(二)老子的法律思想

1. "道法自然"的自然法学说

在中国法律哲学的历史长河中,老子率先阐述了"道法自然"的自然法则观念。他主张"道"作为宇宙的本质,统御天地间的一切事物,既普遍又公正,依循其固有的运行法则,不为任何人的意志所左右。相较于礼制与法律,"道"占据了至高无上的地位。人类的生活唯有顺应自然、不妄加干预的"道",方能称之为正常与健康;而统治者唯有"唯道是从",方能稳固其统治地位。

"有物混成,先天地生。寂兮寥兮,独立而不改,周行而不殆,可以为天下母。吾不知其名,字之曰道,强为之名曰大。大曰逝,逝曰远,远曰反。故道大,天大,地大,人亦大。域中有四大,而人居其一焉。人法地,地法天,天法道,道法自然。"①即有一个东西混然而成,在天地形成以前就已经存在。听不到它的声音也看不见它的形体,寂静而空虚,不依靠任何外力而独立长存永不停息,循环运行而永不衰竭,可以作为万物的根本。我不知道它的名字,所以勉强把它叫作"道",再勉强给它起个名字叫作"大"。它广大无边而运行不息,运行不息而伸展遥远,伸展遥远而又返回本原。所以说道大、天大、地大、人也大。宇宙间有四大,而人居其中之一。人取法地,地取法天,天取法"道",而道纯任自然。由此可知,"道"有如下特性。首先,"道"乃万物起源,先天地而存在,超脱时间与空间的束缚。其次,"道"表现为一种循环往复、永恒不息的运动法则,任何外力均无法阻碍其运行。遵循道者繁荣,违背道者衰败。再者,"道"虽无声无形,却能孕育万物,是宇宙间至大的存在。最后,于宇宙中并存有四"大"——人、地、天、道,而道位居其上,至高无上。这至高无上的"道",其本质即是自然,它构成了世间万物的根本法则。

尽管"道"本身无声无形,但在道家眼中,由"道"衍生出的自然法则却是最为完善且权威的。正如《老子》第七十三章所述:"天之道,不争而善胜,不言而善应,不召而自来,繟然而善谋。天网恢恢,疏而不失。"在这里,"道"或"天道"被视为万物的根本来源,是一种无意识却蕴含规律性的客观实体。因此,道家所倡导的"道法自然"理念,更加凸显了其自然法的特质。

2."无为而治"的治国论

道家主张,统治者治理国家时,应当模仿自然的运作方式,实施无为而治的策略,以确保国家的持久繁荣。遵循自然,既是道家治理国家的核心理念,也是其法律思想的基石。道家认为,自然界的天道本质在于"无为",因此,人们应当按照天道的规律行动,实践自然无为的原则。"天地不仁,以万物为刍狗;圣人不仁,以百姓为刍狗。天地之间,其犹橐籥乎?虚而不屈,动而愈出。多言数穷,不

---

① 《老子》第二十五章。

如守中。"① 就是说，天地是无所谓仁慈的，它没有仁爱，对待万事万物就像对待刍狗一样，任凭万物自生自灭。天地之间，岂不像个风箱一样吗？它空虚而不枯竭，越鼓动风就越多，生生不息。政令繁多反而更加使人困惑，更行不通，不如保持虚静。这是《老子》对自然无为的说明。

在老子的观念中，最理想的国家治理模式是"无为而治"。"是以圣人处无为之事，行不言之教，万物作焉而不辞，生而不有，为而不恃，功成而弗居。"② 就是说，圣人用无为的观点对待世事，用不言的方式施行教化，听任万物自然兴起而不为其创始，有所施为，但不加自己的倾向，功成业就而不自居。所谓"无为"，意指顺应自然界的规律，按照事物自身的发展轨迹，完全交由自然法则来引导万物自然成长与进化。基于"无为"观念，道家倡导统治者应减少干预，避免过度作为，治理国家仿佛是在文火慢煎小鱼，不宜频繁翻动，即应尽量不干涉民众的生活，让一切自然而然地进行。道家指出，世间之所以纷乱，民众之所以难以管理，根源在于统治者偏好"有为"之道。"民之难治，以其上之有为，是以难治。"③ 因此，道家强烈反对统治者的过度干预与作为。

3. 否定人定法

道家尊崇自然，倡导自然法则，对人为制定的法律持批判态度。他们认为，尽管统治者制定法律的原意是遏制盗窃与横征暴敛，但实际效果却是盗贼横行，这种现象的根本原因在于这些法律、法令破坏了自然界的内在和谐。道家坚信，唯有摒弃所有的人为法律与规定，方能实现天下的安宁。"天下多忌讳，而民弥贫；人多利器，国家滋昏；民多技巧，奇物滋起；法令滋彰，盗贼多有。"④ 统治者费尽心机制定法律，不仅徒劳无益，反而会带来无尽的祸害。在道家眼中，统治者滥用繁复严苛的法律，导致四处皆狱、死者交叠的凄惨状况。这是统治者的重大过失，势必激起民众的群起反抗，最终威胁到统治者自身的存续。因此，道家力主废除一切法令与规章制度。

① 《老子》第五章。
② 《老子》第二章。
③ 《老子》第七十五章。
④ 《老子》第五十七章。

"民不畏死,奈何以死惧之。若使民常畏死,而为奇者,吾得执而杀之,孰敢?常有司杀者杀。夫代司杀者杀,是谓代大匠斫。夫代大匠斫者,希有不伤其手矣。"① 老百姓不怕死刑,怎么能用死刑来恐吓他们? 如果老百姓真的害怕死刑,一旦出现做坏事的人,立刻就把他们抓起来杀掉,谁敢做坏事? 有固定的专管杀人的人去杀人。代替专管杀人的去杀人,这就是代替高明的木匠去砍木头,很少有不砍伤自己手的。古代君王握有生杀予夺的至高权力。然而,老子主张,若要执行刑罚与杀戮,必须经由专门的司法机构来裁决,唯有如此,方能称之为正当的刑杀,而非任由君王个人意志随意决断。

（三）庄子的法律思想

1. 主张绝对无为

《庄子》与《老子》一致,均视"道"为宇宙万物之根源,但《庄子》进一步从消极层面探讨了"道"的虚无特质。它在确认"道"的权威与普遍适用性的同时,着重强调了"道"的神秘莫测与自我主宰性。"夫道有情有信,无为无形;可传而不可受,可得而不可见;自本自根,未有天地,自古以固存;神鬼神帝,生天生地。"② 这表明"道"是永恒、无形的,且为创造鬼神、天地及世间万物的本原与主宰。然而,《庄子》与《老子》的差异在于,前者主观上极大地提升了"道"的地位,声称"天地与我并生,而万物与我为一"③,即将宇宙万物与人的主观意识融为一体,从而演变为一种主观唯心主义的哲学观点。

《庄子》一书将《老子》所倡导的"无为"理念深化至"虚无"之境,秉持一种彻底的无为主义。无为,作为"道"之本质特征,是宇宙间一切事物,尤其是人类社会行为所应遵循的根本法则。"夫帝王之德,以天地为宗,以道德为主,以无为为常。无为也,则用天下而有余;有为也,则为天下用而不足。故古之人贵夫无为也。"④ 基于此,《庄子》将"无为"视为基石,强调必须摒弃人为干预,顺应自

---

① 《老子》第七十四章。

② 《庄子·大宗师》。

③ 《庄子·齐物论》。

④ 《庄子·天道》。

然之道。它认为自然状态是最为完美的,任何人为的改变都将破坏事物的内在本质。

在治理国家的层面上,"无为"被奉为至高无上的策略。君主应避免依赖个人的智谋与才智,不应追求功名与成就,而应真心实意地保持心灵的空明如镜,实践无为而治的哲学。"故君子不得已而临莅天下,莫若无为。无为也,而后安其性命之情。"①《庄子》倾向于绝对的"无为",即真正意义上的"回归自然",不仅否定人世间的一切造作,还主张回归到"同与禽兽居,族与万物并"的"至德之世"②。

2. 否定仁义礼法

庄子批判儒家所倡导的礼,认为其损害了人的自然天性,并视仁、义、礼、智为对人性本真的扭曲。在他看来,人的自然本性仅在于追求生存与基本的温饱需求,通过劳作来实现这些基本愿望。除此之外,别无奢求,即"余立于宇宙之中……春耕种,形足以劳动;秋收敛,身足以休食;日出而作,日入而息,逍遥于天地之间而心意自得"③。这种人性观念旨在挣脱一切社会束缚,彰显个体生命的自由与自得。庄子主张应让人们依照自己的本性自然生活,避免人为的干预。倘若违背人的自然天性,用仁义礼法去强加束缚,最终只会引发社会的混乱与不安。

庄子将法家的法治视为引发混乱的根源之一。他坚决反对法家提出的以法令为治理手段、君主独裁以实现社会大治的观点。在庄子看来,"治,乱之率也"④。他认为,治国的行为往往会扰乱人的本性,导致人与人之间的仇视与杀戮;而对人的过度管理,则会破坏天地自然的法则,扰乱宇宙的和谐秩序;至于刑罚的运用,其最终结果只能是导致天下的动荡不安。庄子批评法家过分迷信赏罚机制,认为这种做法脱离实际。"故举天下以赏其善者不足,举天下以罚其恶者不给。

---

① 《庄子·在宥》。

② 《庄子·马蹄》。

③ 《庄子·让王》。

④ 《庄子·天地》。

故天下之大,不足以赏罚。自三代以下者,匈匈焉终以赏罚为事,彼何暇安其性命之情哉!"①意思是即便倾尽天下之力奖赏善行,也不足以全面覆盖;同样,用尽天下之力惩罚恶行,亦难以满足需求。因此,广阔的天下,并不能仅仅依靠赏和罚来治理。自夏、商、周三代以来,世人纷纷扰扰,始终将赏和罚作为治理的核心,他们又哪有时间去关注并安于性命之本真呢?

3. 主张绝对自由

庄子主张,人作为自然界的构成元素,既以特定形态存在于天地之间,"吾在于天地之间,犹小石小木之在大山也"②。因此,人的本质属性及生活的终极目标,皆应追溯至广袤无垠的天地自然。那种与天地融为一体、与大道合而为一的生命情感,即表现为无拘无束、无欲无知的自然状态,方为人的本真所在。他提出,"死生、存亡、穷达、贫富、贤与不肖、毁誉、饥渴、寒暑,是事之变、命之行也"③,即生死、存亡、困顿与显达、贫穷与富贵、贤能与平庸、诋毁与赞誉、饥饿与口渴、寒冷与炎热,皆是世事变迁、命运流转的体现,皆为不可更改之事实,故应持以淡然之心,泰然处之,摒弃外在纷扰,于深邃宁静之中,领悟那超脱世俗情感的生命自由。庄子的自由观念,以强调个体独立之自由、精神抽象之自由以及绝对无限之自由为显著特征。

总体而言,道家对法律与道德的功能持否定态度,这一立场对中国古代法律理念及制度的发展产生了某种程度的负面效应,但其对当时礼、法的深刻揭露与批判在当时的背景下具有不可忽视的积极价值。道家反对过度剥削与压迫民众,提倡清静无为等思想,在战国晚期与法家的某些见解相融合,催生了黄老学派,并在汉朝初期与唐朝初年发挥了积极的社会影响。道家教导人们超脱外在生活,以实现内在生活的完满;强调生活本身即为目的,而非达成其他目标的手段,提倡"无为而为"的生活哲学。这些思想在今日依然具有启发意义。

---

① 《庄子·在宥》。

② 《庄子·秋水》。

③ 《庄子·德充符》。

第二章

秦汉时期的法律思想

在秦汉时期逐步形成并确立的正统法律思想,构成了中国法律思想史上的一个核心篇章,其重要性不容小觑。这一思想体系不仅深远且持久地指导着古代中国的立法实践与司法运作,成为传统法律文化的基石,而且其影响力跨越时空,对近代中国的法律生活产生了显著的塑造作用。即便在今天,我们仍能在现代法律体系的某些方面捕捉到这一古老思想的回响,它以一种潜移默化的方式,继续在一定程度上影响着中国的法律观念、制度设计及司法实践,彰显了其跨越千年的生命力与影响力。

第一节　秦汉时期法律思想形成的历史背景

前 221 年,秦王嬴政成功统一了中国,终结了战国时期纷乱与分裂的局面,开创了中国历史上首个统一且多民族融合的、以专制主义中央集权为特征的国家。嬴政自封"始皇帝",这一举措标志着中国步入了一个长达两千多年的专制主义中央集权统治的新纪元。

秦国的崛起之路可追溯至商鞅变法,这一历史转折点为秦国注入了前所未有的活力。自此之后,秦国的历代君主均成为法家思想的坚定实践者,他们深信并积极推广法家的治国理念。及至嬴政,这位完成中国大一统伟业的君主,对法家思想的崇尚更是达到了顶峰。在统一六国后，秦始皇继续秉承先秦法家的法治理论，构建了一个以法家思想为灵魂的高度集权的统治体系。然而，这一体系下的法律条文繁多，且刑罚严酷，令人闻之色变。秦始皇过度依赖繁重的法律和严厉的刑罚作为维护统治的手段，同时横征暴敛，无度地征用民力，这些行为最终激化了社会矛盾，使得官民之间的对立日益加剧。前209年，这股积压已久的不满情绪爆发为历史上首次大规模的农民起义，由陈胜、吴广领导。这场起义如同一股汹涌的洪流，猛烈地冲击着秦王朝的统治根基。在农民起义的强烈震撼下，曾经辉煌一时的秦王朝迅速崩溃，仅仅存在了十余年便走向了灭亡。这一历史教训深刻地揭示，任何违背人民意愿、过度压榨民众的统治，都终将难以持久。

继秦之后崛起的西汉王朝，深刻汲取了强大一时的秦帝国仅仅存续十余年便骤然崩塌的历史教训，始终将此作为警世之鉴，铭记于心。秦朝实施的严苛政令，以及秦末连年不断的战争动荡，导致社会生产力遭受了前所未有的重创，汉初时期的社会经济状况因此陷入了极度困顿的境地。鉴于秦朝因暴政而短命，以及社会经济的一片萧条，汉初的统治者们在治国理念上发生了根本性的转变。他们深入剖析秦亡的历史根源，对秦朝烦琐严苛的法律制度和残酷的刑罚进行了严厉的批判。在此基础上，西汉统治者采纳了经过适当改造的黄老思想作为国家的指导思想，主张无为而治，即政府应减少不必要的干预，让民众自然发展。基于这一理念，他们制定并实施了一系列旨在"扫除烦苛、与民休息"的政策和措施。

黄老思想的深入贯彻与实践，有效地稳定了社会秩序，为经济的恢复与发展创造了有利条件，从而促成了历史上著名的"文景之治"盛世局面的出现。黄老思想不仅融合了儒、道、法三家的精髓，为西汉法律思想的形成和发展奠定了坚实的基础，而且在西汉统治者的法律思想由法家向儒家转变的过程中，起到了重要的过渡性作用。这一思想转变，不仅体现了西汉统治者对治国理念的深刻反思与调整，也为中国古代法律思想的发展注入了新的活力。西汉中期，伴随着汉朝军事力量的日益强盛与经济实力的显著增长，原先的黄老思想已逐渐显露出其局限性，无法满足当时建立高度统一、进一步巩固和强化专制中央集权制度的迫切需求。面对这一时代挑战，汉武帝果断地摒弃了黄老思想，转而采纳了董仲舒提出的"罢黜百家、独尊儒术"的深刻建议,正式将儒学确立为国家的官方学说。在这一经过精心改造与创新的新儒学指导下,西汉王朝逐步构建起了一套影响深远的正统法律思想体系,这一体系在随后的两千余年里,成为中国封建社会法律思想的核心与支柱。新儒学不仅强调道德教化与仁政的重要性,还巧妙地融合了法家的严谨法治、道家的自然无为等思想精髓,从而形成了一种更为全面、系统的治国理念。

从秦汉之际的历史变迁中,我们可以清晰地看到,这一时期是中国古代法律思想发生重大转折的关键时期。从秦朝时期严苛峻法的法家思想,到汉初无为而治、休养生息的黄老思想,再到汉武帝时期以儒家思想为主导,同时兼收并蓄法、道各家学说的新儒学,正统法律思想在这一系列演变中得以确立,为中国古代法律文化的发展奠定了坚实的基础,也深刻影响了后世的社会治理与法律实践。

第二节　秦王朝的法律思想

秦国在商鞅变法后,国力持续增强,逐渐吸引了东方各国的关注。到了前318年,魏、赵、韩、楚、燕五国联合采取合纵策略对抗秦国,却未能获胜。此后,秦国采取了远交近攻的策略,成功离间并削弱了东方各国的军事实力。至前238年,秦始皇亲政之际,秦国在政治、军事、经济等多个领域均显著超越了其他诸侯国。他秉承法家思想,推崇商鞅与韩非的学说,对威胁其统治的吕不韦和嫪毐集团实施了严厉打击,进一步巩固了王权。依托秦国的强盛,秦始皇重用客卿,听取他们的建议,对东方各国展开了猛烈的军事行动。前230年灭韩,前225年灭魏,前223年至前221年相继征服了赵、楚、燕、齐四国,最终实现了中国的统一,建立了中国历史上第一个统一的封建专制王朝。

自商鞅变法实施以来,法家思想在秦国始终占据主导地位。前338年,随着秦孝公的逝世,其子惠文王继位。尽管惠文王因个人原因处决了商鞅,但他依然沿用了商鞅变法所确立的政策方向,并在此基础上进一步强化军事装备,促进农业生产。继惠文王之后，武王、昭王、庄襄王均坚守法家理念，不断推进法制建设，使得秦国的法律体系日益完善。前246年，年仅十三岁的秦始皇登基，当时政权实由太后、吕不韦及嫪毐掌控。直至成年，秦始皇方夺回政权。掌权后的他，继续遵循法家思想，并在统一六国后，将这一思想指导下制定的政治与法律制度推行至全国。然而，这些措施的极端化与法律的严苛性，最终也导致了秦朝二世而亡。尽管如此，这种严苛的法律制度仍对中国后续两千余年的专制统治产生了深远影响。

一、推行法家路线

在那个战乱频仍的历史背景下，法家思想尤为契合统治者的意愿，与之相较，儒、墨、道三家的影响力则大为减弱。尤为显著的是，秦国正是在法家思想的指引下日益强盛，这一点，秦国的统治者心知肚明。秦始皇沿袭了前任国君的传统，依然推崇法家理论，在治国理政上，秦国持续践行法家"以法为本""事断于法"的法治原则。自商鞅之后，秦国制定了一系列涵盖政治、经济、文化等领域的法律法规。统一六国后，这些法律又不断得到补充和完善，确保了秦国在各方面都有明确的法律可依，基本上实现了"治道运行，诸产得宜，皆有法式"①。

儒家思想起源于周礼，于春秋末年由鲁国的孔子集大成，该学派在当时的三晋与两周地区也颇具影响力。儒家秉持人性本善，倡导"齐之以礼"，"德主刑辅"。然而，商鞅却将《诗》《书》《礼》《乐》及儒家所倡导的修善、孝悌、诚信、贞廉、仁义等观念视为"六虱"，认为必须予以根除。韩非更进一步，主张"儒者以文乱法"，对儒家必须"禁其行""破其群""散其党"。法家则坚信人性本恶，认为人的恶性天生且不可改变，因此，礼仪教化无济于事，必须通过法律进行强制性约束。秦国历代统治者均继承了这一学说，秦始皇亦不例外。秦朝的一系列政策、法律法规均是在此思想指导下制定的。他排斥其他学派，唯法是行，甚至不惜采用暴力手段以达目的。

为了坚持用法制统一人们的思想与言行，秦始皇采纳了李斯的建议，实施了

---

① 《史记•秦始皇本纪》。

"焚书坑儒"的极端措施，"天下敢有藏诗书百家语者，悉诣守尉杂烧之。有敢偶语诗书者弃市。以古非今者族。吏见知不举者与同罪。令下三十日不烧，黥为城旦。所不去者，医药卜筮种树之书。若欲有学法令，以吏为师"①。这一规定不仅彰显了秦朝对其他学派的极端排斥，还将教授法律的特权收归国家官吏所有。

秦始皇秉持法家的法治理念，展开了大规模的立法活动。历史文献与考古发掘显示，秦代法律基本上承袭了先秦李悝所著《法经》的结构体系，细分为《田律》《厩苑律》《仓律》《金布律》《捕盗律》《关市律》《工律》《置吏律》等多个部分，广泛涉及政治、经济、文化及日常生活的各个领域。1975 年，在湖北省云梦县睡虎地，人们发掘出了大批秦代竹简，其中关于秦律的内容被整理为《秦律十八种》《效律》《秦律杂抄》《法律问答》及《封诊式》等文献，这些法律分类与历史记载相互印证，互为补充。综合来看，秦国已构建起一个以刑法为主体，同时辅以民事、经济、行政等多方面法律的较为完备的法律体系。秦法之详尽与广泛，致使汉代有人讽刺说："秦法繁于秋荼，而网密于凝脂。"②

二、推行皇权至上和中央集权

早在吕不韦担任宰相之时，秦国已怀有吞并六国的雄心。及至李斯进入秦国，他亦向秦王进言，主张"灭诸侯，成帝业，为天下一统"③。六国统一之后，关于应建立何种政权形式，统治阶层内部产生了分歧。前 221 年，丞相王绾提议将诸位皇子分封为诸侯，推行类似周朝的分封制度，延续天子与诸侯共同治理天下的传统模式。然而，廷尉李斯坚决反对此举，他认为分封制无法确保国家的长期稳定，反而可能埋下未来纷争的种子。因此，他强烈建议改变方向，将秦国已实践的郡县制推广至全国。最终，嬴政采纳了李斯的建议，并果断地实施了一系列涉及政治、经济、文化和法律领域的改革。

在政治层面，确立了高度集中且独断的皇权体制。嬴政及其朝臣深信，秦王的功勋超越了史上所有称王称帝之人，其中，丞相王绾与廷尉李斯更是赞誉道：

---

① 《史记·秦始皇本纪》。

② 《盐铁论·刑德》。

③ 《史记·李斯列传》。

"今陛下兴义兵,诛残贼,平定天下,海内为郡县,法令由一统,自上古以来未尝有,五帝所不及"①。在君主称号上,新国家的最高领袖融合了"三皇"与"五帝"的称号,自命为"皇帝",嬴政本人则成为"始皇帝"。此外,他还将"朕""玺"等词汇定为皇帝专属,推行严格的避讳规则,并废除了以往根据君主品行追加谥号的传统,认为这种做法无异于子评父、臣议君,极为不当,意在确保皇帝生前不受指责,死后亦不容臣下议论。这些措施均旨在极度神化皇权,巩固皇帝至高无上的地位。同时,中央政权构建了一个以皇帝为中心,由三公、九卿为辅的统治体系,皇帝拥有绝对权力,废除了世袭官爵制度,所有官员均由皇帝任命。这一创新性的官僚体系确保了皇帝的集权统治,为后世两千余年的中国政治制度奠定了基本框架。

在经济领域,实现了全国货币与度量衡的统一。在六国尚未统一之前,各国的货币在形态、尺寸、重量上均存在差异,且计量方式各不相同,这些差异限制了其在不同地区的流通。秦国完成统一后,为了促进货币流通与计量的便捷性,废除了六国原有的货币制度,并铸造了全国通用的新型货币——秦"半两",其形状为圆形方孔,极大地促进了各地区间商品的交易与流通,且该式样的铜钱被沿用了长达两千余年。关于度量衡,早在战国时期的秦国,已通过商鞅变法对国内度量衡进行了标准化。然而,六国时期的度量衡标准各异,种类繁多,导致计量结果差异显著。前221年,即秦始皇二十六年,秦中央政府颁布法令,明确规定以秦制为国家标准,统一全国度量衡,并将此法令镌刻于官方制造的度量衡器具上,分发至全国各地,作为统一的标准器具使用。

在文化层面,实现了全国文字字形的统一。中国的文字历史源远流长,早在六千年前的半坡文化时期,便已出现了文字的初步形态,而殷墟出土的甲骨文则展示了其相对成熟的阶段,尽管此时字形尚未固定,西周时期的青铜器铭文同样揭示了这一字形多变的问题。到了战国时期,秦国采用了秦小篆,相较于之前的大篆,其笔画更为简洁,异体字也较少。然而,六国的文字却比大篆更为繁复,难以书写与辨识,给交流书写带来不便。为此,秦始皇颁布诏令,将秦国的小篆确

---

① 《史记·秦始皇本纪》。

定为全国通用的文字，并同时创制了书写更为便捷的"秦隶"书体。这一文字字形的统一，不仅提升了行政公文的处理效率，也极大地便利了思想的传播，有力地推动了文化的广泛流传与繁荣发展。

在法律领域，实现了全国法令的统一，将皇帝的意志奉为法律的神圣渊源。战国时代，各国间的法律制度差异显著，为此，秦始皇下令将秦国原有的法律制度推广至全国，并结合统一后的新情况进行调整与完善。秦国的法律体系主要包含律、命、令、制、诏，以及程、式、课、法律答问、廷行事等多种形式。在颂扬秦始皇功绩的碑刻上，有这样的赞颂之辞："皇帝临位，作制明法，臣下修饬。""维二十六年皇帝作始。端平法度，万物之纪。""普施明法，经纬天下，永为仪则。大矣哉！宇县之中，承顺圣意。""秦圣临国，始定刑名，显陈旧章。"① 作为皇帝意志具体化的法律，成为全国民众的行为规范，无人可违。

三、贯彻重刑主义

秦始皇最初并未对儒家持排斥态度，朝廷内有许多儒生担任博士官，并积极参与到国家政策的讨论中。据《史记》记载，在两次决定国家统治形式的重要会议上，均有儒生参与发言，他们的讨论言辞颇为激烈，尽管其建议最终未被采纳，但他们并未因此遭受迫害。然而，随着儒生方士借古讽今，导致了焚书坑儒事件的发生，秦朝的极权统治日益强化，不仅儒生的地位发生了根本性转变，而且法律也变得更为严苛。

秦始皇与其朝臣倾向于法家的严苛法制，实施刑罚时往往过度且暴力。商鞅与韩非始终秉持重刑原则以遏制犯罪行为。《商君书·赏刑》中提到："禁奸止过，莫若重刑。"《韩非子·显学》也记载道："严家无悍虏，而慈母有败子。"李斯从吕不韦的门客逐渐晋升为秦始皇父子倚重的大臣，他同样主张君主应加强法制，运用权谋与威势，独揽生死予夺的大权，使得大臣们既不敢讲节俭仁义，也不能向君主进谏讲理，只能唯唯诺诺、恭敬顺从。如此，君主便能随心所欲地行事。而君主的闭目塞听，则为李斯、赵高之流欺上瞒下、滥用职权提供了可乘之机。

---

① 《史记·秦始皇本纪》。

在实践层面上,秦国长久以来都依赖严刑峻法来治理国家。商鞅在推行变法时"令民为什伍,而相牧司连坐。不告奸者腰斩,告奸者与斩敌首同赏,匿奸者与降敌同罚"①,即规定民众需以五家为一伍,十家为一什,相互监督,若有人犯罪而邻居不举报,将处以腰斩之刑;举报犯罪者则与斩杀敌人首级同赏,隐瞒犯罪者与投降敌人同罚。秦始皇对此深信不疑,并在其统治时期,将重刑主义付诸实践。秦朝的法律因此变得异常严苛,据《史记·秦始皇本纪》描述,因施行劓刑,被割下的鼻子竟能堆积成车;而因宫刑,被割除的男子生殖器官更是堆积如山。此外,修建长城与骊山陵墓的劳工,每次动辄数十万人。可以说,在受刑民众的广泛程度以及刑罚的残酷性上,秦朝都达到了前所未有的程度。因此,后人批评秦始皇"废王道,立私权,禁文书而酷刑法","以暴虐为天下之始"②,并非夸大其词。班固也指出:"至于秦始皇,兼吞战国,遂毁先王之法,灭礼谊之官,专任刑罚……"③到了秦二世时期,刑罚的残酷与滥用更是达到了极点,民众无法安然生存,这完全违背了法家通过刑罚来消除犯罪的本意,最终导致了天下的反叛,使得秦王朝迅速走向了灭亡。

四、以法为教、以吏为师

秦始皇不仅通过法律来约束人们的行为举止,而且还利用法律手段来控制民众的思想观念和言论自由,这种做法被称为"以法为教"。民众的一切行为是否合乎法律,均需依赖官吏的裁决,而判断是非对错的标准也牢牢掌握在官吏手中。若要获取知识,就必须听从官方的教导,这便是"以吏为师"的体现。从行为规范到思想统一,这一系列措施确保了皇权的绝对至高无上。在秦始皇统治初期,秦国在思想文化上虽然以法家学说为主导,但同时也吸纳了儒家和道家的思想,这一点在吕不韦担任丞相时表现得尤为显著。即便在统一六国之后,秦始皇对儒家思想也并未表现出排斥态度,他允许儒生担任博士官,并让他们参与国家政策的讨论,甚至连"皇帝"这一尊号也是在博士们的参与下确定下来的。然

---

① 《史记·商君列传》。
② 《史记·秦始皇本纪》。
③ 《汉书·刑法志》。

而,随着皇权的不断加强,专制权力与文化多样性、思想自由之间的矛盾日益凸显,最终导致了专制皇权对思想文化的全面压制。

前213年,一场关于"师古"还是"师今"的辩论,在以博士淳于越为代表的文学学者与以李斯为典型的法家之间激烈展开。淳于越不仅重申了"师古"的立场,提倡分封子孙及功臣,建立诸侯国作为王朝的辅助力量这一传统观念,而且还当面批评仆射周青臣对皇帝的谄媚,指责其未能指出皇上的错误,认为这并非忠臣所为。李斯则坚决反驳,他强调"五帝不相复,三代不相袭,各以治,非其相反,时变异也"①,同时严厉谴责众学者用自己认为正确的理论来评判皇帝现行的专制政策。李斯认为,人们往往偏爱自己私下所学,并以此非议朝廷所确立的制度,在内心怀不满,在外街头巷尾议论纷纷,标新立异以抬高自己,这对皇帝权威的树立和秦王朝的政治稳定极为不利。因此,他提出了焚书的提议:除了《秦纪》以及医药、卜筮、农耕等实用书籍外,其余如《诗》《书》及百家学说,除非由博士掌管,否则一律不得私自收藏,全部交由官府焚烧;命令下达后三十日内未烧毁者,将被处以黥刑并罚作筑城苦役;胆敢继续谈论《诗》《书》者将被处以弃市之刑,以古非今者将遭灭族,知情不举者同罪;同时严禁私人办学,"若欲有学法令,以吏为师"②。秦始皇采纳了李斯的建议,颁布了"焚书令",对所有非官方认可的学术著作进行了全面销毁,并禁止了私人传授学问。这一举措导致传统思想和智慧失去了传承的媒介,多元文化思想被扼杀,最终以统一的思想来支撑一个人的专制统治。

翌年,卢生等人私下对秦始皇进行议论,指责他乐于用刑罚杀戮来树立威严,对权势贪婪无度,导致大臣们因惧怕获罪而不敢尽心竭力,贤良之士也不敢直言不讳地指出过失。因此,他们决定不再为秦始皇寻求长生不老的仙药,并暗自逃离。秦始皇闻此大怒,以诽谤君主的罪名,在咸阳坑杀了四百六十余名儒生方士。对于私下议论朝政的人,他采取了肉体消灭的极端手段,用死亡作为威胁,迫使思想屈服于强权之下。秦朝的暴政至此达到了顶点。以"焚书坑儒"为标

---

① 《史记·秦始皇本纪》。

② 《史记·秦始皇本纪》。

志性事件,"以法为教,以吏为师"的政治原则得以牢固确立,君主独裁、法律由君主制定的法家思想获得了全面的胜利。

秦王朝终结了春秋战国时期的诸侯割据状态,开创了中国历史上第一个统一的、中央集权的封建王朝。在政治、经济及社会各个领域推行的改革措施,有力地推动了社会的进步与发展。然而,秦王朝过度依赖法家理论,实施严苛的法律与刑罚,将皇权凌驾于法律之上,致使法律成为维护皇帝个人独裁的手段,严重束缚了思想自由与文化繁荣。同时,沉重的劳役负担进一步加剧了民众的苦难,动摇了统治的根基,最终引发了民众的广泛起义,天下陷入混乱。秦始皇所追求的千秋万代基业,终究未能逃脱崩塌的命运。

第三节　两汉时期的法律思想

在秦朝统治的晚期,那些将法家严苛刑罚思想推行到极致的统治者,最终陷入了自己亲手编织的"作法自毙"的深渊,导致这个雄图一时的帝国仅仅存在了十余年便匆匆崩溃。至前202年,经过长达五年艰苦卓绝的楚汉相争,刘邦最终脱颖而出登基称帝,重新建立了统一的地主阶级的中央集权国家——西汉。

西汉初期,国家面临着前所未有的严峻挑战:经济萎靡不振,国库空虚,无数流民漂泊无依,民间疾苦深重,社会景象一片惨淡。如何在这废墟之上重建家园,恢复生产,充实国力,完善国家治理体系,成为新政权亟须解决的首要任务。这不仅考验着统治者的智慧与勇气,更是对国家未来发展路径的一次深刻探索。与此同时,秦朝速亡的惨痛教训如同警钟长鸣,深深震撼着西汉初期的统治者。他们中的有识之士,在汲取前朝覆辙的基础上,开始了一场深刻的内省与反思。在治国理念与思想层面,他们急于寻找一种能够拨乱反正、引领国家走向繁荣的新道路。这种迫切的需求,促使西汉初期的政治家和思想家纷纷投身于理论与实践的双重探索之中,力求为新兴的西汉王朝奠定一个稳固而持久的基石。

一、西汉初期的法律思想

（一）黄老学派的概念

鉴于秦朝因暴政而迅速灭亡的沉痛历史教训，西汉的统治者们深刻地意识到，若继续沿袭秦朝那套严苛的统治手段，新建立的政权同样难逃覆灭的命运。因此，在西汉初年，从开国君主刘邦到吕后、惠帝、文帝、景帝，再到陆贾、贾谊、晁错等一众贤臣，他们都不约而同地选择了以黄老思想作为治国理政的指导思想。这一思想强调实行轻徭薄赋以减轻民众负担，约法省禁以减少不必要的法律束缚，同时奖励耕织以促进农业生产与手工业的发展，倡导与民休息，让社会得以休养生息，从而有效缓和了阶级矛盾，为社会的稳定与持续发展奠定了坚实的基础。

黄老学派，指以黄帝与老子学说为核心的学派，其根源可追溯至先秦时期的道家，并作为道家的一个重要分支而独立存在。在政治层面，黄老学派主张统治者应保持清静无为的态度，给予民众充分的休息与发展空间；在法律层面，则倡导简约法律，减轻刑罚，以营造宽松的社会环境。黄老学派的显著特点在于其包容性与过渡性，它能够在不同历史时期灵活调整，适应统治需求。特别是在王朝初建之际，黄老思想往往成为统治者恢复经济、稳固政权的首选指导思想。

然而，随着王朝进入中期，社会经济由恢复阶段逐渐转向全面发展，黄老思想因其固有的局限性，往往难以适应新的发展需求，此时便会被更加注重社会秩序与道德教化的儒学所取代。在法律思想领域，汉初的黄老法律思想展现了各家思想融合与过渡的鲜明特征，它标志着法律思想从崇尚法治向尊崇儒学的关键转变，为后世法律制度的演变提供了重要的思想基础。

（二）黄老学派的形成与发展

黄老学派起源于战国中期，这是一个思想碰撞与融合的黄金时代。在这一历史阶段，黄老学派展现出了独特的哲学与政治理念，既推崇无为而治的道家智慧，又强调法治的重要性，力求在道与法之间找到平衡点。彼时，许多著名的法家人物,其思想根源皆可追溯至黄老学派,如申不害"本于黄老而主刑名"[①],因此,战国中期的黄老学派,其特质在于道、法的紧密结合,并以法治思想为主导,为后世的政治法律思想提供了宝贵的启示。

黄老学派的进一步发展与成熟,则跨越了从战国末年到西汉初年这一百多年的漫长岁月,特别是在汉文帝与景帝统治的时期,其影响力达到了顶峰。这一发展进程的两个标志性事件,首先是秦相吕不韦及其门客共同编纂的《吕氏春秋》的问世,该书不仅汇集了诸子百家的思想精华,也深刻体现了黄老学派的理念;其次是西汉初期统治集团对黄老学派"无为而治"理论的积极采纳与实践,将其作为治理国家的指导思想,融入社会政治生活的各个方面。

在这一时期,黄老学派涌现出了众多杰出的代表人物,如曹参、汉文帝、陆贾。他们不仅在理论上有所建树,更将黄老思想付诸实践,推动了社会的和谐与繁荣。而刘安所辑的《淮南子》一书的诞生,更是标志着黄老学说发展至巅峰。该书系统总结了黄老学派的思想体系,对后世产生了深远的影响,成为研究黄老思想不可或缺的宝贵资料。

在西汉初期,鉴于秦朝因严刑峻法、过度征敛而迅速灭亡的深刻教训,统治者们普遍对黄老之学给予了高度的重视与推崇。这一时期的统治策略,明显受到了黄老思想的深刻影响。例如,在汉高帝统治时期,萧何与曹参相继担任宰相,他们都积极推行了无为而治的政治理念,强调政府应减少对民众生活的干预,让社会自然发展,以此促进国家的稳定与繁荣。在这一背景下,《淮南子》作为集黄老学派思想之大成的著作应运而生。该书不仅深入阐述了黄老学派所主张的清静无为、务德化民、约法省禁、宽简刑罚、顺应民心等核心思想,还对这些思想进行了进一步的拓展与深化,从而完善了黄老学派的理论体系。这一著作的问世,无疑为黄老之学的广泛传播与深入人心提供了有力的支撑,也促成了黄老之学在当时盛极一时的局面。

值得注意的是,这一时期的黄老之学已经超越了单纯的道、法两家思想的结合。它在兼容并蓄的基础上,广泛汲取了各家思想的精粹,特别是将儒、道、法三

---

① 《史记·老子韩非列传》。

家思想相互融会贯通,形成了一个以这三家思想为主导的综合性思想体系。这种兼收并蓄、融会贯通的特点,不仅使得黄老之学更加丰富多彩,也为其在西汉初期的广泛传播与深远影响奠定了坚实的基础。

(三)汉初黄老学派法律思想的主要内容

1. 对儒家思想的兼容

在深入反思与积极探索的历程中,汉初著名思想家陆贾率先揭示了秦朝覆灭的症结所在:"秦非不欲为治,然失之者,乃举措暴众而用刑太极故也。"① 他向往虞舜治理天下时那种"弹五弦之琴,歌南风之诗,寂若无治国之意,漠若无忧天下之心"② 无为而治的境界。通过对历史的深刻反思与广泛比较,陆贾为统治者提出了治国策略的理论基础——"故无为也,乃有为也",并构想出实践此理论后社会将达到的理想状态,即"无事""无声""无吏""无民""不讼""不愁""无议""无听""无征"③。陆贾的"无为"理论,以道家思想为根基,不又融合了儒学精髓,更将仁义之理提升至与道法同等重要的地位,他强调仁义的深远影响:"圣人怀仁仗义,分明纤微,忖度天地,危而不倾,佚而不乱者,仁义之所治也。"④ 此时的黄老学说,已显著融入了儒家思想的核心要素——仁义。

在汉朝初建之时,深受刘邦青睐的陆贾,常于刘邦驾前援引《诗》《书》,却遭刘邦反驳:"乃公居马上而得之,安事《诗》《书》!"陆贾随即针锋相对地反问:纵能马上取天下,岂能马上治天下?往昔吴王夫差、智伯皆因穷兵黩武而亡国;秦国一味依赖严刑峻法,终致赵国覆灭。假使秦国统一天下后,能行仁义,效法先贤,陛下又怎能拥有这天下?刘邦听后深受触动,随即嘱咐陆贾:"试为我著秦所以失天下,吾所以得之者何,及古成败之国。"⑤ 陆贾据此撰写了《新语》十二篇,深得高祖赞许,其中提出了"文武并用"的观点,强调"儀道者众归之,恃刑者

_____

① 《新语·无为》。

② 《新语·无为》。

③ 《新语·至德》。

④ 《新语·道基》。

⑤ 《史记·陆贾列传》。

民畏之,归之则附其侧,畏之则去其域"①的恤刑思想。长乐宫竣工时,诸侯群臣依循叔孙通所创朝仪行礼庆贺,人人震撼,无不恭敬,庄严场面令刘邦惊叹不已,他由衷赞叹:"吾乃今日知为皇帝之贵也!"②这位马背上的开国君主,在陆贾的思想启迪与叔孙通朝仪的实践影响下,首次深刻体会到文治的力量与尊严,从而实现了从偏重武治到文武兼施的治国理念转变。

在汉文帝时期,陆贾提倡的"文武并用"思想被杰出的青年政治家及思想家贾谊进一步发展为德刑相济的理论。贾谊深刻汲取了秦二世短命而亡的历史教训,明确强调了因时制宜作为永恒法理的重要性。他指出"秦以区区之地,致万乘之势,抑八州而朝同列,百有余年矣。然后以六合为家,崤函为宫,一夫作难而七庙堕,身死人手,为天下笑者"③,最根本的原因就是"仁心不施,而攻守之势异也"④,即秦朝虽以微小之地崛起,成就霸业,统御八方,使诸侯朝拜,历经百余年,终至一统六国,将天下视为私产,崤山与函谷关成了其宫殿的屏障,然而一旦有人起兵反抗,秦朝的宗庙便迅速崩塌,君王身首异处,成为天下的笑柄。这背后的根本原因在于不施仁义,攻防策略未能适时转变。秦朝以武力征服,严苛法律令全民震颤,在当时或许有效,但之后未能转向仁义,错误地将严刑峻法作为基本国策,最终引发了民怨沸腾、四海叛乱的悲剧。鉴于此,贾谊主张汉朝统治者应吸取秦朝的教训,以礼义治国,同时他并不否认法制的作用,认为二者相辅相成,缺一不可。他告诫统治者,"以礼义治之者,积礼义,以刑罚治之者,积刑罚。刑罚积而民怨倍,礼义积而民和亲"⑤,即用礼义来治理国家,国家就会积累礼义,用刑罚来治理国家,国家就会积累刑罚。刑罚用得多了,人民就会怨恨背叛;礼义积累得多了,人民就会和睦亲爱。贾谊的这句话深刻揭示了治国理念对国家和人民的影响。他认为,统治者应该采用礼义来治理国家,因为这样可以培养人民的道德观念,使人民和睦亲爱,从而维护国家的稳定。相反,如果统治者过度

---

① 《新语•至德》。
② 《史记•叔孙通列传》。
③ 《新书•过秦上》。
④ 《新书•过秦上》。
⑤ 《汉书•贾谊传》。

依赖刑罚来治理国家,虽然可能短期内见效,但长期来看会导致人民怨声载道,国家动荡不安。

汉初时期,陆贾与贾谊作为两位极具影响力的思想家,其思想与理论体系对当时的统治者产生了直接且重大的影响。他们巧妙地将先秦儒家关于德刑关系的理论融入黄老思想,不仅成功促使长期被边缘化的儒家思想得以重新焕发生机,使其逐渐上升为影响统治者立法决策的重要思想来源。此外,这一理论融合还为汉中期正统法律思想以儒家为核心奠定了坚实的理论基础,完成了关键性的理论铺垫。

2. 对法家思想的兼容

汉初黄老学派的理论在很大程度上是对法家流弊的一种回应。法家所倡导的重刑思想与严苛法制,均遭到了黄老学派的强烈批评。然而,值得赞扬的是,黄老学派并未简单地全面否定法家学说,而是对法家中的某些观点采取了接纳与融合的态度。例如,黄老学派非但不轻视法律的作用,反而极为看重法律在国家治理中的核心地位。他们主张,法律是衡量世间所有人行为举上的"尺度",即法律是评判所有人和事的标准,也是君主裁决一切事物的准则,因此法律的重要性不容忽视。具体而言,为了实现国家的有效治理,统治者必须遵循两个关键原则。

首要的是,要确保立法明确并公布于众。陆贾在其著作《新语•至德》中强调:"威不强还自亡,立法不明还自伤。"立法含糊往往导致法律缺乏稳定性与连贯性,政策朝令暮改,奖惩失当,或是条文冗长复杂,这些都对国家的命运构成威胁。因此,明智之举在于制定内容清晰、具体且简洁的法律,并在其颁布后的较长时间内保持不变,避免增删废改,以确保其具备强大的稳定性。同时,法律一旦制定,必须向公众公开,使民众能够及时了解法律条款。唯有民众知晓法律内容,方能明确何为可为、何为不可为,进而依据法律规定调整自身行为。

统治者需格外关注的第二方面是确保自身对法律的遵守。汉初黄老学派特别强调君主应身体力行地遵守法律,以此捍卫法律的权威,保障国家政权的顺畅运作。陆贾屡次告诫统治者,国家的兴衰强弱与君主的行为紧密相连,不可不谨慎对待。"夫持天地之政,操四海之纲,屈申不可以失法,动作不可以离度。谬误出于口,则乱及万里之外,何况刑无罪于狱,而诛无辜于市乎?"① 现实的警醒与思想的导向,促使汉初的统治者较为注重明法守身,不让个人意志干扰法律的执行。汉文帝便是这一时期的典范,他与知名司法官张释之之间的几次分歧,彰显了一位帝王难能可贵的法律需取信于民的法治观念。据《汉书·张冯汲郑传》记载,汉文帝出行时,曾遇人惊吓了御马。廷尉张释之向文帝禀报说,按照法律,此人应被处以罚金。文帝觉得处罚过轻,大为不满。张释之则坚持依法处置,并向文帝阐明,法律是天下百姓与君主共同遵循的,法律如何规定,就应如何执行,不能随意加重或减轻刑罚,否则法律将失去其威信。法律若无威信,百姓又怎能依据它来调整自己的行为呢?文帝最终接受了张释之的意见。这一事例生动地体现了汉初黄老学派要求君主守法的主张。

汉初崇尚黄老之学的统治者,在明法、自身恪守法律之外,还在司法实践中推行了疑狱谳报制度,凸显了"慎罚"的原则。大量疑难案件长期悬而未决,"有罪者久而不论,无罪者久系不决"② 的情况十分严重,为此,高祖颁布诏令在全国实行疑狱谳报制,明确规定:"自今以来,县道官狱疑者,各谳所属二千石官,二千石官以其罪名当报之。所不能决者,皆移廷尉,廷尉亦当报之。廷尉所不能决,谨具为奏,傅所当比律令以闻。"③ 这一制度确立了从县道到二千石,再到廷尉,最终至皇帝的审级流程。到了景帝时期,黄老法律思想中的慎罚精神得到了更广泛的实践。针对司法官员断案严苛、用刑不公的问题,再次颁布诏令,要求对人心不服的疑难案件进行复审:"法令度量,所以禁暴止邪也。狱,人之大命,死者不可复生。吏或不奉法令,以货赂为市,朋党比周,以苛为察,以刻为明,令亡罪者失职,朕甚怜之。有罪者不伏罪,奸法为暴,甚亡谓也。诸狱疑,若虽文致于法而于人心不厌者,辄谳之。"④ 自此以后,司法实践中官吏不依法律条文而随意裁决的风气得到了较大改善,审判与用刑逐渐贯彻了慎重的原则。

---

① 《新语·明诫》。

② 《汉书·刑法志》。

③ 《汉书·刑法志》。

④ 《汉书·景帝纪》。

3. 以道为本

汉初黄老学派指出,秦朝在完成大一统短短十余年后便迅速灭亡,原因之一在于秦法既繁又苛,对民众造成了极大的压迫。法律作为统治工具固然不可或缺,但其形式绝不应如秦法那般复杂烦琐,而应追求内容的简洁明了,且刑罚宜轻不宜重。因为法律若过于繁杂,民众稍有不慎便可能触犯法律而受罚,这样的法律体系只会导致法律越多,犯罪现象反而越发猖獗,与统治者的初衷南辕北辙。此外,法律条文应尽可能简洁易懂,便于官员与民众理解、执行及遵守,这是实现先教后刑的基础。汉初黄老学派坚信,唯有坚持约法省禁,方能实现社会稳定与经济繁荣,进而达到"无为而又无不为"的理想境界。

汉初黄老学派汲取了秦朝灭亡的深刻教训,明确反对秦朝那种对轻罪施以重刑的理念,转而主张刑罚应当力求宽缓与轻微,在实际执法过程中,他们坚持宁可放过可能有罪之人,也绝不能错误地裁决无辜者。只要对罪行存在任何一丝疑虑,就绝不能轻率地施以死刑,唯有如此,方能真正树立起法律的威严与公信力。

在汉初减轻刑罚的诸多举措中,汉文帝的贡献尤为显著。他在执政期间,实施了一系列约法省禁的改革,一是废除收孥相坐律。文帝认为,对犯罪者本人已施加刑罚后,再将其父母、配偶、兄弟及其他无辜亲属一并治罪,实属不公,这样的法律无法彰显仁爱与正义。然而,这一改革遭遇了来自高层统治集团内部的强烈反对。当时的左右丞相周勃与陈平坚持认为,收孥相坐律的存在能有效震慑民众,使之不敢轻易触犯法律,且该法令已沿用多年,不宜更改。文帝反驳道:"法正则民悫,罪当则民从。且夫牧民而道之以善者,吏也。既不能道,又以不正之法罪之,是法反害于民,为暴者也。朕未见其便,宜熟计之。"[①] 经此反复,废除收孥相坐律的法令最终得以颁布。改革之路总是充满挑战,即便是文帝本人,在推进刑罚改革的过程中,也时常难以摆脱传统势力的桎梏。

二是废除妖言诽谤法。所谓妖言诽谤,即指借由荒诞无稽之言来诋毁他人,尤其是对皇帝的非议及对朝政的批评,更被视为大逆不道的妖言。在中央集权

---

① 《汉书·刑法志》。

体制下,维护皇权的绝对至高无上,是集权国家法制建设的核心要务。因此,加重对思想言论犯罪的惩罚,构成了中国古代刑法的一个重要特征。在此背景下,真正废除妖言诽谤这一危害皇权的罪名显得尤为困难,诸如祝诅、腹诽、诬罔、诅谤等罪名始终存在,这充分表明集权国家的法制体系绝不容忍任何在思想与言论上对皇权的轻微冒犯。然而,正是在这样的环境下,统治者修正此法时所展现出的胆略与自信才尤为显得难能可贵。汉初以文帝、景帝为代表的统治阶层,积极践行黄老学说中的"约法省禁"立法理念,从而使得整个时代的政治氛围逐渐趋于安定与清明,法律不再以严苛狰狞的形象示人,进而促进了社会经济与风尚的重大转变。

三是废除肉刑。文帝对肉刑的废止,标志着自该刑罚诞生以来首次重大的制度性变革,其意义不容小觑。此举不仅是对汉初统治者秉持的以德化民黄老法律思想的切实体现,也是人类社会从野蛮走向文明的必然之路。更为关键的是,它推动了汉代刑罚体系的系统化发展,使得刑罚种类与刑期得以明确规范,为原始五刑(黥、劓、刖、宫、大辟)向封建制的法定五刑(笞、杖、徒、流、死)的转型奠定了坚实的基础,完成了不可或缺的历史过渡。

汉初,黄老之学因其崇尚清静无为、德刑相济、约法省禁、顺应民心的核心理念,而被统治者选定为治理国家的首要指导思想。在这一思想的指引下,汉初统治者确立了"休养生息"的基本政策,实行减轻徭役、减少赋税,并鼓励农耕与纺织业的发展。这一基本国策在汉初长达半个多世纪里得到了贯彻执行,并取得了显著的成效。到了孝惠帝与高后时期,经济已经实现了快速复苏;而到了文帝与景帝的时代,更是达到了家家户户衣食丰足、国家财政充裕的繁荣景象,呈现出史家所赞誉的"文景之治"。

(四)汉初黄老法律思想的历史作用与影响

关于汉初黄老法律思想在中国法律思想史上的独特地位及其深远影响,我们可以从以下几个维度进行深入理解。

首先,汉初的统治者深刻汲取了秦朝因过度依赖严刑峻法而迅速崩溃的历史教训,对秦朝的统治哲学进行了全面且深刻的批判。在此背景下,黄老学派提出的"约法省禁、与民休息"主张,恰好契合了汉初统治者的需求,成为他们治国理政的核心理念。在这一思想的引领下,汉初政府大幅减轻了对民众的剥削与压迫,实行了轻徭薄赋的政策,为民众创造了一个相对安定且宽松的生产生活环境。这一系列举措极大地促进了社会经济的快速复苏与发展,同时也维护了社会的稳定,最终促成了文景之治的盛世景象。《汉书·食货志》中对汉初社会状况的描述"七十年间,国家无事",便是对这一时期黄老法律思想积极作用的生动写照。

其次,汉初黄老法律思想在法律制度层面也实现了重大革新,它摒弃了秦朝那种单纯依赖严刑重罚、轻罪重判的做法,转而倡导约法省刑、去陰繁苛的规定。这一法律思想不仅深刻影响了汉初的法律实践,也成为整个两汉时期法律思想的一个重要特征,为后世法律制度的完善与发展奠定了坚实的基础。

再者,汉初黄老法律思想在法律思想史上还扮演了一个至关重要的过渡角色。它像一座桥梁,连接了秦朝法家思想与西汉中期以后逐渐占据主导地位的儒家思想。在秦朝,法律思想以法家为主,强调事事皆需依法决断;而到了汉武帝时期,随着董仲舒"罢黜百家,独尊儒术"建议被采纳,儒家思想逐渐成为法律思想领域的主导。七十年间,法律思想发生了如此巨大的转变,如果没有汉初黄老法律思想的铺垫与承接,这一转变是难以实现的。黄老法律思想在国家政治生活中的实践,客观上为这一转变提供了必要的过渡与准备,也为中国正统法律思想的确立拉开了序幕。

二、儒家正统法律思想的确立

在汉朝初立的七十年间,黄老学说以其清静无为、少私寡欲的理念深深影响着朝政,数位帝王遵循"无为而治"的原则,最终引领汉朝走向了民富国强、经济繁荣的局面。然而到西汉中期,统治者所面临的不再是仅凭"清静寡欲"便能轻松驾驭的政治环境与社会现状。尽管吴楚七国之乱已被平息,但这并不意味着地方威胁势力的彻底消失。随着财富的急剧累积,诸侯王势力日益坐大,对权力的渴望达到了前所未有的程度。同时,地方豪强横行霸道,无视法纪,宗室贵族则大肆兼并土地,逾越规制。在对外交往上,"和亲"政策亦显现出难以为继的迹象。此时,单纯崇尚无为的黄老学说已难以承载统治者对于控制、约束及扩张的政治欲望,立法思想面临着新的考验与选择,新的理论与思想呼之欲出,亟待问世。

前141年,年仅十六岁的汉武帝刘彻登基。他对于黄老学派颇为冷淡,相反,对于那些在黄老学说宽松氛围下逐渐兴起的儒学思想,却展现出了浓厚的兴趣。即位的第一年,他下令在全国范围内选拔贤良方正、直言极谏的人才。汉武帝亲自命题,考试内容聚焦于古往今来的治国方略。在参与考试的百余人中,长期致力于《春秋公羊传》研究的董仲舒,针对武帝的三次策问,以《春秋》大一统思想为核心,大力推崇儒学,主张尊崇儒家礼仪,建立制度,推广教化。他提出了著名的观点"诸不在六艺之科、孔子之术者,皆绝其道,勿使并进。邪辟之说灭息,然后统纪可一而法度可明,民知所从矣"[1]。董仲舒的回答深受武帝的赏识,儒家积极入世的治理理念也为这位年轻气盛的皇帝开辟了新的视野。同年,当丞相卫绾提议驱逐那些主张申不害、韩非、苏秦、张仪等人学说的人才时,武帝立刻表示了赞同。五年之后,汉武帝更是将《诗》《书》《礼》《易》和《春秋》确定为五部官方经典,设立五经博士传习。前135年,随着窦太后的去世,黄老学说这一在汉初七十年间占据主流地位的思想终于逐渐退出了历史舞台。取而代之的是董仲舒所创立的新儒学,它以《公羊春秋》为核心,融合了阴阳、法、道、名等多家学说。新儒学一经问世,便被确立为至高无上的思想体系,成为此后中央集权国家一贯遵循的正统思想。

（一）奉天法古

董仲舒开创的新儒家学说,汇聚了自先秦以来关于"天"的各种阐释,并将这些观念融入其构建的"天人感应"体系中,确立了"天"的核心地位。在他看来,天是万物的统治者,君主承受天命。"奉天法古"观点凸显了君主在该体系中的不可或缺,进而将君主神圣化,主张王权的至高无上。

董仲舒所尊崇的天,被赋予了神圣之灵的地位。"天者,百神之君也"[2],他

---

① 《春秋繁露》。
② 《春秋繁露·郊义》。

视天为神界至高无上的存在,还提出君权神授说,强调历代圣王皆因承受天命而立,即"受命之君,天意之所予也"①。在回应汉武帝的策问时,他提出三代圣王受命时均有天降祥瑞作为受命之证,此即"受命之符"②。

董仲舒所信奉的天,也包含了自然层面的意义,它代表了宇宙的整体及其内在的运行法则。他论述说:"天、地、阴、阳、木、火、土、金、水、九,与人而十者,天之数毕矣。"③此处第二个"天",意指包含人类在内的宇宙万物总和。在《春秋繁露·五行相生》中,董仲舒认为"天地之气,合而为一,分为阴阳,判为四时,列为五行",即天地之气融合为一,分化为阴阳,细分为春、夏、秋、冬四季,体现为木火水金土五种元素(五行),彰显了天的自然属性。

此外,董仲舒所尊崇的天,还蕴含了深刻的道德律令。天的道德性首要体现在其广博无私的特质上。他说:"天者群物之祖也,故遍覆包函而无所殊,建日月风雨以和之,经阴阳寒暑以成之。故圣人法天而立道,亦溥爱而亡私,布德施仁以厚之,设谊立礼以导之。"④天对世间万物一视同仁,滋养抚育,无所不至,其本质便是"仁爱"。

同时,董仲舒主张天具备警示的能力,告诫君主务必遵循天意治理国家,避免施行暴政。他阐明了君主虽统治百姓,但自身亦受制于天,指出:"臣谨案《春秋》之中,视前世已行之事,以观天人相与之际,甚可畏也。国家将有失道之败,而天乃先出灾害以谴告之,不知自省,又出怪异以警惧之,尚不知变,而伤败乃至。以此见天心之仁爱人君而欲止其乱也。"⑤意思是:我仔细研究《春秋》记载的历史事件,观察天人之间的相互关系,发现其中蕴含的规律令人敬畏。当一个国家即将因偏离正道而衰败时,天会先降下灾害作为警告;若君主仍不自我反省,天则会进一步显现怪异之事以引起警觉;倘若君主仍不思悔改,灾难与败亡便会接踵而至。由此可见,天心仁爱君主,欲通过此方式阻止国家的混乱。

---

① 《春秋繁露·深察名号》。

② 《汉书·董仲舒传》。

③ 《春秋繁露·天地阴阳》。

④ 《汉书·董仲舒传》。

⑤ 《汉书·董仲舒传》。

董仲舒通过树立天的至高无上的神圣权威,旨在引导统治者遵循"奉天""法天"的原则。天的无上地位不仅奠定了君主在人间的至高权力,同时也为君主的行为设定了崇高的道德典范。"法天"意味着君主应当依据天道运行的法则来实施政治决策,要求君主珍惜民众,重视民生,推行仁爱之政,避免违背农时、横征暴敛,以免导致自然失序、国家衰败。董仲舒构建的"奉天法古"天人哲学体系,成功地将宗教的神圣性、自然的秩序性以及道德的规范性融为一体,为天的权威奠定了坚实基础,进而为自然界的一切变化、人们的日常生活,以及包括立法、司法在内的所有政治活动提供了最终的依据。然而,当君主被神圣化之后,君主的意志往往容易被等同于天意,任何违背君主意志的行为都将受到法律的严厉制裁。

(二)三纲五常

将统治者的行为融入阴阳五行理论之中,标志着中国思想史上一个新时代的开启,其特征是将世俗政治与自然界的寒来暑往、四季更迭紧密相连。若说董仲舒确立天的至高无上地位,是为君主政体奠定了终极基石,那么,将阴阳运行规律提升至"天道"层面,并进一步演绎为社会普遍遵循的原则,则是对儒家长期倡导的君臣父子等级伦理及社会秩序结构的深刻认同。董仲舒指出,"天道之常,一阴一阳"[1],意味着阴阳之道既是天体运行的法则,也是人间社会秩序的蓝本。他认为"天地之气,合而为一,分为阴阳"[2],即天地之气,融合为一,又可析为阴阳,表明阴阳作为构成天地的"气",既可分离又可统一。然而,他尤为强调阴阳之间的差异,主张阳尊阴卑。他说:"阳始出,物亦始出;阳方盛,物亦方盛;阳初衰,物亦初衰。物随阳而出入,数随阳而终始,三王之正随阳而更起。以此见之,贵阳而贱阴也。"[3]即阳初升,万物亦随之萌生;阳正盛,万物亦繁茂;阳渐衰,万物亦开始凋零。万物随阳之升降而出没,数随阳之始终而更迭,三代圣王的正统亦随阳之变迁而更替。由此可见,阳被尊崇而阴被轻视。董仲舒将万物皆归于阴

---

① 《春秋繁露·阴阳义》。

② 《春秋繁露·五行相生》。

③ 《春秋繁露·阳尊阴卑》。

阳两类,虽表面看似平衡,实则暗含阴从属于阳的意味。他进而将这一基于主观判断的"阳尊阴卑"观念推广开来,最终完成了对自然界与人类社会的等级划分与定位。

"三纲五常"作为最基本且被后世持续沿用的立法原则,正是在此时期得以确立。其中,"三纲"指三种纵向的道德规范。董仲舒在《春秋繁露·基义》中首次明确了其范畴,并阐述道:"天为君而覆露之,地为臣而持载之,阳为夫而生之,阴为妇而助之,春为父而生之,夏为子而养之,秋为死而棺之,冬为痛而丧之。王道之三纲,可求于天。"[①] 即天如同君主般覆盖滋养万物,地则像臣子般承载万物;阳代表丈夫,赋予生命,阴则象征妻子,辅助丈夫;春为父,催生万物;夏为子,养育万物;秋主死亡,为之置棺;冬则因痛失而哀伤。王者应遵循的三纲,实则是天意的体现。他还剖析了天人之间等级分明的主从秩序:"天子受命于天,诸侯受命于天子,子受命于父,臣妾受命于君,妻受命于夫。"[②] 此框架下,天地与君臣、阴阳与夫妇、春夏与父子之间形成了和谐对应关系,人间的伦理纲常在宇宙自然中找到了永恒不变的依据。于是,君为臣纲、父为子纲、夫为妻纲,成为"可求于天"的王道三纲。

"五常"即仁、义、礼、智、信,是维护三纲得以实施的横向道德规范。董仲舒认为,这是王者应当修行的道德准则。在探讨治国理政及君主之道时,他提出了三项基本原则:首先,君主需恭敬地顺应天意,遵从天命;其次,向下必须彰明教化,感化民众;最后,要确立公正严明的法制原则,明确上下等级,遏制私欲。而实现这一法制原则的核心,就是将三纲五常的精神融入法律体系之中,确保国家、社会及民众都能遵循这一原则运行,使君臣、父子、夫妇以及老少之间都有法定的行为规范与意识准则,从而让神权、皇权、族权、夫权获得永恒的正当性。

(三)德主刑辅

"德主刑辅"的理论根源可追溯至西周时期的"明德慎罚"思想,这一思想在先秦儒家得到了进一步发展,演变为"为政以德"的理念。到了汉初,经由陆

---

① 《春秋繁露·基义》。

② 《春秋繁露·顺命》。

贾与贾谊的融合,形成了"德刑相济"的观点。到董仲舒时,他提出了"德主刑辅"和"大德小刑"的学说,通过天道阴阳,深入论证了德与刑的关系。"天道之大者在阴阳。阳为德,阴为刑,刑主杀而德主生。是故阳常居大夏,而以生育养长为事;阴常居大冬,而积于空虚不用之处。以此见天之任德不任刑也。天使阳出布施于上而主岁功,使阴入伏于下而时出佐阳;阳不得阴之助,亦不能独成岁。终阳以成岁为名,此天意也。王者承天意以从事,故任德教而不任刑。刑者不可任以治世,犹阴之不可任以成岁也。为政而任刑,不顺于天,故先王莫之肯为也。"① 即天道最重要的体现在于阴阳。阳代表德,阴代表刑,刑主要负责惩罚,而德主要负责生育滋养。因此,阳通常在盛夏时最为活跃,负责生育和养育万物;而阴则在寒冬时占据主导,此时它处于收敛和潜伏的状态,不发挥作用。从这一点可以看出,天道更偏向于德而不是刑。天道让阳出现在上面,负责一年的功绩,而让阴潜伏在下面,时常出来辅助阳;但阳如果没有阴的帮助,也不能单独完成一年的循环。最终,是以阳的名义来完成一年的,这是天意的安排。王者应该顺应天意来治理国家,所以应该以道德教化为主,而不是以刑罚为主。刑罚不能单独用来治理国家,就像阴不能单独用来完成一年的循环一样。如果治理国家只依赖刑罚,那就是违背了天意,所以古代的圣王都不会这样做。董仲舒巧妙地将德刑、生杀与阴阳、夏冬相匹配,旨在借助自然与宇宙的运作法则来映照人类社会的治理模式。他阐述道,正如天若仅有"阴"而无法构成完整的"岁",治理国家亦不能单纯依赖刑罚;而"阳"是"岁"形成的决定因素,意味着德教应成为治理国家的核心方法。但同时,阳若无阴的辅助,亦无法独自成岁。因此,遵循天意,最理想的方案便是德主刑辅,大德小刑。圣明的君主应"多其爱而少其严,厚其德而简其刑,以此配天"②。

在德主刑辅理论确立之后,董仲舒进一步深入探讨了德刑的适用范围及对象。他首先将人按"五号"③ 划分为天子、诸侯、大夫、士、民五个层级,并明确了他们各自的责任与义务:天子需视天为父,以孝道教化天下;诸侯则需恭敬地辅

---

① 《汉书·董仲舒传》。

② 《春秋繁露·基义》。

③ 《春秋繁露·深察名号》。

佐天子;大夫应深化忠信礼义;士负责具体事务的执行;而百姓则被视为需要教化的对象。在此基础上,董仲舒融合了先秦孟子关于"人性善"与"人性恶"的观点,提出人性善恶并非绝对,而是因个体而异。根据人性中善恶成分的不同,他又将人细分为三类,即"性三品":"圣人之性不可以名性,斗筲之性又不可以名性,名性者中民之性。"①"圣人之性"无须教化便能自然向善,并能引导天下人向善,但这样的人极为罕见;"中民之性"则善恶兼具,通过教化可转化为善,这类人占大多数;"斗筲之性"则恶性深重,难以教化,需以刑罚震慑,这类人虽少,但不可忽视。董仲舒据此认为,由于存在"斗筲之性",因此刑罚不可或缺,应以刑罚强化统治的威慑力;而"中民之性"作为社会的主体,应以德教为主,辅以刑罚,引导他们向善。这一理论不仅深化了德主刑辅的内涵,也为后世的社会治理提供了重要的思想基础。

董仲舒所倡导的"三纲五常"与"德主刑辅"的立法原则及理论,为统治阶层在制定法律、治理国家时提供了决策依据,推动了法律体系逐渐实现儒家与法家的融合与转变。他提出的"五号"与"性三品"理论,在贾谊"刑不上大夫"观点的基础上,进一步从理论上强化了等级制度的观念,并清晰界定了"德主刑辅"原则的具体适用对象。这一理论为后来法律制度中"法有等差"的立法原则提供了理论支撑,对立法者和执法者的思想观念产生了深远的影响。

(四)司法则时

"司法则时"彰显了正统法律思想与阴阳学说的融合。正统法律思想秉持"天人合一"的理念,强调人世的奖惩制度应与"天意"保持一致。在中国古老的阴阳理论中,阴象征着静谧、沉重、柔和、寒冷及黑暗,而阳代表运动、轻盈、刚硬、温暖与光明。这二者的交融孕育了世间万物,它们的消长变化促成了四季的更迭,因此,世间万物均通过时令来展现特性、反映本质。源于阴阳思想的"司法则时"原则,在先秦时期已有明确的体现,如战国末期秦国丞相吕不韦编纂的《吕氏春秋》中的"十二纪",便是以阴阳五行学说为基础,阐述四季十二个月中自然现象与休养生息、政令发布之间的联系。

---

① 《春秋繁露·实性》。

　　至汉代中期,董仲舒对阴阳时令思想进行了更为生动细致的阐述,使得以秋冬季节执行刑罚为特征的"司法则时"理论获得了更为坚实的理论支撑。在《春秋繁露·阳尊阴卑》一文中,董仲舒详细论述了春夏主生养,秋冬主杀伐的自然宇宙观:"人生于天而取化于天,喜气取诸春,乐气取诸夏,怒气取诸秋,哀气取诸冬,四气之心也。四肢之答各有所处,如四时;寒暑不可移,若肢体。肢体移易其处,谓之壬人;寒暑移易其处,谓之败岁;喜怒移易其处,谓之乱世。明主正喜以当春,正怒以当秋,正乐以当夏,正哀以当冬。……是故春气暖者,天之所以爱而生之;秋气清者,天之所以严而成之;夏气温者,天之所以乐而养之;冬气寒者,天之所以哀而藏之。……故四时之行,………阴阳之理,圣人之法也。阴,刑气也;阳,德气也。阴始于秋,阳始于春。"①

　　董仲舒的论述展现出严密的逻辑结构。他巧妙地将人类的喜、怒、哀、乐四种情绪与自然界的春、夏、秋、冬四季相联系,进而将人体四肢的固定性与四季时序的规律性相比较,深入剖析了暖、清、温、寒四气背后所蕴含的人类情感与社会治理模式。随后,他将刑德比喻为阴阳两极,指出阴气始于秋季,阳气始于春季,强调在春夏万物蓬勃生长之时,应侧重教化与奖赏;而到了秋冬万物凋零之际,则应专注于司法审判与刑罚执行,由此,"秋冬行刑"成为一项制度性安排。"司法则时"的核心理念,首要在于要求皇帝必须顺应天道。若天象出现异常,如灾害频发、季节反常,皇帝需自我反省,检查自己的言行是否违背了天意。其次要遵循时令。正如《礼记·月令》所述,在春夏阳气和煦之时,皇帝亦应效仿天意,对罪犯施以宽仁,暂停常规诉讼与严刑拷打,以彰显好生之德;而到了秋冬,则应模仿天的严酷,审理并执行死刑,严厉惩处犯罪。

　　秋冬行刑及司法则时的原则,历史源远流长。在汉代,秋冬为杀伐之季的观念不仅停留在理论探讨与完善的层面,更已实现制度化、法律化,成为司法实践中的重要指导原则。唐律中"立春后不决死刑"的规定,以及明清时期的"热审"与"秋审"制度,均与此原则一脉相承,共同构成了中国古代立法思想与司法制度中独具特色的一部分。

---

① 《春秋繁露·阳尊阴卑》。

（五）"春秋决狱"

在儒家思想逐渐融入法律体系的过程中，汉代中期诞生了一种以儒家经义为准则的审判方式，即"春秋决狱"。董仲舒是"春秋决狱"的倡导者。《汉书·艺文志》载有《公羊董仲舒治狱》十六篇，同时《后汉书·应劭传》记载："董仲舒老病致仕，朝廷每有政议，数遣廷尉张汤亲至陋巷，问其得失。于是作《春秋决狱》二百三十二事。"① 由此可见，《春秋决狱》的内容非董仲舒撰写，而是基于当时司法实践中的真实事件与案例，通过归纳总结并与儒家经义相结合而成。

尽管目前尚缺乏确凿的史料证据来证明《春秋决狱》一书在成书后是否被广泛用作司法官员的必修教材并流传于世，但从其编排体例和内容形式来看，该书具有很强的实用性和指导性。例如："时有疑狱曰：甲无子，拾道旁弃儿乙，养之以为子。及乙长，有罪杀人，以状语甲，甲藏匿乙。甲当何论？仲舒断曰：甲无子，振活养乙，虽非所生，谁与易之。《诗》云：螟蛉有子，蜾蠃负之。《春秋》之义，父为子隐，甲宜匿乙。诏不当坐。"② 这种问答式的解惑方式，与秦简《法律答问》形式颇为相似，甚至唐代《唐律疏议》也可视为这种法律答问形式的延续。此外，《宋史·艺文志》也记载了《春秋决狱》一书，其长久流传本身即彰显了该书的价值及深远影响。

《春秋决狱》一书现今已不复存在，仅有少量内容零散地保存在《通典》《太平御览》以及《艺文类聚》等典籍之中。然而，在其成书的汉代中期，由于统治阶层对经学的高度推崇，加之董仲舒亲身参与司法实践，使得"春秋决狱"在当时产生了广泛而深远的影响，成为一种广受欢迎的审判方式。《春秋决狱》不仅仅是一部经学典籍，更是一部以经学义理替代具体法条的判例汇编，具有指导法律实践的重要作用。当时，面对复杂难解的案件，若现有法律条文不足以提供充分依据，尤其是当经学义理与法律条款发生冲突时，经义便扮演起了法律的角色，在法律体系之外构建了一套详尽的法律解释体系。"春秋决狱"在汉代的盛行，正是经义深入渗透法律领域，与法律相互融合、相互促进的生动体现。

---

① 《后汉书·应劭传》。
② 《通典·礼二十九》。

　　"春秋决狱"的精髓在于"原心定罪"，将儒家的经典教义凌驾于法律条款之上。董仲舒主张，正统的法律思想应以儒家学说为根本准则。然而，汉朝继承了秦朝的制度，其法律体系是在法家思想的指引下构建起来的。这二者之间不可避免地会产生冲突。为了捍卫儒家的独尊地位，在司法实践中必须以儒家经典为指引，当儒家经典与法律条文相抵触时，甚至不惜以经典来突破法律。"春秋决狱"的显著特征是"以经断狱"和"原心定罪"。这种裁决方式在量刑时特别强调对犯罪动机的考量。对于那些出于善意而触犯法律的人，可以给予赦免；而对于那些行为上符合法律，但内心存有不轨之念的人，也应予以惩治，如"志善而违于法者免，志恶而合于法者诛"①。例如，孝子出于孝心为亲人复仇而杀人，虽然触犯了法律，但断案者应当赞扬孝子的义举，非但不应加以惩罚，反而应当表彰其行为。"春秋决狱"是礼与法相融合的具体体现，反映了正统法律思想中将礼的地位置于法之上的观念。

三、东汉时期法律思想儒家化的加强

（一）谶纬学说

　　儒家思想发展至西汉末年，经学逐渐融入了谶纬之说，不仅将天灾异象作为议政的依据，还要求统治者接受天命实施改革，甚至援引禅位贤能的典故来加强论证。至东汉光武帝登基，他利用谶纬来阐释经学，其地位凌驾于传统的五经之上。在明帝与章帝时期，谶纬学稳固地占据了官方思想的主导位置。

　　谶，起源于秦汉时期，由巫师、方士杜撰，为假借神仙、圣人之名预示未来吉凶的隐晦言辞，分为符谶与图谶。纬，是与"经"相对而言的，是汉代神学迷信与儒家经义相结合的书籍，内容与经书紧密相连，通过神学的角度对经学思想进行阐述，常假借孔子之名以增强权威性。从现有的文献资料来看，纬书中常常包含谶的元素，而谶中也常有纬的渗透，二者相互融合，共同构成了谶纬学说。

　　谶纬学说与董仲舒以阴阳五行学说和天人感应论为基础创立的新儒学有紧密的联系，对法律思想产生深远影响。首先，谶纬学说进一步神化了皇权，宣称

---

① 《盐铁论·德刑》。

王者必须拥有"授命之符"。早在汉武帝时期,他便进行封禅仪式,宣告自己是受命于天的真正天子。纬书更是不遗余力地神化君主,如《河图·稽命征》载"帝刘季,日角戴北斗,胸龟背龙,身长七尺八寸,圣而宽仁,好任主",以神化刘邦。其次,谶纬学说依据阴阳灾异理论,企图对王权进行约束。尽管谶纬学说通过神化王权确保了君主的至高无上地位,但同时也为君主滥用权力提供了可能。为了纠正王权的偏差,谶纬学说引入了灾异论(即天谴论)作为调节机制。《孝经·内事图》载:"君臣无道,不以孝德治天下,乌云蔽日,茫茫滉滉,四方凄惶。"再者,谶纬学说进一步强化了尊卑贵贱、孝行人伦的神圣性。它通过灾异、阴阳、灵瑞符命等手段,将经学神秘化。谶纬学说认为,只有维护君主集权等级制度才能引来祥瑞,否则将招致灾祸。它利用灵瑞图谶神化皇权,尊孔子为教主,借助阴阳五行、天人感应的理论神化礼制秩序,同时又试图通过灾异论来限制王权,从而将儒家经学发展为具有宗教神学色彩的政治哲学,与汉代的现实政治紧密结合,最终成为东汉时期的官方意识形态。

在两汉时期,思想领域深受神学影响,迷信观念泛滥成灾,主流政治法律思想紧密围绕神学理论展开,形成了浓厚的神学氛围。然而,涌现出了一些在当时被视为"异端"或"非主流"的思想家,他们勇敢地反对经学的谶纬化倾向。这些思想家主张天道自然,强调万物运行自有其内在规律,不应被人为的神学解释束缚。他们坚决反对将灾异天罚等自然现象作为政治法律思想的依据,认为这些都是虚妄之谈,为两汉时期的思想注入理性之风。东汉时期,随着社会的稳定与发展,人们开始反思谶纬学说的弊端,逐渐形成了反谶纬的思潮,为后世的思想解放奠定了基础。

(二)经学法典《白虎通义》

公元 79 年,一场标志着儒家立法理念正式融入法典的里程碑式会议在洛阳北宫的白虎观举行,这就是有名的白虎观会议。会议中,桑弘羊、车千秋与一众贤良文学之士,围绕盐铁官营、对外战争、德刑关系等重大问题,展开了激烈的辩论。汉章帝亲自主持并裁断争论,随后指令班固将会议达成的共识进行系统编纂,最终形成了汉代最具权威性的经学典籍——《白虎通德论》,又称《白虎通义》，简称《白虎通》。

　　《白虎通义》全书共分四卷，涵盖了四十三个议题，内容博大精深，涵盖了当时社会的思想体系、制度规范、风俗习惯、衣着服饰等方面。该书采用近似法律典籍的严谨语言，清晰而精确地阐述并解释了各种制度以及统一思想的核心理念。《白虎通义》确立了规范人们思想与行为的统一标准，实质上已成为一部高度法典化的经学著作。

　　《白虎通义》的核心，是政治伦理思想的概括——"三纲""六纪"："三纲者，何谓也？谓君臣、父子、夫妇也。六纪者，谓诸父、兄弟、族人、诸舅、师长、朋友也。故君为臣纲，父为子纲，夫为妻纲。又曰：敬诸父兄，六纪道行，诸舅有义，族人有序，昆弟有亲，师长有尊，朋友有旧。"①"三纲""六纪"依托宗族血缘的纽带，上联君臣，旁涉师长，下至友朋，将封建社会的人际关系编织成一张紧密相连的网络。尤其突出了君父之道的重要性，这无疑成为专制主义国家立法的根本原则，旨在捍卫君权的至高无上，并确保封建社会秩序的和谐与稳定。

　　《白虎通义》的问世，进一步巩固并深化了东汉时期立法思想中的儒家化倾向。尽管纲常名教、君父之道等理念尚未有直接对应的实体法律典籍，但它们却通过更为灵活的法律形式——诏令，广泛影响着社会各阶层。白虎观会议结束后不久，发生了一起为父复仇的杀人案，汉章帝在处理此案时，不仅赦免了复仇者的死刑，还对其从轻发落，这一裁决正体现了儒家伦理对司法实践的影响。《白虎通义》作为一部思想与精神层面的法典，其衍生出的指导原则与规范作用向具体刑法典的渗透已成为不可阻挡的趋势。

（三）律章句学

　　东汉时期，立法思想的儒家化得到了进一步的强化，主要体现在汉儒积极参与律学研究，导致律令章句学的兴盛，经学与律学之间的联系变得尤为紧密。律章句学借鉴了经学中章句注疏的形式，通过引用经典文献来解释法律条文，这一过程被称为"引经注律"。这种方式有效地将儒家的伦理观念融入法律体系中，加速了汉代法律的儒家化进程。

----

① 《白虎通义·三纲六纪》。

在汉儒的注释中,"违忠欺上""亏礼废节"等词汇出现,反映了儒家的价值观。它们表明,汉儒能够在任何时候将经学的核心理念融入法律之中,从而使法律逐步演变为儒家立法思想的载体。汉儒在注释经典时,也会引月当时的法律条文来阐明经文的含义,这种双向互动进一步巩固了儒家思想在法律领域中的地位。

东汉律章句学的兴起,首先源于统治阶层对法律的高度重视。统治者推崇经学,并将三纲五常确立为立法的核心原则。同时,他们深刻认识到法律在实际治理中的巨大作用,因此常常采取德治与法治相结合的策略来管理国家,这为律章句学的产生提供了外部环境。其次,汉代任用官吏时对法律素质的要求,也促进了律令的传习,推动了律章句学发展。官员必须熟练掌握并牢记法律条文。精通法律的人与通晓经学的人拥有平等的晋升机会,在这种环境下,学习律令成为汉代社会不可或缺的一部分。法律的学习和传承成为一种普遍的社会风尚。汉儒学者不仅传授经学,还深入解释法律条文,将经学与律学紧密结合,使法律成为儒家道德伦理思想表达的媒介。官吏成为法律的执行者,更是儒家价值观的践行者和传播者。律章句学的兴起和发展是时代发展的必然结果,成为当时社会文化的一个显著特征。

在魏晋时期,随着"八议"制度纳入法律体系以及律博士职位的设立,国家开始正式统一管理和规定权威性的法律解释权与传授权。这一变化标志着法律专业化的提升,同时也预示着东汉时期盛行的律章句学逐渐走向衰落。

第三章

魏晋南北朝时期的法律思想

第一节　魏晋南北朝社会发展概述

魏晋南北朝时期从220年曹丕废汉献帝，自立为帝，建立魏国开始，直至589年隋朝军队攻破陈朝都城，俘虏陈后主，从而灭亡陈朝，实现全国再次统一，这一时段总共跨越了369年的漫长历史。在这段时期内，除了西晋王朝在280年灭吴，实现了短暂的全国统一，维持了约30年的和平与稳定外，其余大部分时间，中国都处于分裂和战乱的状态，未能形成一个持久且强大的中央集权国家。

东汉末年，随着皇权的衰弱和地主阶级的崛起，社会矛盾日益尖锐，最终爆发了大规模的农民起义。在这场起义中，地主阶级内部的不同势力为了镇压起义、争夺对国家的控制权，进行了长期的战争和斗争。经过一系列的较量，最终形成了魏、蜀、吴三国鼎立的局面。这三国之间既有军事上的对抗，也有政治、经济、文化上的交流与融合，共同构成了中国历史上一段独特而复杂的历史时期。

西晋王朝的建立，标志着三国时期的结束和全国统一的开始。然而，西晋的统治并不稳固，内部矛盾重重，加上少数民族的反抗和入侵，使得西晋王朝很快便走向了衰落。316年，西晋被匈奴族建立的汉赵政权所灭，中国再次陷入了分裂。

西晋灭亡后，司马睿在南方建立了东晋王朝，定都建康（今南京），与北方的混乱局势形成了鲜明的对比。东晋王朝虽然偏安一隅,但在经济、文化等方面都取得了显著的成就。与此同时,在北方,多个民族相继崛起,建立了十几个国家,这些国家之间互相攻伐、争夺地盘,形成了"十六国"的混乱局面。

在南方,东晋之后又相继出现了宋、齐、梁、陈四个朝代,这些朝代被合称为南朝。南朝时期,南方经济得到了进一步的发展,文化艺术也呈现出繁荣的景象。然而,南朝政权之间也存在着激烈的争斗和战争,使得南方地区始终无法实现真正的统一和稳定。

北方鲜卑拓跋氏建立的北魏王朝逐渐崛起,并成功统一了北方大部分地区。北魏王朝在政治、经济、文化等方面都进行了大量的改革和创新,为后来的隋唐盛世奠定了基础。然而,北魏的统治也并未长久,后来因为内部矛盾而分裂为东魏和西魏,再分别演变为北齐和北周。这一时期被统称为北朝。

最终,在北朝末期,杨坚通过政变夺取了北周政权,建立了隋朝,并成功灭亡了南方的陈朝,实现了对全国的再次统一。隋朝的建立,结束了南北朝时期长达数百年的分裂和战乱局面,为中国历史的下一个阶段——隋唐盛世的到来拉开了序幕。

总的来说,魏晋南北朝时期是中国历史上一个充满变革与动荡的时期。在这一时期,政权更迭频繁、战争不断、民族融合与冲突并存。然而,正是在这样的历史背景下,古代中国的经济、文化、法律等方面也取得了显著的进步和发展,在此背景下应运而生的法律思想也独具特色。同时,这一时期也为后来的隋唐盛世奠定了基础,提供了宝贵的经验和教训。

第二节　名法思想

一、曹操的"术兼名法"思想

东汉末年,军阀之间的频繁战争不仅导致了田野荒芜、民众匮苦以及粮仓空虚等经济上的困境,也使得法制衰败,社会秩序极度混乱。尤为严重的是,地方上的豪强大族往往利用权势纵容违法行为、庇护罪犯,甚至连官吏都对此不敢干涉。面对这样的局势,在三国鼎立、军事斗争残酷的背景下,为了振兴北方经济与文化,稳固曹魏政权的根基,曹操领导的曹魏统治集团发展出了一套独特的法律思想和理念。

(一)治世以礼,乱世以刑

在东汉末年军阀割据的混乱局势中,曹操被视为支撑即将崩溃的东汉中央政权的关键人物。他旨在恢复和维持受损的封建统治秩序,不仅通过军事手段讨伐叛逆,还高度重视法制的震慑与镇压作用。

曹操秉持"治世以礼,乱世以刑"的原则,南征北战,力图重建中央权威,实现国家统一。他在任命高柔为理曹掾的令文中说:"夫治定之化,以礼为首;拨乱之政,以刑为先。"[①] 曹操深信,在太平盛世之时,治理国家应当侧重于教化,以礼义为先导,通过道德引导与文化熏陶来维护社会的和谐与稳定;然而,置身于一个"豪强擅恣、亲戚兼并""百姓流离"的乱世之中,他深刻认识到,仅仅依靠教化已不足以应对眼前的危机,必须借助更为强有力的手段——"法",来收拾这纷乱的世局。史家对曹操的评价中,有一句是"揽申商之法术",意指他汲取了法家思想中的精髓,特别是申不害与商鞅的法治理念。曹操以法治国的理念,是在正确总结历史经验的基础上,结合当时拨乱的现实需要而形成的,对夺取和巩固北方统一起到了至关重要的作用。

(二)赏功罚罪,刑无等级

曹操注重以法治军,他的一生几乎全是在烽火连天的战争中度过,这使他积累了极其丰富的战争经验。他认为:"军容不入国,国容不入军,礼不能治军"[②],"吾在军中持法是也"[③]。曹操在赏罚之事上表现得极为严明,他在治国理政中坚持"无功不赏,有罪必罚"的原则。为了建立严明的军队纪律,曹操制定了一系列军令和法令,确立了严格的赏罚制度。他曾明确颁布命令:"未闻无能之人,不斗之士,并受禄赏,而可以立功兴国者也。故明君不官无功之臣,不赏不战之

---

① 《三国志•魏书•高柔传》。

② 《孙子•谋政篇》注。

③ 《曹操集•遗令》。

士。"①　这无疑是对先秦法家赏罚分明思想的继承与发扬。在实际操作中，曹操对手下的官吏确实是赏罚有度，毫不含糊。他坚持"勋劳宜赏，不吝千金；无功望施，分毫不与"②，从不吝啬对功勋卓著、劳苦功高者的奖赏，也绝不放纵无功却妄图得到赏赐的人。这种鲜明的赏罚态度，极大地激励了官兵们的斗志，也维护了军队的纪律与战斗力。

　　针对当时军法中只赏功不罚罪的缺陷，曹操特意制定《败军抵罪令》，明确规定："自命将征行，但赏功而不罚罪，非国典也。其令诸将出征，败军者抵罪，失利者免官爵。"③　曹操对逃亡士兵的惩处更加严酷。据《三国志·魏书·高柔传》记载，军法规定军队在出征时，士兵如果逃亡，就把其妻和子女杀死。可见当时军法的严酷。这对于整顿军纪、振作士气以及加速完成统一大业都起到了极大作用。

　　曹操在执法上更是以严峻著称，正所谓"用法峻急，有犯必戮"④，即他在实施法治时态度坚决，对违法者绝不姑息，严惩不贷。在他看来，当恩德与信义已经深入人心之时，若没有刑罚作为后盾，那么骄傲与放纵的情绪便难以遏制。因此，他对于违法乱纪者，无论是谁，都绝不手软，必惩不贷。例如，曹洪作为曹操的堂弟，其宾客犯法时，许昌令满宠坚持予以制裁，即使曹洪说情，也未能改变满宠的决定，最终犯法的宾客被满宠依法处决，这一举动深得曹操的赞许，也进一步证明了曹操在赏罚之事上的公正与严明。即便是曹操的爱子曹植，也未能逃脱他的严明赏罚。曹植曾一度被拟立为世子，但他结交党羽、任性而行，甚至"乘车行驰道中，开司马门出"⑤，这是严重的违法行为。曹操对此极为愤怒，不仅处死了公车令，还从此加紧了对诸侯的科禁，曹植也因此逐渐失去了曹操的宠爱。

　　在曹魏统治时期，对外戚的管束十分严格。他们既不能干政，也必须自省自重，行为做事有所收敛。曹操在赏罚之事上的严明与果断，不仅体现了他的政治

①　《曹操集·论吏士行能令》。
②　《三国志·魏书·武帝纪》引。
③　《曹操集·败军抵罪令》。
④　《资治通鉴》卷六九。
⑤　《资治通鉴》卷六八。

智慧与决断力，也为后世树立了榜样，留下了深刻的治国经验与启示。也正是由于曹魏统治者在执法中能坚持不以亲贵而废法的刑无等级的原则，才能取信于民，巩固统治地位。

二、诸葛亮的法律思想

在曹丕废黜汉献帝、正式宣告曹魏政权建立的次年，即221年，刘备于西蜀地区宣布登基称帝，定都于成都，国号定为"汉"，后世称其为蜀或蜀汉。这标志着中国历史上著名的三国时期正式拉开序幕，蜀汉与曹魏、东吴三大势力形成了三足鼎立的局面，蜀汉成为西南地区一个具有显著封建割据特征的政权。223年，刘备病逝，其子刘禅继承皇位，由于他尚且年幼，蜀汉的军政大权则落入了丞相诸葛亮的手中，史书记载"政事无巨细，咸决于亮"[①]，因此蜀汉统治集团的法律思想当以诸葛亮的法律思想为代表。诸葛亮极为重视国家的法制建设，尽管与曹魏相比，蜀汉的法律制度在完备性上可能稍逊一筹，但诸葛亮的法律思想更为系统，不仅对蜀汉政权的法制建设有着积极的指导作用，而且在他的努力下，蜀汉的法律体系得到了较为健全的发展，为蜀汉政权的稳定与繁荣奠定了坚实的基础。

（一）厉行法治，恩威并济

虽然封建专制统治的本质，是依赖人治而非法治来维系的，但是当时地主阶级中仍不乏具有前瞻性和深邃洞察力的政治家，诸葛亮作为代表性人物，就深刻认识到，法治不仅是巩固君主专制统治地位的有力工具，更是维护社会稳定、保障统治阶级整体利益的一项根本性举措。诸葛亮深知法治对于国家治理的重要性，他明确了刑罚的作用，指出"威武加则刑罚施，刑罚施则众奸塞。不加威武，则刑罚不中；刑罚不中，则众奸不理，其国亡"[②]，即应当发挥刑罚对民众的威慑、警示作用，使奸邪行为得到遏制、奸邪之人得以惩处，国家根基才能得以巩固。他进一步强调："夫一人之身，百万之众，束肩敛息，重足俯听，莫敢仰视者，法制

---

① 《三国志·蜀书·诸葛亮传》。
② 《诸葛亮集·喜怒》。

使然也。"① 即能够使百姓敬畏服从的并非仅是君主的个人魅力,更重要的是依赖于法制的威严,通过法制使民众有所畏惧,从而约束其自身行为,使社会秩序得以维护。这一番掷地有声的话语,充分彰显了诸葛亮将法治视为决定国家兴衰存亡之关键要素的深刻见解。这表明,在诸葛亮看来,刑法是遏制邪恶、维护封建统治者权威的关键手段,倘若不能正确运用法制与刑罚,统治地位便岌岌可危。历史上的桀、纣等暴君,就是活生生的前车之鉴,他们的覆灭正是对这一真理的残酷印证。

为了稳固蜀汉的政权基石,诸葛亮自始至终都秉持着坚定不移的决心,将法治作为治理国家、处理政务的根本指导思想,并且毫无动摇地将其贯彻到每一个治国细节之中。诸葛亮坚信,治理国家务必严格遵循法治的基本原则,确保法律的公正与威严,以法治维护社会秩序,保障国家长治久安、人民安居乐业。倘若治国过程中缺乏法律的约束,或是虽有法律制定却未能得到有效执行,以至于"人不畏法",那么社会必将陷入一种无序与混乱的状态。这种混乱,正是国家由盛转衰直至灭亡的明显预兆。

诸葛亮的法治思想并非空谈,而是深深植根于实践之中。他能够"行法严而国人悦服,用民尽其力而下不怨"②,通过制定一系列严明的法律条文,确立严格的司法体系。这种法治精神,不仅有效遏制了社会上的不法行为,维护了社会秩序的稳定,更为蜀汉政权的繁荣昌盛奠定了坚实的基础。更为重要的是,诸葛亮的法治实践不局限于蜀汉一国之内,其深远的影响还体现在对中国古代法治思想发展的推动上,为后世留下了宝贵的法治财富。

(二)赏罚分明,刑不择贵

诸葛亮法治思想的精髓,被陈寿精炼地总结为:"科教严明,赏罚必信,无恶不惩,无善不显,至于吏不容奸,人怀自厉,道不拾遗,强不侵弱。"③ 这一评价与历史实际情况高度吻合,是比较公正客观的。在诸葛亮的法治实践中,他尤为强调

---

① 《诸葛亮集·威令》。

② 《三国志·蜀书·诸葛亮传》。

③ 《三国志·蜀书·诸葛亮传》。

赏罚的公正与严格,坚持"法律面前,贵贱无别"的原则,即"刑不择贵",无论身份高低,触犯法律者一律严惩不贷。同时,他确保赏罚的必然性与及时性,让民众深信正义终将得到伸张,邪恶必受惩罚。在司法审判上,诸葛亮力求公平公正,避免任何偏私,坚决反对无故赦免罪行,认为这是对法治精神的亵渎。他自身更是以身作则,严格遵守法律,为全国人民树立了正直守法的典范,从而引领了一个法治昌明、社会有序的时代。

诸葛亮多次强调赏罚严明的重要性。他阐述道:"赏罚之政,谓赏善罚恶也。赏以兴功,罚以禁奸,赏不可不平,罚不可不均。赏赐知其所施,则勇士知其所死;刑罚知其所加,则邪恶知其所畏。故赏不可虚施,罚不可妄加;赏虚施则劳臣怨,罚妄加则直士恨。……赏罚不正,则忠臣死于非罪,而邪臣起于非功。"①"赏于无功者离,罚于无罪者怨。"② 他道出赏罚制度的本质,在于奖赏善良、惩罚邪恶,因此,奖赏必须公正无私,惩罚也需均匀适度,同时还要明确赏罚的依据、对象和范围,为赏罚的具体实行划清界限,以免因赏罚不分、赏罚不公激起百姓愤慨、引起社会不满。从这些论述中,可以清晰地看到诸葛亮对于赏罚制度在激励忠诚勤勉、惩治邪恶方面的重视。他的这一思想在实践中得到了充分的体现。例如,他毅然决然地斩杀了违反军令的马谡,以儆效尤;同时,他又大力奖赏了忠诚勇敢、战功卓著的王平,以此激励全军。这两个案例,正是诸葛亮严明赏罚、奖惩分明的生动写照。

诸葛亮在治理蜀汉和统率军队的过程中,深受先秦法家"信赏必罚"思想的影响,他坚信赏罚的公正与及时是维持军队纪律、激发士兵斗志的关键。在《将材》篇中,他明确阐述了自己的军事管理理念,将"进有厚赏,退有严刑,赏不逾时,刑不择贵"的将领誉为"信将",认为他们是军队中的楷模。他认为,"决之以赏,故人知信",只有通过严格且公正的赏罚制度,才能让士兵们真正信服,如果赏罚不明,信义不存,那么"贤良退伏,谄顽登用",这对国家和军队来说都是灾难性的后果。231 年,诸葛亮率蜀汉大军北伐曹魏,战况空前紧张。在这个决定性时刻,蜀汉军中有八万名士兵的服役期已满,按照军规,他们应该复员回家。

---

① 《诸葛亮集·赏罚》。

② 《诸葛亮集·自勉》。

然而面对强敌压境，军中的参谋和辅佐人员都建议暂时留下这些士兵，以增强军力，应对即将到来的大战。但诸葛亮却坚决反对，他深知，信义是军队的灵魂，是士兵们心中的灯塔，如果为了眼前的利益而背弃信义，那么军队的士气会大受打击，士兵们的信任也将荡然无存。因此，他下令催促这些士兵立即回家，并说道："吾统武行师，以大信为本，得原失信，古人所惜；去者束装以待期，妻子鹤望而计日，虽临征难，义所不废。"① 然而，那些本应复员的士兵被诸葛亮的信义和慷慨所感动，纷纷表示愿意留下来参加战斗。最终，在诸葛亮的领导下，蜀汉军队取得了胜利。

诸葛亮以身作则，执法公平公正，确保法令的实施不偏不倚，不因个人情感或利益关系而有所动摇。在《前出师表》中，诸葛亮向后主刘禅明确提出了"官中府中，俱为一体，陟罚臧否，不宜异同"的原则。这意味着，不论是中央朝廷的官员，还是丞相府下的僚属，在法律面前都是平等的，提拔、奖赏、批评、惩罚都应当遵循统一的标准，不能因人而异，更不能因私废公。他强调，对于那些遵守法纪、忠诚勤勉的人，应当给予应有的奖励；而对于违法乱纪者，无论其地位高低，都应交由司法部门，依据法律公正裁决，以此来彰显皇上的公正与明智，同时避免内外法律执行的不一致，维护国家的法制统一。诸葛亮更是身体力行，他指出，无论是皇室成员还是朝中重臣，一旦触犯法律，将一视同仁，依法处理，绝不姑息。他提出"进有厚赏，退有严刑，赏不逾时，刑不择贵"② 的治国方针，不仅要求对有功之人及时奖赏，激励士气，同时也强调对有过之人必须严惩不贷，且刑罚的执行不因身份尊贵而有所宽宥。这种赏罚分明的做法，极大地增强了法律的威慑力，也提升了民众对法律的信任与尊重。张裔作为丞相府的长史，对诸葛亮的治国理念有着深刻的理解与认同，他评价诸葛亮说："公赏不遗远，罚不阿近，爵不可以无功取，刑不可以贵势免。"③ 这句话具体而生动地描绘了诸葛亮在执法过程中的公正无私。

---

① 《三国志·蜀书·诸葛亮传》。

② 《诸葛亮集·将材》。

③ 《三国志·蜀书·张裔传》。

（三）量刑均平，以法正身

在刑狱案件的审理与量刑上，诸葛亮也秉持严谨与公正的原则，坚决反对在审判和量刑过程中的不公正。他深知，刑狱之事关乎人命天伦，稍有差池便可能导致不可挽回的后果。因此，他特别强调刑狱案件定性的准确性以及量刑的恰当性，力求在每一个案件中都能体现法律的公正与威严。

他认为，重罪轻判会让犯罪分子逍遥法外，轻视法律的威严；而轻罪重判则会让无辜之人遭受不白之冤，破坏社会的公平正义。更有甚者，无辜之人因种种缘由被错误地定罪，这是司法实践中最不能容忍的错误。为了避免这些错误的发生，诸葛亮要求官吏在审理案件时必须深入了解案情，仔细甄别证据，确保定性的准确性，定罪量刑既要考虑犯罪的性质和情节，也要考虑犯罪者的个人情况和社会影响，力求做到罚当其罪。正所谓，"人君决狱行刑，患其不明：或无罪被辜，或有罪蒙恕；或强者专辞，或弱者侵怨；或直者被枉，或屈者不伸；或有信而见疑，或有忠而被害；此皆招天之逆气，灾暴之患，祸乱之变"[①]。此外，诸葛亮还特别强调，在决狱行刑时官吏必须保持清醒的头脑和公正的态度，不受个人喜怒和外界干扰的影响。他指出："怒不犯无罪之人，喜不从可戮之士"；"喜不可纵有罪，怒不可戮无辜"[②]。即在愤怒之下，不应将无罪之人视为有罪；在喜悦之中，也不应放纵有罪之人逃避惩罚。这种公正无私的态度是确保司法公正的重要保障。为了确保刑狱的公正与均平，诸葛亮还采取了一系列措施来加强司法监督。比如，他设立了专门的监察机构，对司法活动进行严格的监督；他还鼓励民众参与司法监督，对不公正的审判和量刑进行举报和申诉。这些措施有效地遏制了司法腐败和滥用职权的现象，维护了法律的权威和公信力。

诸葛亮深刻理解并践行"上之所为，人之所瞻"的治国理念。他深知作为宰相，自己的言行举止对于下属和民众具有深远的影响，因此在日常生活中，他对自己要求极为严格。无论是言语还是行动，都力求符合法律和道德的标准，做到"非法不言，非道不行"。在诸葛亮看来，放纵自己的欲望而要求别人遵守规矩这

---

① 《诸葛亮集·察疑》。

② 《诸葛亮集·喜怒》。

种"释己教人"的做法属于"逆政",万不可取;而先正自身再通过自身言行影响和教化他人这样的"正己教人"方式才是"顺政"①。诸葛亮在总结行亭之战的失败教训时,认为失败很大程度上是由于自己的用人不当和战术失误造成的。为了维护法纪的严肃性和军队的纪律,他毅然决然地上书后主,在奏章中,"请自贬三等,以督厥咎"②,并警示后人要吸取教训,避免重蹈覆辙。后主念及他的功绩和忠诚,虽将其降为右将军,但仍命他继续行使丞相的权力,统管国家大事。这种严于律己、以身作则的精神,使得诸葛亮在蜀国赢得了极高的威望和尊重。

诸葛亮不仅严于律己,还鼓励部属勇于指出自己的缺点和错误。他深知一个人的智慧和力量是有限的,只有集思广益,才能做出正确的决策。因此,他经常召集部属开会讨论国家大事,鼓励他们畅所欲言,提出自己的意见和建议。这种开放和包容的态度,使得蜀国的政治氛围相对清明,官吏们敢于直言不讳,共同为国家的兴盛而努力。

第三节 玄学法哲学思想

一、王弼的法哲学思想

(一)"贵无"论

王弼深受老子与庄子思想的影响,其核心理念在于强调天地万物皆根源于"无",或称之为"道",视"无"为自然界乃至社会伦理的终极本源。这一观点,被后世概括为"贵无"论,深刻体现了王弼对于宇宙本体论的独到见解。王弼的"贵无"论不仅深刻揭示了宇宙万物的本原,还强调了"无"作为最高范畴的无限可能与强大力量,以及其作为天地之根、万物之源的不可替代性。

王弼有言:"天下之物,皆以有为生,有之所始,以无为本,将欲全有,必反于无也。"③ 这揭示了万物生成与存续的奥秘:世间万物虽以具体形态存在,但其存

---

① 《诸葛亮集·教令》。

② 《三国志·蜀书·诸葛亮传》。

③ 《老子》四十章注。

在的根本却在于无形的"无"。若要万物得以完整保全，就必须回归到这个无形的本源之中。王弼进一步阐述道："道者，无之称也。"① 即"道"是对"无"的另一种表述，二者在本质上是同一的。他继而提出："万物万形，其归一也。何由致一？由于无也。由无乃一，一可谓无？"② 这里，王弼强调了万物多样性的背后隐藏着统一的本质，而这个统一的本质就是"无"。通过"无"，万物得以归一，实现了形式与本质的和谐统一。在王弼的哲学体系中，"无"不仅具有本体论的意义，还展现出强大的功能与作用。正所谓，"无之为物，水火不能害，金石不能残。用之于心，则虎兕无所投其爪角，兵戈无所容其锋刃"③。这意味着"无"作为一种超越物质的力量，能够抵御外界的一切伤害，保护内心不受侵扰，达到一种超然物外的境界。

（二）"名教本于自然"说

王弼在将"无"或"道"视为万物生成的根源的基础上，更进一步地将社会政治制度，即名教，看作自然（道）的必然产物。他阐述道："万物以自然为性，故可因而不可为也，可通而不可执也。"④ 这意味着万物按照自然的本性发展，人们可以顺应它却不能强行改变，可以理解它却无法完全掌控。他又言："物有其宗，事有其主。"⑤ 这强调每样事物都有其根源，每件事情都有其主导者，这一切皆源于自然（道）。王弼将"道"诠释为"宗主"，认为"品制万变，宗主存焉"⑥，即万物之间存在着等级秩序，而这一秩序是由"道"作为宗主所决定的；并且"夫少者，多之所贵也；寡者，众之所宗也"⑦，意味着能够治理众多人的，并非众人本身，而是极少数具有智慧与德行的领导者，即封建统治者。这些统治者依据"道"来确立名分，划分尊卑，从而将"道"作为万物本源的原理巧妙地应用到了社会政治

---

① 《论语释疑》。
② 《老子》四十二章注。
③ 《老子》十六章注。
④ 《老子》二十九章注。
⑤ 《老子》四十九章注。
⑥ 《周易略例·明象》。
⑦ 《周易略例·明象》。

领域,以此调和"名教"与"自然"之间的潜在冲突。按照王弼的思想,政治制度和名教的产生,是"朴散"之后,即自然状态分散后的必然结果。虽然老子认为朴散为器是对自然状态的破坏,但王弼认为这一过程是符合自然的,也是应当发生的。他主张,儒家所倡导的纲常名教与道家的天道自然并不相悖,而是名教根植于自然之中。

在《老子》的注释中,他写道:"德者,得也。常得而无丧,利而无害,故以德为名焉。何以得德?由乎道也。何以尽德?以无为用。"[1] 这里,他强调德是由"道"而生的,保持德而不丧失,则能有利无害,"无"是德的最高境界。然而,王弼所说的德,与先秦老子、庄子的德有所不同,它更多地融合了儒家的纲常名教思想。王弼进一步用仁义礼教来阐释老子的德,为道家的道德范畴增添了纲常名教的内容。他指出:"夫载之以大道,镇之以无名,则物无所尚,志无所营……载之以道,统之以母,故显之而无所尚,彰之而无所竞。用夫无名,故名以笃焉;用夫无形,故形以成焉。守母以存其子,崇本以举其末,则形名俱有而邪不生。"[2] 释言之,如果人们以大道为准则,以生命的本源为统领,以无名为根基,那么彰显美德,世间万物就不会被过度崇尚和竞争,人们的志向也不会被世俗所牵绊。运用无名之境,我们的名声就会更加笃实;运用无形之道,我们的形态就会更加完美,这样,形态和名声都会具备,而邪恶就不会产生。

王弼还借评论汉朝政治,为封建等级制的统治秩序提供了理论支持,强调了纲常名教的重要性。他认为,汉王朝后期礼法制度变得烦琐且形式主义,仁义忠孝等价值观也被扭曲。因此,他主张对纲常名教进行重新评估,强调名教必须顺应自然,受自然的支配。统治者应当把握"无为"这一根本原则,以推行名教之治,使仁义礼法的作用得以真正显现和发挥。王弼不仅深化了"无"或"道"作为万物本源的思想,还巧妙地将这一思想应用于社会政治领域,提出了"名教本于自然"的论点,为封建统治秩序的合理性提供了理论支撑。他看似不重视仁义礼法的表面形式,实则是在用"名教本于自然"的原理为曹魏政权恢复名教之治以及整个封建等级制度的稳固提供深刻的理论依据。

---

① 《老子》三十八章注。
② 《老子》三十八章注。

（三）否定严刑峻法

"魏武帝曹操偏好法术,故而天下皆以刑名为贵。"在曹操的统治时期,推行的是一套以名法为核心的治理体系。然而,这种名法之治并非全然利国利民,它也带来了法律繁杂、刑罚严苛的弊端。特别是在正始年间,随着门阀士族势力的日益壮大,这种弊病愈发凸显,成为社会不安定的因素。

王弼深谙无为而治之道,对当时严刑峻法的现实进行了深刻的揭露与批判。他指出:"若乃多其法网,烦其刑罚,塞其径路,攻其幽宅,则万物失其自然,百姓丧其手足,鸟乱于上,鱼乱于下。是以圣人之于天下,歙歙焉,心无所主也。"① 王弼认为,现实的刑政应当顺应自然,去除烦琐与苛刻,让社会回归到一个和谐有序的状态,避免因法律繁多、刑罚严苛,阻塞了人们的正道,侵扰了社会的安宁,失去了万物的自然本性。他进一步阐述道:"清静无为谓之居,谦后不盈谓之生。离其清静,行其躁欲,弃其谦后,任其威权,则物扰而民僻,威不能复制民,民不能堪其威,则上下大溃矣。"② 清静无为才是治国的根本,谦让而不自满则是生存之道。若背离清静,放纵欲望,抛弃谦让,滥用威权,那么万物将受到扰乱,百姓将偏离正道,威权将无法制约民众,民众也无法承受威权的重压,最终导致国家崩溃。

王弼甚至主张,在治理国家时,应尽量减少刑罚的使用。他在注解《老子》"国之利器不可以示人"这句话时,更是明确表达了他的观点:"利器,利国之器也。唯因物之性,不假刑以理物。器不可睹,而物各得其所,则国之利器也。示人者,任刑也。刑以利国,则失矣。鱼脱于渊,则必见失矣。利国之器而立刑以示人,亦必失也。"国家赖以生存的武器必须具备顺应万物的本性,不依赖刑罚来治理,才能使万物各得其所,这才是国家的真正利器。若将利器展示于人,便是依赖刑罚,而依赖刑罚来治国,必将失去民心。国家若依赖刑罚并公开示人,也必将失去民众的信任。王弼的这段话包含了两层深意:一是治国不能单纯依靠刑罚;二是法律不应公开,以免被统治者随意操纵。在他看来,刑罚具有双面性,

---

① 《老子》四十九章注。
② 《老子》七十二章注。

"夫刑以检物,巧伪必生"①,因此,必须"息淫在乎去华,不在滋章;绝盗在乎去欲,不在严刑;息讼存乎不尚,不在善听"②。王弼将消除淫乱、杜绝盗窃的关键归于必须引导人们去除浮华、消除贪欲、减少争斗,而非通过增加法律条文和严刑峻法等强制性手段予以规制。

诚然,若将玄学家王弼的政治法律思想视为立国之本、治国安邦的绝对策略,无疑是不可取的,因其玄妙虚无的论述,往往容易使人超脱于客观现实之外,忽视个人对于国家与民族应当承担的责任。然而,当我们把王弼的思想学说置于历史的长河之中,以更为宽广的视野去审视它,比较它与前人的思想有何异同,就会发现,王弼的思想中确实蕴含了不少值得肯定与借鉴的地方。尤其是在魏晋那个政治腐败、刑罚横行的时代,王弼反对严刑峻法的主张无疑具有进步意义。他提倡的清静无为、顺应自然的治国理念,为后世提供了宝贵的借鉴与启示。玄学作为中国古代思想史上的一次重要变革,不仅推动了当时社会思潮的解放,也为后世哲学的发展奠定了坚实的基础。

二、嵇康的法哲学思想

(一)"越名教而任自然"说

历代封建统治阶级,为了维护其统治的稳固与长久,都深知"名教"这一思想工具的重要性,魏晋时期的统治阶级也不例外。在那个动荡不安的时代,司马氏集团与曹魏集团之间的斗争异常激烈,双方都将"名教"作为思想武器,来争取民心,巩固自己的势力范围。鲁迅先生曾一针见血地指出:"魏晋,是以孝治天下的。"这一论断揭示了魏晋时期政治文化的核心特征。魏晋时期的政权更迭频繁,且往往伴随着血腥与权谋,这对于通过禅让这种看似和平实则充满狡诈的方式获得皇位的统治者来说,若主张以忠诚来治理天下,无疑会暴露政权更迭中的不光彩行为,从而动摇统治基础。因此,他们选择了以孝道为旗帜来掩盖政权更迭中的暴力与权谋,稳固自己的统治地位。

司马氏集团正是在"以孝治天下"的口号下,巧妙地利用"不孝"的罪名来

① 《老子》三十六章注。
② 《老子》三十六章注。

废黜曹氏皇帝。他们通过宣扬孝道,将曹氏皇帝描绘成不孝的典范,从而为自己的夺权行为披上了合法的外衣。在这个过程中,"名教"成为夺取政权的得力工具,被巧妙地运用到了极致。然而,对于这一切,嵇康却看得十分清楚。他深刻地认识到司马氏所提倡的"名教"背后的虚伪与狡诈,以及对人性与道德的严重扭曲。因此,他坚决反对司马氏所提倡的"名教",并对那些只知遵守礼法、缺乏真诚与道德的人表示了极度的厌恶。为了摆脱这种虚伪与束缚,嵇康提出了"越名教而任自然"的学说。他主张人们应该顺应自然的本性,摆脱那些烦琐、虚伪的礼法束缚,回归人类的纯朴与真诚。这一学说的提出,无疑是对当时虚伪名教的一种有力批判与超越。它呼吁人们摆脱"名教"的枷锁,追求内心的自由与真实,从而实现人性的真正解放。

嵇康的思想体系深刻地体现了"崇尚自然"的核心理念。他崇尚的自然,不局限于自然界的山水草木,而是广义上涵盖了宇宙间万物生成、演变、消亡的整个过程及其内在规律。他认为,自然是一个有序、和谐、统一的整体,其中每一部分都紧密相连,共同遵循着自然的法则。因此,他主张人类社会也应当如自然一般,遵循其固有的规律,构建一个和谐、自由、共生的社会。他提出:"夫民之性,好安而恶危,好逸而恶劳,故不扰则其愿得,不逼则其志从。洪荒之世,大朴未亏,君无文于上,民无竞于下,物全理顺,莫不自得。饱则安寝,饥则求食,怡然鼓腹,不知为至德之世也。若此,则安知仁义之端,礼律之文?"[①]在嵇康看来,人类的本性是向往安定、厌恶危险、喜爱闲适、厌恶劳作的。因此,他认为,一个理想的社会应当是顺应人类本性的社会,即不扰不乱、不强迫人们做违背意愿之事的社会。在这样的社会里,人们能够自由自在地生活,彼此间不会有矛盾和冲突,共同享受着和谐与安宁。嵇康还描绘了他称为"鸿荒之世"的理想时代,即人类尚未被文明所侵蚀,保持着原始的淳朴与纯真的年代,没有君臣之分,没有剥削与压迫,人们生活在一种"大朴未亏"的自然状态之中。然而,嵇康也清楚地认识到,他所描绘的这种自然社会,实际上是一种理想化的构想。他并未能对原始社会进行科学的认识和分析,这在我们今天看来或许有些片面。嵇康的重要贡献

---

① 《难自然好学论》。

在于，他明确指出了"不扰"和"不逼"的社会才是合乎自然的社会。这一观点即使放在今天，也依然具有深刻的启示意义。

由于社会发生分化，产生富贵贫贱的对立，嵇康认为"名教"是一切罪恶的根源，成为禁锢人心、束缚人们行为的工具。为了摆脱这种禁锢和束缚，嵇康提出了"越名教而任自然"的主张。他指出："夫气静神虚者，心不存于矜尚；体亮心达者，情不系于所欲。矜尚不存乎心，故能越名教而任自然；情不系于所欲，故能审贵贱而通物情。"[①] 这里，嵇康深入剖析了"名教"与人的自然本性之间的冲突，认为那些气质沉静、精神达到虚无境界的人的心中不会存在夸耀与崇尚外物的念头；而那些身体强健、心灵通达的人的情感也不会被外在的欲望所束缚。正因为心中没有夸耀与崇尚，所以他们能够超越"名教"的限制，完全顺应自然的本性去生活；正因为情感不被欲望所牵绊，所以他们能够清晰地分辨贵贱，深刻理解万物的真情所在。嵇康进一步阐述，"名教"作为封建社会的一种道德规范和行为准则，往往被统治者用来维护自己的权力和利益，而忽视了人的自然本性和内在需求。因此，他呼吁人们要挣脱"名教"的束缚，摒弃那些虚荣和外在的追求，不再被富贵权位和物质享受所迷惑，从而寻求精神上的真正解脱和自由。

然而，当被问及如何具体实践这一主张时，嵇康并没有给出一个详细的行动指南。他更多的是谈论一些抽象的理念和境界，如"心无措乎是非，而行不违乎道"[②]，"故世之难得者，非财也，非荣也，患意之不足耳"[③]，"则足者不须外，不足者无外之不须也"[④]。他强调，真正的幸福和满足来自内心的富足和自我实现，而不是外在的物质和地位。嵇康的这番言论在当时引起了很大的反响。他以超然物外的态度，追求一种"旷然无忧患，寂然无思虑"的隐士生活。然而，嵇康也并不是一个完全否定"名教"的人。他认为"名教"本身并不是问题，问题在于它被滥用和亵渎了。他希望人们能够恢复"名教"的本来面目，让它真正成为人们行为的指导和道德的规范。但是，他也意识到在封建关系存在的社会里，"名教"是

---

① 《释私论》。

② 《释私论》。

③ 《答难坐论》。

④ 《答难坐论》。

无法被完全超越的。因此,他的主张更多的是一种理想化的追求和精神的寄托。

(二)"以《六经》为芜秽"说

当门阀士族地主阶级将"名教"作为统治人民的工具时,他们也高举《六经》的大旗,将其奉为不可动摇的教条。社会上各种学说流派纷繁复杂,为人们开启了追求荣华富贵的道路,使得众人纷纷奔赴在这条"学而优则仕"的征途上。那些以学习《六经》作为晋升阶梯的学者,"立《六经》以为准,仰仁义以为主,以规矩为轩驾,以讲诲为哺乳"[①]。然而,嵇康却尖锐地指出,"由其涂则通,乖其路则滞,游心极视,不睹其外,终年驰骋,思不出位,聚族献议,唯学为贵,执书摘句,俯仰咨嗟,使服膺其言,以为荣华"[②],认为这些人实际上是将学习《六经》作为获取名利和通向官场的手段。

嵇康这位自幼"不涉经学"的思想家,对《六经》的批判是极为激烈的,他还将儒家的明堂、诵讽、《六经》、仁义、文籍、揖让、章服、礼典等一并贬低,主张应该将这些虚伪且束缚人们思想的东西全部摒弃。"今若以明堂为丙舍,以诵讽为鬼语,以《六经》为芜秽,以仁义为臭腐,睹文籍则目瞧,修揖让则变伛,袭章服则转筋,谭礼典则齿龋,于是兼而弃之,与万物为更始。则吾子虽好学不倦,犹将阙焉;则向之不学,未必为长夜,《六经》未必为太阳也。"[③] 这显然是针对司马氏集团提倡儒学,以及门阀士族以出身儒门相标榜并以此作为攀升社会地位等现象而发的。嵇康的这番言论,可以说切中了当时社会的时弊,揭露了那些以学习《六经》为手段追逐名利的人的丑陋面目。

嵇康还深入批判了将学习《六经》视为人的自然本性要求的观点,而且进一步详细阐述了《六经》中的"名教"与"自然"之间的本质差异。他指出:"《六经》以抑引为主,人性以从欲为欢。抑引则违其愿,从欲则得自然。然则自然之得,不由抑引之《六经》;全性之本,不须犯情之礼律。故仁义务于理伪,非养真之要术;廉让生于争夺,非自然之所出也。"[④] 嵇康强调,真正的自然之得,并非来源于

---

① 《难自然好学论》。
② 《难自然好学论》。
③ 《难自然好学论》。
④ 《难自然好学论》。

抑制与引导的《六经》，而是源于人们内心深处的自然渴望和追求。《六经》通过抑制与引导来规范人们时，实际上违背了人们的内在愿望和自然需求。相反，只有顺应人们的欲望和需求，才能真正符合自然的法则和人性的本质。同样，保全人性的根本也不在于依赖那些束缚情感的礼律，而在于让人们能够自由地表达自己的情感和追求自己的幸福。他批评仁义往往只是虚伪的借口，被用来掩盖人们真实的动机和目的，而并非真正滋养真实自我的关键。廉让则常常生于对利益的争夺和妥协，并非自然流露的品德，而是人们在特定社会环境下的应对策略。

在嵇康看来，《六经》、仁义、礼律都是封建统治阶级为了维护其统治而制定的上层建筑。它们并非圣人凭空虚构或随意创造的，而是深深植根于封建社会的经济基础之上，是统治阶级为了维护自身利益和社会秩序而制定的规则。这些规则虽然在一定程度上维护了社会的稳定，但也严重束缚了人们的思想和行为，使人们无法真正地追求自由和幸福。嵇康察觉到了这一点并提出了自己的批判。他指出，人们学习《六经》并非出于自然本性，而是受到了外在力量的驱使和社会的压力。他强调，《六经》以抑制与引导为主要手段，这并非天理所在，因为天理应当是顺应自然、符合人性的。同样，"名教"也绝非"自然"，它是人为制定的道德规范和行为准则，旨在约束人们的行为以维护社会的稳定与秩序。然而，这些人为的规则往往违背了人性的本质和自然的法则，使人们无法真正地追求自由和幸福。

因此，嵇康的批判不仅是对《六经》及其所代表的封建礼教的深刻挑战，更是对人性自由与自然本性的强烈呼唤。他希望通过自己的言论和行动，唤醒人们内心深处的自然渴望和追求自由的意志，让他们勇敢地挣脱束缚，追求真正的自我与幸福。这一思想在当时无疑具有振聋发聩的意义，也为后世留下了深刻的启示和思考。

（三）"刑本惩暴，今以胁贤"说

在《太师箴》一文中，嵇康深入地揭示了司马氏统治时期刑罚的严酷与政治的腐朽，对当时社会的黑暗面与种种罪恶进行了批判。他指出："季世陵迟，继体承资,凭尊恃势,不友不师,宰割天下,以奉其私。故君位益侈,臣路生心,竭智谋国,不吝灰沉。赏罚虽存,莫劝莫禁。若乃骄盈肆志,阻兵擅权,矜威纵虐,祸蒙丘山。刑本惩暴,今以胁贤。昔为天下,今为一身,下疾其上,君猜其臣。丧乱弘多,国乃陨颠。"①

在这段论述中,嵇康虽然是在谈论历史,评述末世中权势被肆意滥用,君主和臣子不惜牺牲国家的利益来换取个人的权势,赏罚制度无法起到鼓励善行、禁止恶行的作用,但实际上是对司马氏集团的统治进行抨击,尤其是"刑本惩暴,今以胁贤",即刑罚原本是用来惩罚暴徒、维护社会秩序的,但如今却成了威胁贤良之士的工具。过去,君主为了天下苍生的福祉而治理国家,如今却只为了个人的私利。臣民对君主的不满日益加剧,君主对臣子的猜疑也愈发深重,这导致了国家的混乱与动荡,最终使得国家走向了灭亡。

嵇康生活的时代,政治斗争激烈,许多名士都难以保全自身。许多人感到无力抗争,只能无奈地叹息人生的短暂与无常。在这种氛围下,清谈、消极避世、颓丧以及放纵欲望等风气逐渐盛行。然而,与其他人不同的是,嵇康并没有完全沉溺于其中,而是选择了与老庄思想相结合,产生了"潜遁之志"。他渴望能够超脱世俗的束缚,不为外物所累,以追求精神上的解脱和逍遥自在。嵇康所逃避的并不是整个现实世界,而是那个腐败不堪、充满尔虞我诈的魏晋社会。他所厌恶的,正是曹魏集团和司马氏集团之间为了争夺权力而展开的残酷斗争。因此,他的这种思想并非完全消极避世,而是对当时社会现实的一种深刻反思和积极回应。

嵇康在许多地方都敢于冲破儒家思想的禁锢,提出一些具有前瞻性和价值的见解。他的"越名教而任自然"的思想主张,就是对传统儒家名教观念的一种挑战和超越。他认为,人们应该摆脱"名教"的束缚,回归自然本性,追求真正的自由和幸福。他的思想主张和见解,不仅在当时具有一定的积极意义,也为后世留下了宝贵的思想财富。

---

① 《太师箴》。

三、郭象的法哲学思想

（一）"名教即自然"论

从魏晋时期的正始年间到永嘉年间，玄学作为当时哲学思想的主流，一直不断地发展和演变。正始年间，王弼与何晏作为玄学的先驱，提出了"名教本于自然"的观点。他们认为，"名教"，即社会上的伦理道德规范和礼仪制度，其根源应当追溯到自然法则之中，强调人与自然之间的和谐共生。随后，在社会的动荡和政治斗争的背景下，嵇康与阮籍对"名教"产生了强烈的质疑和批判。他们观察到"名教"在现实中往往被扭曲和利用，成为束缚人们思想和行为的枷锁。因此，他们提出了"越名教而任自然"的口号，主张挣脱名教的束缚，回归人的自然本性，追求真正的自由和幸福。到了郭象，他继承并发展了向秀"以儒道为一"的思想，将儒家的"名教"与道家的自然观相结合，提出了"名教即自然"的独到理论。郭象认为，"名教"并不是与自然相对立的，而是自然的一部分。他强调万物都应该按照其自然本性去发展，而不是被人为地扭曲。

在玄学理论上，郭象与王弼、何晏的"贵无"论有所不同。王弼、何晏认为"无"是世界的本原，是产生万物的根源。而郭象则坚决否认"无"能生出"有"，他认为"有"只能依靠自身"自生"，"无既无矣，则不能生有；有之未生，又不能为生，然则生生者谁哉？块然而自生耳"[①]。郭象认为万物的生成是孤独地、自发地进行的，他称这种现象为"独化"。郭象的"独化"理论强调万物生成的自发性和自然性，认为"物各自造而无所待焉，此天地之正也"[②]，即天地万物的产生既不依赖外部条件，也不由内部因素决定，而是自然而然地"独化"而出。这实质上是将各类事物的存在绝对化，否认了不同事物之间可以相互转化的可能性。郭象认为，大小、贵贱等各有其固定的阶级和位置，不可相互逾越。

然而，郭象的这种理论也导致了他对礼法名教、君臣上下、富贵贫贱等社会现象的绝对化理解。他认为这些社会现象都是命定的，是合乎自然法则的"至理"。因此，他实际上是在为现存的封建秩序进行辩护，维护了封建统治的合理

---

① 《庄子·齐物论》注。

② 《庄子·齐物论》注。

性。这种思想在当时的社会背景下具有一定的积极意义,但也存在一定的局限性。它反映了魏晋时期士人对现实社会的深刻反思和对理想社会的向往,同时也揭示了他们思想中的矛盾和困惑。

在探讨"名教"与"自然"的关系时,郭象的论述相较于王弼、何晏、嵇康以及阮籍等人,无疑迈出了更为深远的一步。以往,人们普遍认为"名教"与"自然"之间存在着某种固有的矛盾:过分强调"名教",难免会对人性和个人的自由生活造成一定的束缚;而若完全放任自流,不受"名教"任何约束,则又违背了"名教"的基本原则。玄学家从不同的角度出发,纷纷指出了这两方面存在的矛盾。然而,当我们把目光投向西晋的社会现实时,不难发现,封建统治阶级内部的矛盾在那一时期暂时得到了缓和。门阀士族凭借其特权地位,基本上已经获得了法律的认可与保护。因此,这个阶层的名士既希望保持自己"宅心玄远"的精神追求,又不愿意完全放弃"名教"所带来的种种好处。他们既渴望获得清高的虚名,又享受着奢侈豪华的生活。

正是在这样的背景下,郭象提出了"名教即自然"的论断,巧妙地将"名教"与"自然"统一起来,恰好满足了这些名士的需求。他运用老庄的思想来补充儒家的"名教"观念,为封建统治披上了一层玄虚而超现实的外衣。同时,他又用儒家重视世事的精神来充实老庄学说的崇尚玄虚,将超现实的虚幻拉回现实。这样一来,这个阶层的名士无论选择做官还是隐退,都能悠然自得;无论世事如何变迁,他们都能设法加以适应。

在郭象看来,"名教"不仅源于自然,而且与自然是完全一致的。他认为,"天地万物,凡所有者,不可一日而相无也,一物不具,则生者无由得生。一理不至,则天年无缘得终。"① 即天地万物,凡是存在的,都是相互依存、不可或缺的。如果某一物不存在,那么其他生物就无法生存;如果某一道理不成立,那么天年就无法得以终结。基于这样的认识,他推断出现实社会的纲常名教、政治法律制度等都是合理的存在。

在《大宗师》的注释中,郭象进一步将"名教"与"自然"描述为同一体的两

---

① 《庄子·大宗师》注。

个方面。他指出:"夫理有至极,外内相冥,未有极游外之致而不冥于内者也……故圣人常游外以宏内,无心以顺有。故虽终日挥形而神气无变;俯仰万机而淡然自若。"这意味着,道理有其至极之处,内外相互冥合,没有人能够在极致地游历外在世界的同时又不与内心世界冥合。因此,圣人常常游历于外在世界以弘扬内在的精神,无心却又能顺应有形的世界。即使终日忙碌于形形色色的事务,他们的神气却始终不变;即使俯仰应对万千机变,他们也能保持淡然自若的态度。通过这样的论述,郭象成功地调和了"名教"与"自然"之间的矛盾。按照他的说法,只有按照"名教"的原则去生活,才是真正符合自然的;清高与参与政治活动并不矛盾,反而是一体两面、相辅相成的。郭象的这一理论无疑为当时的社会提供了一种新的思想资源,使得名士们能够在保持精神追求的同时,更好地适应现实社会的种种要求。

(二)"无为"论

玄学家们所憧憬的政治理想,核心在于"无为而治"这一哲学理念。王弼、何晏、嵇康以及阮籍等玄学家,均不遗余力地倡导"无为而治"。郭象与向秀同样秉持"无为而治"的理念,但郭象的阐述更为全面、具体且贴近实际。他不仅在理论上对"无为而治"进行了深入的剖析,还将其与当时的社会现实紧密结合,提出了一系列具有可操作性的建议。

首先,郭象对"无为"这一概念进行了全面且深刻的阐释。他先指出:"夫治之由乎不治,为之出乎无为也,取于尧而足,岂借之许由哉!"[1]这表明,治理的精髓在于不治之治,"有为"的根源实则蕴含于"无为"之中。若仅从尧的治理中汲取经验,而完全忽视许由的智慧,那便是对"无为"的误解。有人认为,只有在山林间默默无为,方能称得上真正的"无为","此庄、老之谈所以见弃于当涂"[2]。"当涂者自必于有为之域而不反者,斯之由也。"[3]即当权者往往沉迷于有为的领域,无法回归"无为"的本源,这正是他们误解"无为"的症结所在。郭象进一步

---

① 《庄子·大宗师》注。
② 《庄子·逍遥游》注。
③ 《庄子·逍遥游》注。

明确,"无为"并非指拱手沉默、无所作为。"直各任其自为,则性命安矣!不得已者,非迫于威刑也。直抱道怀朴,任乎必然之极,而天下自宾也。"① 即真正的"无为"是让万物各自按照其本性自由发展,如此,性命便能得到安宁。这种"无为"并非出于外界的威逼或刑罚,而是源自内心的道与朴质。只要坚守道义,怀抱朴质,顺应自然的必然规律,天下自然会归顺。但是郭象所指的按照万物本性自由发展也并非"任性"的"无为",切忌"闻任马之性,乃谓放而不乘;闻无为之风,遂云行不如卧"②。这种不加限制的"无为"观念,实际上是对"无为"的曲解,应当被摒弃。在郭象看来,"任自然而不加巧"是对"无为"政治的最佳诠释。一旦加入智巧,就必然会出现"揉曲为直""厉骜习骥"等违背事物自然本性的行为。这些行为的结果往往是灾难性的,甚至会导致事物的毁灭。因此,"无为"政治的实质是善于治理国家的君主应顺应自然,减少私欲,不要智巧,根据万物的本性和能力来治理,使万物发挥自身作用,而不是强行改变它们的本性。

其次,郭象深入阐述了"君道无为,臣道有为"的政治理念。在他看来,"无为"是最高的政治准则和统治术,真正的治理不是通过强制和干预来实现的,而是通过顺应自然规律和事物本性来达到的。在这种理念下,"君道无为"成为君主应遵循的重要原则。君主不应过度干预臣下的工作,也不应代替他们处理具体事务;相反,君主应该保持一种超脱的态度,通过观察和倾听来了解臣下的能力和需求,然后给予他们适当的指导和支持。而"臣道有为",则是对臣下职责的明确界定。臣下作为君主的辅佐,他们的责任是亲自处理事务,执行君主的决策,并确保政策的顺利实施。臣下需要具备专业知识、实践经验和忠诚品质,以便能够有效地履行职责。同时,臣下也需要在君主的指导下,发挥主观能动性,为国家贡献力量。在具体实践中,郭象强调了君臣之间的协作与配合,"故各司其任,则上下咸得,而无为之理至矣"③。君主虽然无为,但并非完全放手不管。他们需要通过选拔贤能、制定政策、监督执行等方式来引导臣下的工作。同时,君主也需要给予臣下足够的信任和尊重,让他们能够在自己的职责范围内自由发挥。

---

① 《庄子·在宥》注。

② 《庄子·马蹄》注。

③ 《庄子·天道》注。

而臣下则需要忠诚于君主和国家,积极履行职责,为君主分忧解难。他们需要在君主的指导下不断探索和实践,为国家的进步和发展贡献力量。郭象认为,君主以"无为"之术统御臣下的重要意义在于,"无为"能够使君臣之间不超越自己的职分,确保各自在适当的范围内行事。此外,郭象还指出,君主只有不做臣下该做的事,才能保持其地位的尊贵。他说道:"是故弥无为而弥尊也。"① 这意味着君主越能坚守无为之道,其地位就越为尊贵。因为无为不仅体现了君主的智慧与德行,也确保了政治体系的和谐与稳定。

再次,郭象的"无为而治"理念中,一个核心要点在于其能使"万民静而安其业"。对于广大民众而言,实施"无为而治"的策略,意味着每个人都能根据自己的本性,找到适合自己的位置,安心从事各自的工作,这样一来,整个社会便能呈现出一种和谐稳定的太平景象。郭象具体阐述道:"百官不为万民之所务,则万民静而安其业矣。万民不易彼我之所能,则天下之彼我静而自得矣!"② 这句话揭示了一个深刻的道理:当政府官员不插手民众的具体事务,让民众自主决定自己的生活方式和工作内容时,民众就能心无旁骛地投入工作,享受劳动带来的满足感和成就感;同时,如果民众不轻易改变彼此的角色和职责,那么每个人都能在各自的领域内自得其乐,整个社会也将因此保持一种平衡。郭象进一步指出:"凡得真性,用其自为者,虽复皂隶,犹不顾毁誉而自安其业,故知与不知皆自若也。"③ 人们应该珍视并满足于自己的本性,安于自己所处的社会地位,"静而自得",不被外界的毁誉所动摇。他甚至认为,即使是社会底层的差役,也应该以这样的心态去面对生活,不为外界的评价所影响,保持内心的平静和自足。然而,这一观点在当时的社会背景下,却显得有些理想化和脱离实际。因为劳动人民当时正承受着门阀士族的残酷剥削和压迫,生活在水深火热之中。郭象的"静而自得"理论,在某种程度上,似乎是在劝导他们默默忍受这种不公,以维持剥削者的安逸和自得。这无疑是对劳动人民苦难的一种忽视和淡化,反映了郭象思想中某些局限性和时代烙印。

---

① 《庄子·天道》注。

② 《庄子·天道》注。

③ 《庄子·齐物论》注。

第四节　律学思想

一、律学的形成与发展

两汉时期,经学独步学术殿堂,儒家思想成为解释世间万物的金钥匙,其中汉儒更是巧妙地将儒家经义融入法律研究之中,开创性地形成了律学思想,使之成为正统儒学不可或缺的组成部分。汉朝尤其是西汉中后期的统治者,深刻汲取了秦朝因过度依赖严刑峻法而迅速灭亡的历史教训,毅然决然地摒弃了"专任刑罚"的治国策略,转而采取了礼法并重、德刑相辅的治理方针。当然,汉朝统治者并未完全摒弃秦朝的法制经验,而是在强调德礼教化的同时,也高度重视法律在维护社会秩序中的重要作用,实现了礼与律的相辅相成,选拔官员时更是要求候选人既要精通经学,也要熟悉法律,从而推动了律学的蓬勃发展。在这一时代浪潮中,涌现出了许多以精通律令而闻名的学者,如杜周、杜延年父子,他们所修订的律令被誉为"大杜律"和"小杜律",郑弘、郑昌兄弟也是律学研究的佼佼者,他们不仅精通经学,更在法律政事上有所建树。

到了东汉时期,律学迎来了前所未有的发展机遇,出现了众多著名的律学家,如颍川郭氏三代、沛国陈氏三代。他们不仅在司法实践中积累了丰富经验,更在理论上对律学进行了深入探讨。同时,东汉时期的经学大师如马融、郑玄等也纷纷涉足律学,以儒家经义为汉律作注。其中郑玄的《律学章句》成了影响深远的注释法学著作,推动了以经注律的风气盛行。这种以经注律之风,在《晋书·刑法志》中有明确记载:"叔孙宣、郭令卿、马融、郑玄诸儒章句,十有余家,家数十万言。凡断罪所当由用者,合二万六千二百七十二条,七百七十三万二千二百余言。"①

随着东汉末年的分裂割据和阶级斗争的加剧,人们开始反思空谈德礼、脱离实际的经学,转而注重对现实问题的研究和解决。在此背景下,儒学独尊的地位

---

① 《晋书·刑法志》。

逐渐丧失,名、法、道、墨等诸家思想再次获得发展的机会。人们不再盲目迷信传统的纲常名教,而是开始更加重视对"刑名之术"的研究,律学也迎来了新的发展机遇。这一转变促使一批专门从事法律注释和法理解释的律学家相继涌现,他们在三国和曹魏时期尤为活跃,如陈群、钟繇、王朗、曹羲、丁仪,他们的研究推动了律学的进一步发展。

到了晋代,律学更是达到了鼎盛时期,从政治学、哲学中独立出来,形成了一门专门的学问,并涌现出一批专门的律学著作。司马昭为晋王时,组织了贾充、郑冲、杜预、羊祜、裴楷等十四人,对魏律进行全面修改。他们在267年完成了修订工作,并颁布了新的律法,即《泰始律》,亦称《晋律》。律法颁布后,律学家张斐和杜预又对其进行了详细的注解,他们的注解兼采了汉世律家的各种学说之长,是对汉魏以来法律修订和注解理论及经验的一次系统总结。尽管这些著作如今已失传,但根据史籍保存的零散材料仍能窥见其主要思想倾向。张斐、杜预等人对法律的本质、精神、各部分之间的内在联系以及法律名词概念的定义等进行了广泛而深入的探讨,使以往长期混乱不清的名词概念得到了界定和区分。这表明中国古代法律理论已经向纵深发展,律学的研究也取得了辉煌的成果。正是这些律学家在理论上的总结和研究,才使得晋代的法律制度有了实质性的进步。此外,晋代的刘颂虽然在律学著作上未有传世之作,但他在律学方面的深厚造诣和独到见解,使他在中国法律思想史上占有重要地位。

二、杜预的律学思想

(一)"必审名分""变礼"说

西汉中期,董仲舒提出"春秋决狱",以儒家经义作为司法裁决的依据,儒家思想自此在司法领域的影响日益加深。这一转变不仅体现在司法实践中对儒家经典的引用上,更在于儒家价值观逐渐渗透进法律解释和司法判决之中,使得法律判决更加符合儒家所倡导的仁、义、礼、智等道德原则。然而,尽管儒家思想在司法实践中发挥了重要作用,但由于儒家思想提供的多为道德指寻和价值引领方面的内容,在立法领域的影响相对有限。到了晋代,情况发生了显著的变化。随着司马氏以东汉末年的儒学大族为基础创建晋朝并统治中国,儒家思想在立法领域的影响开始逐渐增强。正如陈寅恪先生曾深刻指出:"古代礼律关系密切,而司马氏以东汉末年之儒学大族创建晋室,统制中国,其所制定之刑律尤为儒家化……"① 这种儒家化主要是指晋律中大量吸收了儒家经典中"礼"的思想和规范,不仅体现在晋律条文的具体内容上,更体现在法律制定过程中儒家学者的参与和儒家经典的引用上。

在这一背景下,杜预作为一位杰出的儒家学者和法律专家,参与了晋律的制定和注解工作,并发挥了举足轻重的作用。杜预在奏章中明确阐述了他的法律观念:"刑之本在于简直,故必审名分。审名分者,必忍小理……今所注皆网罗法意,格之以名分。使用之者执名例以审趣舍,伸绳墨之直,去析薪之理也。"② 他强调法律的根本在于简洁明了,能够为人民所理解和遵守,因此在制定和解释法律时,必须仔细审视"名分",即儒家所倡导的礼义名教以及人们应当遵守的职分。杜预认为,名分是法律的基础和灵魂,体现了儒家所倡导的等级秩序和道德规范。在审视名分时,必须舍弃琐碎的"小理"或"析薪之理",即那些过于具体、细节化的法律解释和规定,而专注于法律所体现的名分中的大者。这些大者包括儒家所倡导的仁、义、礼、智等道德原则,以及君臣、父子、夫妇等社会关系中的基本规范。在注律过程中,杜预也特别注重以名分为标准来解释法意。他通过对法律条文的深入剖析和解释,将儒家的道德原则和名分要求融入法律之中,使得法律更加符合儒家的精神。同时,他也强调法律应具有一定的灵活性和适应性,以应对社会生活的复杂性和多变性。因此,在解释法律时,他既坚持儒家的名分原则,又注重根据实际情况进行灵活调整。

杜预的这种做法不仅推动了晋代律学的繁荣和发展,也为后世法律制度的儒家化提供了重要的借鉴和启示。他通过将儒家的礼义精神融入法律之中,实现了礼与法的融合和统一。这种融合和统一不仅使得法律更加符合儒家的精神和要求,也使得法律在维护社会秩序、保障人民权益方面发挥了更加积极的作用。

---

① 陈寅恪:《隋唐制度渊源略论稿　唐代政治史述论稿》,江苏人民出版社 2020 年版,第 104 页。

② 《晋书·杜预传》。

此外,杜预还提出了"变礼"的观念。杜预曾建议晋帝:"远遵古礼,近同时制,屈除以宽诸下,协一代之成典。"[①] 他认为,在制定新的礼义规范时,既要追溯并遵循古代礼制的精髓与原则,又不能仅仅局限于古代的传统,而应当结合当时的社会背景、政治制度以及人民的生活习惯等因素,进行适时的调整和创新。他既尊重传统礼制的历史地位和文化价值,又注重根据实际情况进行创新和改革,以实现礼法的协调发展和共同进步。他还主张在礼义实践中,应当灵活运用礼义规范,对于下属或普通民众在礼义上的小瑕疵或疏忽,应当采取宽容和理解的态度。这不仅彰显了杜预对于传统礼制的尊重与继承,更体现了他对于时代变迁的敏锐洞察与灵活应对,从而较为集中地展现了他的"变礼"观念。这种"变礼"观念,不仅对于晋代的礼义制度建设产生了深远影响,也为后世提供了宝贵的借鉴和启示。

(二)"文约""禁简"说

东汉时期,法律体系呈现出一种极度混乱与复杂的状态。除了基本的律、令之外,还涌现了傍章、科(即单行法规)以及比等法律形式。这些法律形式在内容上相互交织,使得整个法律体系错综复杂。更为严重的是,即便在同一法律章节之中,也可能涵盖着数十项性质相似但刑罚轻重截然不同的事务。"盗律有贼伤之例,贼律有盗章之文,兴律有上狱之法,既律有逮捕之事,若此之比,错糅无常。"[②] 这种错综复杂、缺乏统一性的法律状况,不仅使得司法官员在审判案件时难以准确把握法律精神,也给民众带来了极大的不便和困惑,严重削弱了法律的权威性和公信力。对于封建统治的稳定来说,这种混乱的法律体系无疑是一个巨大的威胁。

为了改变这一混乱局面,魏明帝时期进行了法制改革。他下令"改定刑制",并组织了一批学者对旧有的法律进行系统的整理和归纳。经过这次改革,最终制定出了包含十八篇的魏律。据史书记载,这次法制改革的核心是"删繁就简,

---

① 《晋书·礼志》。
② 《晋书·刑法志》。

悉纳入正律之中","其余与汉律,实无大出入"①,即将重要的法律内容都纳入正式的法律条文之中,同时剔除那些冗余、重复或矛盾的条款。尽管如此,由于历史惯性和法律传统的深远影响,魏律在实质上与汉律并无太大的出入。

然而,到了晋代,随着杜预等杰出法律学者的涌现,法律体系的改革又迈出了新的一步。杜预参与制定的晋律在简洁明了方面达到了新的高度。他将原本长达 773 万余字的汉代律令及其解说,通过筛选和提炼,精简为仅仅 126 300 字。这一成就不仅体现了杜预等人的卓越才华和深厚功底,也彰显了晋代法律体系改革的重要成果。

在晋律制定完成后,杜预对其进行了详细的解释和阐述:"法者,盖绳墨之断例,非穷理尽性之书也。故文约而例直,听省而禁简。例直易见,禁简难犯。易见则人知所避,难犯则几于刑厝。"②

首先,杜预指出,法律并非用来"穷理尽性"的经书,而是具有明确规范性和强制性的社会规范。经义不能直接替代法律,经书也不能直接作为法典使用。这一观点明确区分了法和经义、律学和经学,为法律的独立性和权威性奠定了坚实的基础。同时,这也在一定程度上否定了自西汉中期以来以经义来裁决案件的做法,为司法实践的独立性和公正性提供了有力的保障。

其次,杜预强调法律的文字应该简明通俗,条例应该明确准确、直截了当。他认为,法律是面向广大民众的,必须让民众能够轻松理解和遵守。为了实现这一目标,他提倡对法律条文进行精简和提炼,剔除那些冗长、晦涩难懂的表述,使法律更加贴近民众的实际生活。同时,他还强调法律的形式要单纯、概念要明确、法律条文要简约而不繁密。这种"文约""禁简"的法律观,不仅提高了法律的可操作性和实用性,也降低了民众遵守法律的难度和成本。

最后,杜预提倡公布法律,让民众能够一目了然地知道哪些事情是可以做的、哪些事情是禁止的。他认为,只有让民众充分了解法律的内容和规定,才能让他们自觉遵守法律、维护社会秩序。他主张将法律条文公之于众,让民众随时

---

① 见《九朝律考·魏律序》按语。
② 《晋书·杜预传》。

查阅和了解。这样一来，"人知所避"，法律就能起到应有的威慑作用，从而有效地维护社会秩序和封建统治的稳定。同时，这也为民众提供了更多的法律保障，增强了他们对法律的信任感和归属感。

此外，杜预还鲜明地提出了"法出一门"的重要主张。"法出一门，然后人知恒禁，吏无淫巧，政明于上，民安于下。"① 他强调，只有确保立法权统一于皇帝和朝廷，才能使民众明确知晓哪些行为是恒久禁止的，进而避免奸诈巧取之行径。这一观点，是杜预针对汉末以来天下分裂、政权割据、法令纷繁复杂且互不统一的实际状况而提出的深刻见解。"法出一门"的核心要义在于强调立法权的集中与统一。这样一来，法律条文将更加明确、一致，司法官员在审判案件时也能有法可依、有章可循。"法出一门"能有效遏制司法官员的营私舞弊行为。在法令纷繁复杂、互不统一的情况下，司法官员往往可以利用法律条文的漏洞和矛盾徇私舞弊。然而，当法律条文统一明确时，司法官员就难以找到这样的机会和空间，从而不得不依法办事、公正裁判。通过实现"法出一门"，杜预期望最终能够形成"政明于上，民安于下，天下太平"的局面，这无疑是封建统治阶级所追求的目标，也是广大民众所期盼的理想生活。

（三）"律以正罪名，令以存事制"说

在晋律颁布之前，律与令长期处于混淆状态，没有明确的界限。这种混淆不仅体现在法律条文的编排上，也反映在司法实践中对律、令的适用上。据《汉书·杜周传》载："周曰：三尺安出哉？前主所是著为律，后主所是疏为令。"② 杜周的疑问揭示了汉代律、令划分的一个重要特征，即并非基于法律内容的性质，而是更多地依赖于颁布时间的先后或皇帝的个人意志。这种划分方式必然导致律、令范围具有广泛性和不确定性，使得二者在司法实践中常常相互交织、难以区分。《汉书·宣帝纪》地节四年注引文颖曰："天子诏所增损，不在律上者为令。"③ 这进一步证实了汉代律、令的划分并非基于其内容的性质，而是依据皇帝的诏令

---

① 《艺文类聚》卷五十四。

② 《汉书·杜周传》。

③ 《汉书·宣帝纪》。

和意愿。汉代的律、令不仅涵盖了刑法领域,还广泛涉及国家管理的各个方面,如官制、驿传法式。这种广泛性和综合性使得汉律成为一个包罗万象的法律体系,正如章太炎在《汉律考》中所指出的那样:"亦以见汉律之所包络,国典官令,无所不具,非独刑法而已也。"①

魏律在对汉律进行修订时,采取了删繁就简的策略,不仅扩充了正律的律文内容,使其更加完备,同时还节省了傍章等冗余部分,相较于汉律而言,有了显著的改进。然而,尽管魏律在诸多方面都有所优化,但它对于律、令之间的界线却并未能做出明确的区分,这一点成为其法律体系中的一个遗憾。

与此形成鲜明对比的是,晋律在制定时对律、令进行了严格的划分,这一举措无疑是对法律体系的一大重要贡献。杜预在《律序》中精辟地阐述了这一区分:"律以正罪名,令以存事制。"②这句话简洁明了地指出了律与令各自的核心功能。杜预所定义的"律",专指刑法,它详细规定了违法行为的罪名以及相应的惩罚措施,是维护社会秩序和打击犯罪的重要工具。而"令"则涵盖了各种规章制度,用于指导和规范国家的日常管理事务。《晋书·刑法志》也为我们提供了关于晋律制定过程中律、令区分的详细记载:"其余未宜除者,若军事、田农、酤酒,未得皆从人心,权设其法,太平当除,故不入律,悉以为令。施行制度,以此设教,违令有罪则入律。"③在制定晋律时,除了对旧有的律令条文进行删减和整合,以制定出具有永久性的律之外,还特别规定了暂时性的令。这些暂时性的令主要是针对当时社会形势和实际需要而设立的,如军事、田农、酤酒等方面的管理规定。由于这些领域的情况较为复杂,且随时可能发生变化,因此不宜直接纳入律中。于是,晋律便将这些内容悉数以令的形式加以规定,以便在形势变化时能够灵活地进行调整。也就是说,晋令的设立并非一成不变。这种灵活性使得晋令能够更好地适应社会的发展和变化,同时也保持了法律体系的稳定性和连续性。而违反令的行为,虽然不属于律的直接管辖范围,但一旦被发现并证实有罪,仍然需要依据律的规定进行定罪处罚。这一规定确保了令的权威性和执行力,也维

---

① 《汉律考》。
② 《律序》。
③ 《晋书·刑法志》。

护了法律体系的统一性和完整性。

杜预严格区分律、令的思想主张，不仅在当时具有重大的法律意义，而且对后世的法律体系产生了深远的影响。比如，在唐代的法律体系中，可以明显看到杜预思想的影响。《唐六典》作为唐代重要的行政法典，其中对律、令的定义便是在杜预解释的基础上做出的。该书明确指出："律以正刑定罪，令以设范立制。"[①]这一定义不仅沿用了杜预对律、令的基本划分，而且进一步强调了律在刑事定罪方面的作用，以及令在设立规范和制度方面的重要性。

三、张斐的律学思想

（一）"以礼率律"说

汉代的立法指导思想深受秦律的影响，这一点在汉《九章律》中体现得尤为明显。《九章律》与秦律一脉相承，深深植根于法家学说的理论基础，强调法律的严格性和权威性。然而，到了晋代，立法指导思想发生了显著的变化。晋律在吸取东汉儒家学者对法律的注释和解释的基础上，明确地将儒家思想作为立法的核心指导原则。这一转变使得西晋所制定的刑律呈现出"尤为儒家化"[②]的色彩，与之前的法家主导的法律体系形成了鲜明的对比。自汉代儒学独尊之后，儒家的纲常伦理逐渐渗透到立法和司法实践中，成为重要的指导原则。

张斐生活在魏末晋初，深受儒家思想影响。儒家思想强调道德教化、仁义礼智信等价值观念，这些观念在立法中得到了体现。张斐在《律注表》中曾阐述"理"与法的关系："理"是法的灵魂，是法律背后的深层原理和精神实质；法则是"理"的具体体现，是"理"在现实世界中的应用。他要求统治者在进行施政和立法时，必须以"理"为指导原则，确保法律的制定和实施都符合"理"的要求。张斐所讲的"理"，实际上是指封建社会的纲常伦理，即儒家所倡导的道德规范和价值观念。他指出："夫理者，精玄之妙，不可以一方行也；律者，幽理之奥，不可以一体守也。"[③]即"理"是神秘而奥妙的，不能仅从单一的角度去理解和贯彻；而法

---

① 《唐六典》。

② 见陈寅恪：《隋唐制度渊源略论稿　唐代政治史述论稿》，江苏人民出版社 2020 年版。

③ 《晋书·刑法志》。

律则包含了"理"的深义,在适用法律时,必须深入探讨"理"的精神,不能仅仅固守法律条文。简言之,张斐的观点强调了用"理"的精神来指导立法与司法活动的重要性。

随后,张斐详尽地阐述了执法者应如何深入探讨并把握"理"的精神实质,并强调了进行深入细致的分析比较的重要性。他论述道:"或计过以配罪,或化略以循常,或随事以尽情,或趋舍以从时,或推重以立防,或引轻而就下。公私废避之宜,除削重轻之变,皆所以临时观衅,使用法执诠者幽于未制之中,采其根牙之微,致之于机格之上,称轻重于毫铢,考辈类于参伍。"① 即在执法过程中,司法官吏有时会根据过失的性质来配定相应的刑罚,有时会在某些情况下采取宽大处理,有时需要依据案件的具体情况充分考虑"人情"因素做出裁决,有时则必须紧跟时事形势灵活调整刑罚的轻重。在面对可轻可重的判罪情境时,他们或许会选择从重处罚以儆效尤,又或许会倾向于从轻发落以体现对民情的关怀。对于官吏的犯罪行为,无论是出于公心还是私欲,其处理方式和刑罚轻重都应有所不同,有的或许可以继续留任,有的则必须予以罢免。在上述各种复杂多变的情况下,司法官吏必须具备高度的灵活性和敏锐的洞察力。他们应当时刻关注社会形势的变化,根据实际情况来制定和执行法律。在定罪量刑的过程中,无论是轻微的差别还是重大的分歧,都必须进行细致的分辨和反复的推敲。只有这样,才能确保法律的公正性和准确性,做到"理直刑正"。张斐的这一观点,实际上是在强调执法者在适用法律时,应具备高度的专业素养和敏锐的判断力。他们不仅要熟悉法律条文和司法程序,更要能够深入理解"理"的精神实质,并将其贯穿于整个执法过程中,而且要通过丰富的社会经验和敏锐的洞察力,准确把握社会形势的变化和案件的具体情况,从而做出公正、合理的裁决。

张斐所讲的"理"的概念实则是一种先验性的存在,与现实相分离。他引用并修改了《周易·系辞》中的话,即"形而上者谓之道,形而下者谓之器,化而裁之谓之格"②,将《周易·系辞》原文中的"化而裁之谓之变"改为"化而裁之谓之

---

① 《晋书·刑法志》载张斐律注。

② 《律注表》。

格"。用"形而上"与"形而下"来区分无形之道(理)与有形之器(法律),强调法律虽为有形实体,但其背后的精神即"道"是无形的,超越万物且包容一切。为了使法律更好地体现"道",张斐认为法律需随时代变化,通过"格"(这里指临时性单行法规)来变通。辩证地看,张斐将法律视为"理"或"道"的体现,这与魏晋时代盛行的唯心主义玄学紧密相关。他唯心地将"道"置于"器"之上,并视二者为相互脱离,这是不合理的;但是他根据《周易》的变易思想,强调法律应有"变通之体"的观点是可取的,法律应随客观形势而变通,具有合理性。

尽管张斐将"理"描绘为一种超越阶级、先验存在的概念,但深入研读其《律注表》不难发现,他所倡导的"理"实质上是封建统治阶级意志的体现。具体而言,张斐致力于将儒家一直强调的纲常伦理,即"礼乐",贯穿于法典的始终,并将其作为制定法律的核心指导原则。对于礼乐与刑法之间的关系,张斐进行了更为深入的阐述。他指出:"礼乐崇于上,故降其刑;刑法闲于下,故全其德。"① 这句话意味着礼乐作为维护封建统治阶级根本利益的重要手段,其地位至高无上,因此需要通过制定法律来确保其得到遵守。而法律则主要用于约束平民百姓,防止他们违法乱纪,从而保全封建统治阶级的德行。由此可见,在张斐看来,礼乐和法律都是封建社会不可或缺的最高准则,是治国理政的根本纲领,也是衡量人们言行举止是否正确的标准。他深知,总会有一些顽固不化的"小人"不遵守礼乐规范,试图冲破其束缚。因此,他主张通过制定法律来制裁这些违法行为,以维护封建社会的秩序和稳定,巩固地主阶级的政权。

张斐秉持着以礼率律、礼法相融的法律观念,不仅进一步推动了儒家礼法结合思想的演进,而且显著加速了封建法律向儒家化转型的进程。追溯两汉历史,我们不难发现,尽管贾谊、董仲舒、马融、郑玄等诸多儒家学者都努力尝试将儒家精神渗透进法律体系之中,运用儒家经典来阐释并指导法律实践,但他们或多或少地忽略了法律本身所具有的独特性质,未能从根本上破解礼法如何有机融合这一难题。这一缺陷使得一些官吏随意曲解法律,徇私枉法,最终导致汉末法制陷入了混乱与衰败。鉴于这一历史教训,张斐等代表地主阶级的思想家开始深

———————————

① 《律注表》。

刻反思,并在继承儒家纲常名教这一根本原则的同时,也给予了法律本身应有的重视。他们强调,必须充分发挥法律的实际效用,致力于不断完善封建法制体系。这一思想在《晋律》中得到了淋漓尽致的展现,并为后续《唐律》的编纂与完成奠定了坚实的基础。

(二)刑法理论

源自汉末清议的名辩之学,专注于考核名实与论辩名理,在魏晋时期极为流行,并对律学产生了直接的推动作用。法学家凭借逻辑思维,运用精准的语言来界定法律名词的概念,从而清晰划分了各名词间的界限。这一举措极大地推动了中国古代法学尤其是刑法学的发展。张斐在此领域贡献卓越,他不仅为数十个法律名词提供了明确定义,还对一些复杂且易混淆的具体情形进行了清晰区分。

第一,曹魏制定新律的过程中,摒弃了以往法典中缺乏整体逻辑关联的排列方式,创新性地将《刑名》置于律法之首。张斐从理论上阐释了此举的合理性,他指出:"律始于《刑名》者,所以定罪制也;终于诸侯者,所以毕其政也。王政布于上,诸侯奉于下,礼乐抚于中,故有三才之义焉。"[①]《晋律》以《刑名》开篇,旨在明确定罪量刑的原则,而以《诸侯律》结尾,则意在完善整个法律体系。君主立法为天道,诸侯臣民遵行为地道,礼乐贯穿其中为人道,三者相辅相成,构成了一个有机的整体。张斐进一步强调:"《刑名》所以经略罪法之轻重,正加减之等差,明发众篇之多义,补其章条之不足,较举上下纲领。"[②]《刑名》不仅规定了犯罪的轻重惩罚及加减刑的标准,还阐发了法典的基本精神,并补充了法律条文的不足,是统率全律的纲领。至于涉及司法审判的篇章,如《告劾》《系讯》《断狱》,则如同人的"心舌""手足",是执行和适用法律的具体规定,必须贯彻《刑名》的基本精神和原则。张斐的这种解释凸显了《刑名》的高位阶性质,类似现代刑法总则,标志着当时古代刑法理论的成熟,并对后世封建法典产生了深远的影响,使得《刑名》或类似的篇章成为全律的纲领,被置于律首。

---

① 《晋书·刑法志》。
② 《晋书·刑法志》。

第二,张斐对相似罪名进行了界定和区分,如对"不道""不敬""恶逆"的定义进行明确。在汉代,"不道""不敬"与"恶逆"这三种罪名便已存在,但当时对它们作为封建社会严重犯罪的具体含义并未给出明确解释。张斐指出:"逆节绝理谓之不道","亏礼废节谓之不敬","陵上僭贵谓之恶逆"①。他将"不道"定义为违背人性、违反纲常伦理的行为,"不敬"为违反封建等级制和封建礼仪规范的行为,而"恶逆"则指卑贱者侵犯尊贵者、破坏封建等级名分的行为。尽管这三者都严重侵犯了封建统治阶级的根本利益,但张斐的定义揭示了它们各自不同的侧重点:"不道"主要针对纲常伦理,"不敬"针对封建等级制,"恶逆"则同时破坏了等级名分并对尊贵者构成人身侵犯。

第三,张斐对行为人主观动机中的"故""失""过失"进行区分。在中国古代刑法中,"故""失""过失"均是用来描述行为人主观动机的法律术语,体现了古代对行为人犯罪主观责任的关注。早在西周时期,周公就强调对罪犯应具体分析、区别对待,对故意犯罪和惯犯者从重惩处,而过失犯罪和偶犯者则从轻处理。汉代法律也区分了"故"与"误",对故意犯罪处罚重、过失犯罪处罚轻。然而,在张斐之前,法律虽已有此区分,但对"故"与"误"的具体含义并未从理论上明确解释。张斐在《律注表》中首次对这三者给出了明确定义:"其知而犯之谓之故","意以为然谓之失","不意误犯谓之过失"②。他认为,"故"指行为人明知行为会造成危害结果而故意犯罪;"失"指行为人虽对行为有一定认识,但轻信可避免危害结果,最终却造成了社会危害;"过失"则指行为人对行为可能造成的危害结果完全没有认识,结果的发生完全出乎意料。张斐还专门指出:"向人室庐道径射,不得为过失之禁也。"③即向人居住地射击,不论主观上有无害心,都不得以过失论处,因行为人应预见到危害后果。张斐对"故"的明知故犯特征概括准确,受到沈家本的高度评价。同时,他将主观上无故意的情况细分为"失"与"过失",并明确了它们在责任上的区别。后来,《唐律疏议》对"过失"做了更具体的解释。

---

① 《晋书•刑法志》。

② 《律注表》。

③ 《律注表》。

（三）司法审判原则

张斐是首位系统全面地论述封建司法审判活动的人物。他深刻洞察到，司法审判作为维护封建社会秩序与公正的关键环节，其重要性不言而喻。他特别强调，司法官吏在审判过程中必须具备深厚的法律素养，对法律条文及精神有透彻的理解，更要遵循一系列正确的原则。只有坚守这些原则，司法官吏才能在复杂的案件面前保持清醒的头脑，不受外界干扰，从而做出准确无误的判决。

第一，张斐不仅坚决主张立法应当贯彻"理"的基本原则，而且进一步强调审判活动也应当充分体现"理"的精神实质。他阐述道："夫刑者，司理之官，理者，求情之机。"[①] 这里的"情"，指的是人的心理状态和情绪；而"机"则同"几"，意味着隐微、细微，指的是事物发展的苗头或征兆。张斐主要强调适用刑罚的根本目的是实现"理"，在分析和判断案情的过程中，必须始终体现"理"的精神，仔细区分事物的是非曲直，深入探寻行为人的心理状态和情绪的微妙征兆。张斐指出："心感则情动于中，而形于言，畅于四支，发于事业。"[②] 他的这一观点的提出基于对人性和行为动机的深刻理解，即人的行为和主观动机之间存在着内在的、必然的联系。人的心理状态和情绪的征兆，实际上是受主观动机的驱使而自然流露出来的，由此形成了"心（即动机）—情（即情绪）—事业（即犯罪行为）"的逐步发展过程。因此，张斐强调，在审判活动中，依据"理"的原则来深入探究行为人的心理状态和情绪，就能使审判活动更加符合封建统治阶级的纲常伦理，从而确保审判的公正性和合理性。

第二，张斐在法律思想上有着重要贡献，他吸收并发展了董仲舒的"原心论罪"理论，提出了审判活动应遵循"本心""审情""精事"三原则。他强调："论罪者务本其心，审其情，精其事，近取诸身，远取诸物，然后乃可以正刑。"[③] 在审理案件时，必须从行为人的主观动机出发，细致分析具体情节，全面掌握客观事实，并观察行为人的表情，收集相关证据，方可判罪定刑。张斐认为，人的内心感

---

① 《晋书·刑法志》。

② 《晋书·刑法志》。

③ 《晋书·刑法志》。

情会通过言谈举止表现出来,因此"审其情"是"本其心"的重要途径。同时,他也探索了行为和心理状态之间的联系,"是故奸人心愧而面赤,内怖而色夺。……仰手似乞,俯手似夺,捧手似谢,拟手似诉,拱臂似自首,攘臂似格斗,矜庄似威,怡悦似福"[①]。通过行为判断一些心理状态存在一定的合理性,但并不完全具有客观性和真实性,仅凭表情判断内心活动可能存在主观臆断的风险。此外,张斐对司法官吏的能力和素质提出了高要求:"通天下之志唯忠也,断天下之疑唯文也,切天下之情唯远也,弥天下之务唯大也,变无常之体唯理也。非天下圣贤,孰能与于斯!"[②]他认为司法官吏应具备忠诚的品质、渊博的法律知识、深入思考和研究的能力,以及从大处着眼的治理智慧,同时掌握"理"的精神和具备圣贤品德。总的来说,张斐的审判原则比前人论述更为深入、具体和丰富,对封建法律的正确贯彻实施起到了积极作用。

四、刘颂的律学思想

(一)恢复肉刑理论

在刘颂提出的加强法制的一系列主张中,其恢复肉刑的重法思想尤为突出。西晋时期,政治腐败,社会矛盾异常尖锐,人民的反抗斗争如火如荼,四处可见"相聚而谋不轨"的情景,同时,"奸恶陵暴"的现象也充斥在社会各处。

面对这样的社会乱象,刘颂错误地将问题的根源归咎于刑罚的过于宽纵。他认为,正是由于刑罚的力度不够,才导致了社会的动荡和不安。在这种思想的驱使下,刘颂对于那些反对恢复肉刑的言论表示了强烈的不满和批评,指责这些反对意见是"拘孝文之小仁,而轻违圣王之典制"。在他看来,这些人过于拘泥于汉文帝时期那种宽厚的仁爱政策,而忽视了圣王所制定的典章制度中对于刑罚的严格规定。他认为,只有恢复肉刑,才能有效地震慑犯罪分子,维护社会的稳定和秩序。

刘颂主张恢复肉刑,其核心理由在于肉刑能使罪犯身体伤残,从而剥夺其

---

① 《晋书·刑法志》。

② 《晋书·刑法志》。

重新犯罪的能力。他阐述道:"圣王之制肉刑,远有深理。其事可得而言,非徒惩其畏剥割之痛而不为也,乃去其为恶之具,使夫奸人无用复肆其志,止奸绝本,理之尽也。亡者刖足,无所用复亡;盗者截手,无所用复盗;淫者割其势,理亦如之。除恶塞源,莫善于此,非徒然也。"① 他认为,恢复肉刑不仅是为了让罪犯惧怕肉体上的痛苦而不敢再犯,更重要的是去除了他们为恶的工具,使奸邪之人无法再肆意妄为。具体来说,对逃亡者刖足,使其无法再逃;对偷盗者截手,使其无法再盗;对奸淫者割势,同理亦然。在刘颂看来,恢复肉刑是"止奸绝本"、有效遏制犯罪的重要手段。同时,"……残体为戮,终身作诚。人见其痛,畏而不犯,必数倍于今"②。使用肉刑能够使受刑罪犯终身引以为戒,对别人也能起威慑作用,使他们不敢犯罪。

刘颂还论述了废除肉刑后所带来的问题:"今死刑重,故非命者众;生刑轻,故罪不禁奸。所以然者,肉刑不用之所致也。今为徒者,类性元恶不轨之族也,去家悬远,作役山谷,饥寒切身,志不聊生,虽有廉士介者,苟虑不首死,则皆为盗贼,岂况本性奸凶无赖之徒乎! 又令徒富者输财,解日归家,乃无役之人也。贫者起为奸盗,又不制之虏也。不刑,则罪无所禁;不制,则群恶横肆。为法若此,近不尽善也。"③ 废除肉刑导致原本较轻的肉刑(如刖足)被归入死刑,使得死刑加重,令更多人丧命;而较轻的刑罚(如黥、劓)则改为徒刑,使得生刑的惩罚力度减轻,不足以遏制犯罪。此外,大量罪犯被判处徒刑,他们聚集在一起,容易形成恶性团伙,即使原本品行较好的人也可能因环境恶劣而沦为盗贼。这些罪犯远离家乡,服苦役,生活困苦,对生存失去希望,更容易走上犯罪道路,尤其是那些本就奸凶无赖的人。因此,逃亡和盗贼事件频发,而抓获逃亡者后仅以逃亡天数加刑,实际上是"以徒生徒","以刑生刑",无法有效维护社会稳定。

汉文帝废除肉刑的四百余年后,刘颂却提出恢复肉刑,并主张加重对百姓犯罪的惩罚力度。这一观点,无疑在当时引起了巨大的争议和反响,被视为历史的倒退,与时代发展潮流背道而驰。但实际上,他的这一思想也从侧面引起人们对

---

① 《晋书·刑法志》。

② 《晋书·刑法志》。

③ 《晋书·刑法志》。

当时司法制度的关注和反思。

（二）诛大罪、赦小过说

西晋时期，政权建立在门阀士族的支持之上。刘颂在其上奏晋武帝的疏文中指出，西晋初年，朝廷所依赖的官僚多为先代功臣的后代。为了获得这些豪强士族的支持，西晋统治者对他们的违法行为采取了宽容态度，导致在司法实践中常常只惩治小吏而不敢触及贵族官僚。针对这一现象，刘颂提出了"诛大罪""赦小过"的主张。

刘颂所倡导的治理国家的方式是："纲举则所罗者广，网疏则小必漏，所罗者广则为政不苛，此为政之要也。"① 他认为，治理国家应如纲举网疏，即抓住主要矛盾，对轻微过失予以宽容，这样既能广泛涵盖各种问题，又不会过于苛刻。然而，西晋时期的政治现实却与此相悖，特别是在刑狱方面，大纲不振，微小过失却必被追究。刘颂严厉批评了这种本末倒置的做法："自近世以来，为监司者，类大纲不振而微过必举，微过不足以害政，举之则微而益乱；大纲不振，则豪强横肆，则百姓失职矣。此错所急而倒所务之由也。"② 他指出，微小的过失不足以危害政权，但过分纠缠会导致混乱；而对豪强横行的行为不敢惩治，则会使百姓失职遭殃。他揭露了"夫大奸犯政而乱兆庶之罪者，类出富强。而豪富者其力足惮，其货足欲，是以官长顾势而顿笔"③ 这一乱象，当时大奸害政者多为豪强六族，因为拥有强大的政治势力和财富，能够迫使官府退让妥协。而官吏为了表示自己尽心公务，"谨密网以罗微罪"④，导致法律失去了应有的作用。他批评这和做法如同"放兕豹于公路，而禁鼠盗于隅隙"⑤，认为只有严厉打击罪恶之尤，狠抓大案要案，才能使天下得到良好的治理。

刘颂坚决主张在法律实施中应严格区分大罪与小过，强调法律的首要任务是惩治重大罪行，而非纠缠于微小过失。他认为："夫细过微阙，谬妄之失，此人

---

① 《晋书·刘颂传》。
② 《晋书·刘颂传》。
③ 《晋书·刘颂传》。
④ 《晋书·刘颂传》。
⑤ 《晋书·刘颂传》。

情之所必有,而悉纠以法,则朝野无全人。"①毕竟,金无足赤,人无完人,细微的过错和偶然的失误是难以避免的,若均以法律严苛相待,则朝野上下无人能幸免于罚。因此,应当视那些无损国家大政和社会安宁的小过小错为天网之漏,不予追究。

(三)"法令断一"与罪行法定思想

魏晋时期的法学家刘颂,身处"叔世"之乱,对国家法制深表关切。据《晋书·刑法志》记载,惠帝时期政权旁落,司法决策常受私人情感影响,导致刑法不一,诉讼频发。作为刑狱重臣,刘颂对"法渐多门,令甚不一"的混乱现状深感忧虑,并因此提出了一系列完善封建法制的主张,包括划一法律及罪行法定等,旨在强化法制建设,确保国家稳定。

第一,刘颂对西晋政权在刑法执行上的混乱状况以及法令不统一的问题进行了深刻批评,要求"法令断一,事无二门"。他向惠帝上疏,直言不讳地指出:"臣窃伏惟陛下为政,每尽善,故事求曲当,则例不得直;尽善,故法不得全。何则?夫法者,固以尽理为法,而上求尽善,则诸下牵文就意,以赴主之所许,是以法不得全。刑书征文,征文必有乖于情听之断,而上安于曲当,故执平者因文可引则生二端。是法多门,令不一,则吏不知所守,下不知所避。"②他将"法多门、令不一"、法律条文无法得到全面准确执行等问题归咎于惠帝。他认为,法律的本质在于通过合理的规定来规范社会行为,而如果上级一味追求尽善尽美,那么下级就会为了迎合上级的期望,而牵强附会地解释法律条文,从而导致法律的原意被扭曲。当刑法文书追求文字表述的精确时,就必然会在情感判断和实际情况之间产生偏差。而上级如果安于这种曲解法律以适应个别情况的做法,那么执法者在遇到法律条文可以有多种解释时,就会产生犹豫和分歧。这样一来,法律就会变得多门多径,法令不一,使得官吏不知道应该遵循什么原则,百姓也不知道应该如何规避法律风险。正是惠帝追求尽善尽美的施政方式,给了司法官吏钻法律空子的机会,使得相同的案情可能出现不同的判决结果,奸诈虚伪的人就会

---

① 《晋书·刘颂传》。
② 《晋书·刑法志》。

利用法律的漏洞来为自己谋取私利，导致社会上出现"事同议异，狱犴不平"的现象。为了解决这个问题，刘颂提出了"法令断一，事无二门"的主张，即要求法律条文必须明确统一，不允许存在多种解释和判断标准。这一主张得到了西晋政权的批准，并被确立为永久的制度。门下省在批复中也明确指出："欲令法令断一，事无二门，郎令史已下，应复出法驳案，随事以闻也。"① 要求各级官吏都应该严格按照法律条文来审理案件，并随时向上级报告执行情况，从而有效地避免法律被曲解和滥用，从而维护社会的公正和稳定。

第二，刘颂提出罪刑法定的相关概念，要求司法审判应严格遵循法律条文。他指出："又律法断罪，皆当以法律令正文，若无正文，依附名例断之，其正文、名例所不及，皆勿论。"② 定罪与量刑必须完全依据法律及法令的明文规定；若法律无明文规定，则依据《刑名》《法例》等原则性条款进行裁决；对于法律及《刑名》《法例》均未涵盖的情况，则不予论罪。这体现了"法无明文规定不为罪"的原则，刘颂因此可被视为我国古代明确提出"罪行法定"概念的第一人。同时，刘颂允许司法官吏在法律框架内对法律规定存在不同理解和分歧，但此类"异议"必须严格限定在法律规定的范围内。此外，他明确要求法律部门的主管官吏，在面对案件疑问或需批驳时，必须依据法律条文进行论证，禁止在法律之外寻求所谓"时宜"的论断，确保审判工作严格依法进行。

第三，刘颂严格区分君臣在立法、司法方面的职责。刘颂主张在实施法律时，应明确划分君主、大臣与司法官吏的职责，确保司法独立，并强调监司、狱官、法吏应各司其职，严格遵循司法程序。他认为："君臣之分，各有所司。法欲必奉，故令主者守之；理有穷塞，故使大臣释滞；事有时宜，故人主权断。"③ 为维护法律尊严，君臣应各守其职，互不干涉。司法官吏需严格依照法律条文行事，疑难案件则由大臣根据"经义"判决，最终由君主根据时势做出决断。此外，对于监司、狱官、法吏的分工，刘颂指出："夫监司以法举罪，狱官案劾尽实，法吏据辞守

————————————

① 《晋书·刑法志》。

② 《晋书·刑法志》。

③ 《晋书·刑法志》。

文。"① 监司负责提起公诉,狱官负责侦查案情,法吏则依据法律条文量刑。他要求狱官注重事实,法吏严守条文,监司则应关注重大罪行而忽略轻微过失。这一严密的司法诉讼程序是对我国古代司法经验的总结,有助于确保法律条文的准确实施。为保障司法官吏仅依成文法断案,刘颂提出了"立格为限"② 的主张,即确立行政法规,规定司法官吏的职责,使其只能依据成文法断案,违者将受到法律制裁。他强调司法官吏应绝对遵循法律条文,不考虑成文法之外的条件。

① 《晋书·刘颂传》。

② 《晋书·刑法志》。

第四章

隋唐时期的法律思想

第一节　隋朝的法律思想

一、隋朝的立法概况

（一）《开皇律》的制定

《开皇律》的编纂工作启动于隋文帝改元开皇之初,标志着隋朝法制建设的新篇章。隋文帝即位不久,便意识到法制对于国家治理的重要性,于是下令开始制定新的法律——《开皇律》。这部法律的制定工作汇聚了当时的法律精英,包括"尚书左仆射、勃海公高颎,上柱国、沛公郑译,上柱国、清河郡公杨素,大理前少卿、平源县公常明,刑部侍郎、保城县公韩濬,比部侍郎李谔,兼考功侍郎柳雄亮"[①]七位重臣。

在《开皇律》的制定过程中,隋文帝特别关注刑罚的轻重问题。他认为,过往的刑罚过于严苛,不仅无法真正起到预防犯罪的作用,反而可能激化社会矛盾。因此,在《开皇律》中,他明确废除了绞刑、斩首、枭首、车裂及鞭刑等残酷刑罚,并减轻了流刑和徒刑的期限。这一举措,无疑是对传统法制的一次重大革新,体现了隋文帝对人性关怀和恤刑思想的深刻理解。

然而,新法的颁行并非一帆风顺。由于人们对新法尚不熟悉,加之部分官吏

---

① 《隋书·刑法志》。

沿袭旧习,导致犯法者众多。针对这一情况,隋文帝没有简单地采取严厉镇压的手段,而是选择了更为明智的做法。他下令全国"敦理辞讼"①,建立了一套完善的直诉制度。这一制度允许百姓在地方官府无法公正处理案件时,可以逐级上诉至中央,甚至可以直接敲击登闻鼓,向皇帝申诉。直诉制度的实施,不仅有效地纠正了司法偏颇的弊病,还保障了百姓的合法权益,赢得了民心。

到了583年,隋文帝在审阅刑部奏文时,发现尽管已经颁布了《开皇律》,但断狱数量仍然庞大。他认为这是法律条文过于繁杂、刑罚仍然过重所致。于是,他再次命令苏威、牛弘等人对《开皇律》进行修订。这次修订工作不仅进一步简化了法律条文,还减轻了刑罚的严厉程度。经过修订后的《开皇律》,最终确定为十二卷、五百条。这十二个篇章涵盖了名例、卫禁、职制、户婚、厩库、擅兴、贼盗、斗讼、诈伪、杂律、捕亡、断狱等领域,形成了一个完整而系统的法律体系。

修订后的《开皇律》更加简明扼要,既保持了法律的严密性,又体现了宽政恤刑的精神。它废除了许多不必要的刑罚和条款,使得法律更加符合实际需要,也更加容易被人们所理解和接受。这一法律的颁行,不仅为隋朝的法制建设奠定了坚实的基础,也为后世法制建设提供了宝贵的借鉴和启示。

(二)《大业律》的制定

隋炀帝继位之后,面对的是一个经过隋文帝精心治理、相对稳定的帝国。在登基之初,他并未急于对既有的法制进行大刀阔斧的改革,而是审慎地选择了继续沿用文帝所制定的开皇制度。这一决策在605年闰七月颁发的一份诏书中得到了明确的体现——"其国子等学,亦宜申明旧制"②。

606年,他下令由牛弘等人负责修订新的法律,即《大业律》。这次修订工作历时一年,最终在607年完成了新律的制定。

隋炀帝在京城正式颁布了《大业律》,并宣布大赦天下,以显示他的仁政和宽恕。同时,他还下令在关内地区实行三年的赋税减免,以减轻百姓的负担,促进经济的恢复和发展。关于《大业律》的篇目和内容,据《隋书·刑法志》记载,

---

① 《隋书·刑法志》。

② 《隋书·炀帝纪》。

《大业律》共分为十八篇,涵盖了社会生活的各个方面,如名例、卫官、违制、请赇、户、婚、擅兴、告劾、贼、盗、斗、捕亡、仓库、厩牧、关市、杂、诈伪、断狱。这些篇目不仅详细列出了各种犯罪的定义和处罚,还规定了相应的司法程序和审判原则。

与《开皇律》相比,《大业律》在表面上看起来更加宽缓。它降低了五刑之内二百余条刑罚的严厉程度,减轻了枷杖决罚和讯囚的制度,使得司法实践更加人性化。此外,隋炀帝还废止了将十恶单独列目的规定,将十恶中的两条删除,只保留了八条,并将其分散到各个条文中。这一举措旨在减少冤假错案的发生,提高司法的公正性和准确性。

虽然《大业律》看起来更加完善和宽缓,但在实际执行过程中遇到了很大的困难。由于隋炀帝征役频繁,民不聊生,有司为了完成任务而临时采取胁迫手段,导致律令形同虚设。许多官员在执行法律时偏离了律文的规定,根据自己的意志和利益进行裁决。这使得《大业律》在实际操作中失去了应有的权威性和约束力。因此,《大业律》并未产生预期的效果,对后世的影响也微乎其微。后来,唐朝在修订法律时,主要沿袭了《开皇律》的传统,而非《大业律》。这主要是因为《开皇律》经过文帝时期的精心制定和修订,已经形成了一套相对完善和稳定的法律体系。而《大业律》虽然在一定程度上进行了改革和创新,但由于实际执行中的种种问题,并未得到广泛的认可和接受。

(三)隋朝的法律形式

在隋朝,立法工作达到了一个新的高度,立法者在深入继承前朝法律形式的基础上,进行了系统的规范与统一,精心构建了"律、令、格、式并行"[①]的法律形式。律、令、格、式既相互独立又相互补充,共同构成了隋朝完备而精细的法律体系,为封建社会中期的法制建设树立了典范。

律,作为隋朝法律体系的基石,其名称源自战国时商鞅的改法为律。律是定罪量刑的基本依据,具有高度的稳定性和权威性。《开皇律》与《大业律》是隋朝两部重要的律典,不仅详细规定了各种犯罪的构成要件和刑罚尺度,还深刻反映了隋朝立法思想的变化和社会发展的轨迹。通过律,隋朝实现了对刑事犯罪的

---

① 《隋书·经籍志》。

统一规范,维护了社会秩序的稳定。

令,则以其灵活性和适应性著称。与律相比,令在形式上更为多样,内容上也更为具体和细致。帝王可以根据国家治理的需要,随时颁布令以补充律文的不足或应对新出现的问题。隋朝的《开皇令》和《大业令》就是典型的代表。它们涵盖了官制、职员、仪式、户籍、赋役、仓库、关市等多个方面,为隋朝的政治、经济、社会生活提供了全面的法律指导。令的灵活性使得隋朝的法律体系能够迅速适应社会的变化,保持了法律的时效性和有效性。

格,作为行政法规的一种,其名称源于汉代的"科"。在隋朝,格主要承担着规范行政行为、明确行政职责的任务。它涉及的内容广泛而具体,如州县佐史的任期、九品妻的再嫁、官员的考核与奖惩。然而,由于格的内容往往与当时的政治、经济、社会状况紧密相关,因此其稳定性和持久性相对较差。隋朝的开皇年间曾颁布过格,但很快就遭到了批评和修改。到了大业年间,由于社会动荡和政治变革,格的制定和颁布也变得更加频繁和不稳定。

式,则是关于办事细则和公文程式的规定。它在隋朝的法律体系中扮演着重要的角色,确保了各级官府在办事过程中的规范性和统一性。式的制定和颁布通常与当时的行政管理和公文处理需求密切相关。隋朝在开皇年间和大业年间都曾多次制定和颁布式,以规范各级官府的办事程序和公文格式。这些式的实施,不仅提高了行政效率,还增强了法律的权威性和可执行性。

总的来说,隋朝立法者通过继承前朝法律形式并加以规范统一,形成了律、令、格、式四种主要的法律形式。它们各自具有独特的特点和作用,并相互配合,共同构成了隋朝完善而系统的法律体系。这一法律体系的建立,不仅为隋朝的政治、经济、文化等方面提供了全面的法律保障,还为后世封建社会的法制建设提供了宝贵的借鉴和启示。它展示了隋朝立法者的智慧和远见,也体现了隋朝法制建设的成就和贡献。

二、隋朝统治者的法律思想

隋朝统治时期相对短暂,未能如其他历史悠久的朝代一般孕育出丰富多彩的学术思想体系。在法律思想领域,这种局限性尤为明显,相关理论的探讨与阐发相对匮乏。这一时期的法律思想不仅数量有限,而且流传下来的思想家著作也颇为稀缺,其中,《中说》辑录了王通言论,成为研究隋朝法律思想的珍贵文献。这一时期的法律思想更多地体现在君主与大臣的实际政治活动以及立法与司法实践中,而非仅仅停留在理论层面的探讨。在隋朝两代君主中,隋文帝的法律思想更为丰富且复杂。他不仅在实践中推动了多项法律制度的革新,还通过其政治行为,间接反映了其对法律的理解与运用。因此,本节着重探讨隋文帝和王通的法律观念。

(一)隋文帝的法律思想

1. 德政观念

为了缓解尖锐的阶级矛盾并稳固自身的统治地位,隋文帝杨坚在登基之初便高度重视实施德政,深刻汲取了历代帝王因奢侈而亡国的教训,致力于塑造一个仁德明君的形象。他不仅"躬履俭约",还大幅减轻了民众的徭役和赋税负担。同时,他严厉打击官吏的贪污受贿行为,确保官场的清廉与公正。据《隋书·高帝纪》载,隋文帝对陈后主的贪婪残暴、无度征敛进行了严厉批判,并以此为鉴,决定改变国家经济凋敝的状况。

他即位后,采取了一系列措施,其中最重要的是继续推行均田制,并调整赋税徭役。均田制虽然主要是在保障地主阶级利益的前提下实施的,但也使得一部分无地和少地的农民获得了土地,有利于遏制土地兼并的恶性发展。同时,隋文帝还接受了民部尚书苏威提出的"奏减赋役,务从轻典"[①]推行"轻徭薄赋"政策,多次下令减免赋税,缩短服役年龄和天数,减轻了农民的负担。583 年,文帝命令缩短服徭役年龄,"初令军人以二十一成丁"[②],由十八岁改为二十一岁;并减少服役天数,"减十二番每岁为二十日役"[③],由三十天减为二十天;同时"减调绢"的数额,由原来的四丈减为二丈。到了 590 年,又放宽了徭役年龄限制,五十岁以上的人可以免役,从而让他们能够更安心地从事农业生产。此外,还有田租

---

① 《隋书·苏威传》。

② 《隋书·食货志》。

③ 《隋书·食货志》。

的减免,如 592 年,河北、河东地区的田租减免三分之一,兵役减半,功调全免。597 年,隋文帝甚至"停此年正赋"[①]。隋文帝的"轻徭薄赋"政策,不仅减轻了农民的经济负担,而且通过缩短服役时间和减少赋税,为农民提供了更多的时间和精力来专注于农业生产。这些政策的实施通过提高农民的生产积极性,增加农业产出,为国家积累了大量物质财富,增强了国家的经济实力。

据《通典》记载,当时"天下义仓,又皆充满。京都及并州库布帛各数千万。而锡赉勋庸,并出丰厚,亦魏、晋以降之未有"[②]。到文帝末年时,"计天下储积,得供五六十年"[③]。隋文帝的节俭和轻徭薄赋政策得到了广大士人和百姓的响应,节俭成为一种社会风气。这种风气不仅促进了社会财富的迅速积累,还为农业生产的发展提供了有利条件。在隋文帝的统治下,国家经济得到了较快的发展,中央政权的经济力量得到了加强,为隋朝的稳定和繁荣打下了坚实的基础。虽然农民所受的剥削仍然较重,但相比前朝已经有所减轻,这在客观上有利于缓和社会矛盾。

隋文帝的这种德政观念不仅深刻影响了他的治国理念,也渗透到了司法活动中。在隋初,有一些官吏深受文帝的影响,注重以教化来引导民众,他们尝试用德政来替代严酷的刑罚,这种做法得到了文帝的高度认可。例如,冀州刺史赵煚在得知自己田中蒿草被盗后,并没有立即对盗者进行严厉的惩罚,而是反思道:"此乃刺史不能宣风化,彼何罪也。"[④] 他不仅宽恕了盗者,还送了盗者一车蒿草,结果盗者深感愧疚,这种效果甚至超过了重刑的威慑。当文帝后来到洛阳时,赵煚前往朝见,文帝对他大加赞赏:"冀州大藩,民用殷实,卿之为政,深副朕怀。"[⑤] 通过这些举措,隋文帝不仅成功地缓和了阶级矛盾,也进一步巩固了自己的统治地位。他的德政理念不仅在当时产生了深远的影响,也为后世树立了榜样。

---

① 《隋书·食货志》。
② 《通典·丁中》。
③ 《贞观政要·论贡赋》。
④ 《隋书·赵煚传》。
⑤ 《隋书·赵煚传》。

2. 重法轻儒的思想

自西汉武帝采纳董仲舒"罢黜百家，独尊儒术"的政策后，儒家思想便长期在中国封建社会中占据了无可撼动的统治地位，但这并不意味着法家思想被完全摒弃。历代封建统治者在实际治理中，往往采取儒法结合、儒法兼用的策略，甚至很多情况下存在表面上推崇儒家思想以维护其统治的合法性和道德性，而在实际政治操作中则融合法家的严厉法治和集权理念，以实现国家的稳定和富强。这种儒法兼用的策略，使得法家思想在儒家思想的掩盖下，以一种更为隐秘的方式存在着。例如，汉末三国之际，由于长期分裂割据、社会动荡不安，统治者为了适应时势的需要，往往会更加注重法家的应用。这是因为法家思想强调法治、集权和严厉惩罚，能够更好地维护社会秩序和稳定，适应战争和动荡时期的需要。因此，在这个时期，法家思想在一定程度上由隐转显，成为统治者治理国家的重要手段。三国两晋南北朝时期，出现了一批法家色彩较浓的亦儒亦法的政治家，他们既尊崇儒家思想，又注重法家的法治和集权理念，将儒法两家思想融合在一起，以适应当时社会的需要。例如，隋文帝之父杨忠，就是这样一位典型的政治家。他作为宇文泰的重要辅佐者，深受宇文泰的影响。宇文泰是一位具有雄才大略的君主，他致力于改革时政，追求强国富民之道。在他的统治下，北周政权逐渐强大起来。而杨忠作为宇文泰的亲信和重臣，自然免不了受到法家思想的影响。

隋文帝在宇文氏统治的时期逐渐成长起来，他耳濡目染，深受法家思想的影响。再加上北周末年法制混乱，社会秩序动荡不安，因此他更加深刻地认识到加强法治的重要性。在建立隋朝后，隋文帝采取了一系列措施来加强中央集权、整顿吏治、改革税制和兵制等，使得隋朝的政治、经济和文化都得到了空前的发展。据史书记载："高祖膺运抚图，除凶静乱，日旰忘食，思迈前王。然不敦诗书，不尚道德，专任法令，严察临下。"[①]这虽揭示了隋文帝在治理国家中存在的问题，即不重视文化教育和道德建设，过于依赖法律和严苛的监督，但也足以说明隋文帝倡导法家思想。

———————————

① 《隋书·循吏列传序》。

　　然而,隋文帝在治理国家时并非完全摒弃儒家思想。他深知儒家思想是统治人民的有力工具,能够维护社会的稳定和和谐。因此,他在推崇法家思想的同时,也注重儒家思想的运用。据史书记载:"高祖……平一寰宇,顿天网以掩之,贲旌帛以礼之,设好爵以縻之,于是四海九州强学待问之士靡不毕集焉……于是超擢奇俊,厚赏诸儒,京邑达乎四方,皆启黉校……中州儒雅之盛,自汉、魏以来,一时而已。"① 他广开学校,招揽儒士,厚赏诸儒,使得中州儒雅之盛达到了自汉、魏以来的高峰。这种儒法并用的策略,使得隋朝在政治、经济和文化等方面都取得了显著的成就。

　　然而,随着时间的推移,隋文帝开始对学校的教育成效产生怀疑。他认为,尽管学校招收了大量的学生,但其中许多人并未达到他期望的封建统治人才的培养标准。他批评这些学校"徒有名录,空度岁时",即这些学校只是名义上存在,实际上并未能有效地培养出所需的人才。基于这样的考虑,隋文帝以学校生徒"多而未精"为由,做出了一个极端的决定:废除京师和地方的大小学校,仅保留一所京师国子学(后改名为太学),并且严格限制学生名额为七十人。这种因小失大、因噎废食的做法显然不是解决问题的根本方法。它引发了儒家学者的强烈不满和批评。儒家学者们指责隋文帝"不悦诗书,废除学校"②,认为他忽视了儒家教育的重要性,甚至"不悦儒术,专尚刑名"③,即偏爱法家而轻视儒家。更令儒家学者感到愤慨的是,就在隋文帝下令废除全国学校的同一天,他还"颁舍利于诸州"④,即在全国范围内广泛建造寺庙和佛塔,总数达到了五千余所。这一举动被看作公开支持佛教而反对儒家的明确信号。《隋书·刑法志》中记载,"帝以年龄晚暮,尤崇尚佛道,又素信鬼神",他甚至颁布诏令,要求沙门道士销毁佛像和天尊像,百姓也要销毁岳渎神像,否则"皆以恶逆论"⑤。这些举措进一步加剧了隋王朝与儒家学者之间的紧张关系。

────────────────

① 《隋书·儒林列传序》。
② 《隋书·高祖记》。
③ 《隋书·儒林列传序》。
④ 《隋书·高祖记》。
⑤ 《隋书·刑法志》。

由于隋文帝在教育政策上做法极端以及对佛教过度推崇,导致了他与儒家学者之间的深刻矛盾。这种紧张关系在隋末得到了充分的体现,当时不少儒家学者选择了参加农民起义军,以表达他们对隋王朝的不满和反抗。由此可以看出,隋文帝对于儒家思想主要是利用而不是真正推崇和信服。这一历史教训被后来的唐王朝所吸取,唐朝在统治中更加注重儒家教育的重要性,并努力维护与儒家学者的良好关系。

3."以轻代重"的思想主张

隋文帝登基称帝之前,曾以北周丞相的身份全面掌控朝政,为了赢得民心并巩固自己的地位,他采取了一系列改革措施,"革宣帝苛酷之政,更为宽大,删略旧律,作《刑书要制》,奏而行之"①。其中,针对北周宣帝时期的严苛政法,他进行了大刀阔斧的改革,推行更为宽大和人性化的政策,不仅删减了旧有的严苛法律条文,还亲自制定了《刑书要制》,并奏请实施。这一系列举措使得他赢得了"大崇惠政,法令精简"的美誉,也为他称帝后进行法律改革奠定了坚实的基础。隋文帝正式登基称帝后,更加致力于法律制度的完善。他广聚英才,共同修订了新的法律——《开皇律》。这部法律充分体现了"以轻代重"的立法原则,旨在减轻刑罚的严苛程度,使之更加符合人道主义精神。

隋文帝即位的第一年,他就正式颁布了诏令,命令高颎等人负责修订新律。根据《隋书·刑法志》的记载:"高祖既受周禅,开皇元年,乃诏尚书左仆射、勃海公高颎,上柱国、沛国公郑译,上柱国、清河郡公杨素,大理前少卿、平原县公常明,刑部侍郎、保城县公韩濬,比部侍郎李谔,兼考功侍郎柳雄亮等,更定新律,奏上之。"②此外,据其他史籍记载,裴政、苏威、李德林、于翼、赵芬、王谊、元谐等人也参与了此次修订工作,总共达到了十四人。

新律修订完成后,隋文帝颁布了诏令,"帝王作法,沿革不同,取适于时,故有损益"③,阐述了帝王制定法律的原则和理念。他认为,法律应该根据时代的变化

---

① 《资治通鉴》卷一七四。

② 《隋书·刑法志》。

③ 《隋书·刑法志》。

而有所损益,以适应当时的社会需要。他非常重视这种随时立法的做法,并在临死前嘱咐其继位者和大臣要继续沿袭这一传统,根据时代的变化及时修改律令格式,以确保政策的针对性和有效性。

583年,隋文帝又命令苏威、牛弘等人再次修订新律。这两次修订所形成的新律,就是后来著称于世的《开皇律》。《开皇律》在一定程度上克服了前代刑罚的野蛮性,更加集中地体现了隋文帝"以轻代重,化死为生"的立法理念,相较于秦、汉时期的刑律,有了显著的进步和改良。《开皇律》中明确规定,除非犯下谋叛等重罪,否则一律不施以族刑。其刑罚体系分为五类:一是死刑,细分为绞刑和斩刑;二是流刑,根据距离分为三等(分别是一千里、一千五百里、两千三百里);三是徒刑,按刑期长短划为五等(分别是一年、一年半、两年、两年半、三年);四是杖刑,依据杖击次数分为五等(从六十到一百);五是笞刑,也是按击打次数分为五等(从十到五十)。在修订《开皇律》的过程中,为了确保"刑网简要,疏而不失",即对犯罪行为的界定既简明又不失严谨,隋文帝下令删减了多项刑律,如减少了死罪八十一条、流罪一百五十四条以及徒刑、杖刑等上千条,最终仅保留了五百条刑律。同时,隋文帝在诏令中明确了绞刑和斩刑已是除恶的最高体现,而枭首、轘裂等刑罚既无实际意义,也不利于彰显法律的惩戒与严肃性,鞭刑更是对身体的残酷伤害,与仁政相悖。这些酷刑均被废除。此外,"其余以轻代重,化死为生,条目甚多,备于简策。宜班诸海内,为时轨范,杂格严科,并宜除削"①,这些具体规定都详细记载在律法文书中。

为了纠正过去生死大权常被小人操控,导致滥刑滥杀、威福自用的现象,隋文帝特别强调了对死刑判决的审慎态度。隋文帝鉴于全国在适用法律时存在诸多驳杂不一、同罪异判的情况,于八月甲戌日颁布诏令:"诸州死罪,不得辄决,悉移大理按覆,事尽,然后上省奏裁。"② 这意味着,死罪不得擅自执行,较之前有严格的程序,必须全部移送大理寺进行复核,待复核完毕后,再上报朝廷奏请裁决。到了595年,文帝又进一步做出决定,对于所有已判死刑的案件,必须进行严格

---

① 《隋书·刑法志》。
② 《资治通鉴》卷一七八。

的案情复核,并需上奏三次,只有在经过批准后,方可执行死刑。这种对死刑判决的慎重处理规定,有效地防止了官吏的滥刑滥杀行为,对于维护司法公正具有积极的意义。

为了彻底改善前代在审讯囚犯时常常在法律条文规定之外施加酷刑的弊端,隋文帝毅然下令废除苛刻残忍的审讯方法,并对讯囚制度进行了全面的改革。据《隋书·刑法志》记载,以往的审讯过程中,有关官员往往不遵循法律规定,而是采用各种法外手段进行逼供,"或有用大棒束杖,车辐鞋底,压踝杖桄之属,楚毒备至,多所诬伏"①,通过残酷的刑具对囚犯进行极度的折磨,直到囚犯无法忍受而屈服,甚至诬告他人。尽管这些手段在形式上可能符合某些法律条文,但实际上却常常导致枉法和滥刑,使得许多无辜者无法为自己辩白。为彻底改变这一状况,隋文帝要求"讯囚不得过二百,枷杖大小,咸为之程品:行杖者不得易人"②,明确规定讯囚时不得使用超过二百次的杖击,对枷杖的大小进行了严格的规定,制定了相应的标准和等级,以确保审讯过程的规范性和公正性,并且还规定行杖者不得随意更换,以杜绝审讯过程中的不公正行为。这一规定在唐朝时得到了进一步的完善和发展,进一步保障了囚犯的合法权益和审讯过程的公正性。

虽然《开皇律》标志着我国古代刑制的历史性进步,顺应了中国古代刑罚从野蛮走向文明的发展趋势,但作为隋朝的根本大法,其本质与历代封建法律无异,均是为了维护地主阶级尤其是贵族官僚的切身利益而设立的。因此,贵族官僚在法律层面上享有特定的特权,这一点在《隋书·刑法志》中得到了明确的说明:"其在八议之科,及官品第七已上犯罪,皆例减一等。其品第九已上犯者,听赎。应赎者,皆以铜代绢。"③这明确了对于那些属于"八议"④范畴以及官品在第

---

① 《隋书·刑法志》。

② 《隋书·刑法志》。

③ 《隋书·刑法志》。

④ 所谓"八议",具体指的是议亲(皇室的亲属)、议故(皇室的故旧)、议贤(有贤德的人)、议能(有才能的人)、议功(有功劳的人)、议贵(贵族)、议勤(勤勉的官员)以及议宾(前朝的贵族及其后裔)。这意味着,属于这些类别的皇室亲故、贵族以及功臣等,在犯罪时可以根据"八议"的规定获得减轻处罚的待遇。

七级及以上的官员,如果他们犯罪,其刑罚通常会减轻一等;而对于官品在第九级及以上的官员,如果他们犯罪,则有资格通过赎罪来避免或减轻刑罚。赎罪的方式通常是用铜来替代绢帛作为赎金。这些规定无疑凸显了封建统治阶级在法律上的特殊地位和特权,进一步印证了封建法律的本质是为了维护统治阶级的利益。

4. 由"以轻代重"逐渐发展到"用法益峻"

在隋文帝取代北周并和平统一陈朝之前,他展现出了虚心纳谏、改革弊政的积极态度,这种进取精神促成了历史上著名的"开皇之治"。然而,这一黄金时期并未持续太久。自开皇中叶起,法制开始逐渐遭到侵蚀,执行过程中常常偏离法律。隋文帝本人也逐渐喜怒无常,不再严格遵循科律,导致下面的官吏更加肆无忌惮地徇私枉法,法制破坏的现象愈发普遍。

封建国家的法律,其本质就是用来约束广大人民的,而对皇帝本人则几乎没有任何约束力。据《隋书·刑法志》记载,文帝以"文法自矜,明察临下。恒令左右觇视内外,有小过失,则加以重罪。又患令史赃污,因私使人以钱帛遗之,得犯立斩。每于殿庭打人,一日之中,或至数四。尝怒问事,挥楚不甚,即命斩之"。文帝常常派遣左右暗中监视内外,一旦发现小过失,便加以重罪。他还担心令史贪污,便私下派人送钱帛给他们,一旦他们犯错便立即斩首。在殿庭上,他更是经常动手打人,有时甚至一天之中多次如此。有一次他因怒问事,挥鞭打人至死,随后又下令斩首。这足以证明,隋文帝性格猜忌,担心臣僚谋反,不惜采用特务手段来监视臣僚,对微小过错也施以重法。

对于隋文帝在殿上打人、杀人的行为,大臣高颎等人极力劝谏。文帝表面上接受了他们的意见,下令撤去打人杖,如有需要惩罚,则交由有关部门处理。然而,不久之后,他又以马鞭代杖将李君才打死在殿上。此后,他更是在殿上重新设杖打人,随意杀人,完全不顾群臣的劝谏。"帝晚节用法益峻,御史于元日不劾武官衣剑之不齐者,帝曰:'尔为御史,纵舍自由。'命杀之;谏议大夫毛思祖谏,又杀之。"[1] 御史仅因在元旦没有弹劾武官衣剑不齐的问题,便被下令处死,谏议大

---

[1] 《资治通鉴》卷一七八。

夫毛思祖劝谏,也被杀害。隋文帝还公然下令,允许官吏以"律轻情重"为由,任意杖责属下,"诸司论属官罪,有律轻情重者,听于律外斟酌决杖"①。这一做法导致"上下相驱,迭行棰楚,以残暴为干能,以守法为懦弱"①。开皇后期,盗贼繁多,文帝所规定的惩治盗贼的刑罚也极为严酷。例如,盗一钱以上即被弃市,三人共盗一瓜也会被处死,这使得天下人都感到惶恐不安。

隋文帝因为以篡夺的方式取得政权,"恒恐群臣内怀不服,不肯信任百司,每事皆自决断,虽则劳神苦形,未能尽于合理"②。他害怕大臣们用同样的方法夺取他的帝位,于是不惜罗织各种罪名,对他们进行黜免和杀戮。王世积、虞庆则、史万岁、李德林、苏威等功勋卓著的将领和文臣先后被他诛杀或黜免。特别是高颎,这位当朝执政三十年、朝野推服的人物,在皇后独孤氏的诋毁下被隋文帝革职为民,后来又被隋炀帝杨广下诏诛杀。当年支持隋文帝上台的沙场老将和元勋几乎被他诛杀殆尽。最终,他死在奸臣逆子之手,不久之后隋王朝也被农民起义所推翻。隋文帝晚年"用法益峻",使得阶级矛盾和统治阶级内部的矛盾加剧,这成为隋王朝后期政治危机爆发的一个重要原因。

(二)王通的法律思想

王通,字仲淹,祖籍山西祁县,后迁至隋朝河东郡龙门县通化镇(今山西万荣县通化镇)。他是隋朝时期著名的教育家、思想家,被后人尊称为"隋唐第一智者"。王通出生于官宦世家,自幼受到儒学的熏陶。王通曾任蜀郡司户书佐、蜀王侍郎等职,但因对朝廷失去信心而辞官归乡。回乡后,他潜心钻研孔子的"六经",并著书讲学。王通在河汾设帐授学,求学者自远而至,盛况空前。他的门人弟子多达千余人,有"河汾门下"之称。其中不乏唐初名臣,如房玄龄、魏徵、杜如晦,他的门人弟子私谥他为"文中子"。王通明确提出了"三教合一"的思想,主张以积极的态度吸收佛、道思想及方法之长来丰富和充实儒学,成为"三教合一"思想的起源之一。同时,王通在政治上以恢复王道政治为目标,倡导实行"仁政"。

---

① 《资治通鉴》卷一七八。

② 《隋书·高颎传》。

1."三教合一"思想

儒学作为汉族士人长久以来秉持的传统礼教,与作为宗教信仰的佛教、道教在本质上存在着显著的差异。然而,统治阶级却巧妙地利用儒、佛、道这三大教义,从多个维度对民众的思想施加影响,均蕴含着教化的深意。正因如此,自南北朝时期开始,它们被统称为"三教"。隋朝统一中国后,如何调和这三教使它们能够协同为封建统治服务,成为一个亟待解决的重大问题。为了顺应这一政治需求,王通提出了一个独到的见解,即儒、佛、道三教"可一"的主张。

王通深刻地认识到,儒、佛、道三教都是统治阶级手中的工具,但它们在流传过程中也各自暴露出了弊端。他明确指出:"《诗》《书》盛而秦世灭,非仲尼之罪也;虚玄长而晋室乱,非老庄之罪也;斋戒修而梁国亡,非释迦之罪也。《易》不云乎,苟非其人,道不虚行。"[①]在王通看来,朝代的衰落、灭亡、更迭的根本并非源自儒、佛、道本身。对于统治者而言,三教本身并没有好坏之分,它们都是有用的,但是这些思想的盛行并不能直接决定国家的兴衰,关键在于统治者如何理解和运用这些思想来治理国家。如果统治者并非合适的人选,三教之"道"未能得到真正的践行,那么即使再盛行的思想也无法挽救国家的灭亡。

对于佛教和道教,王通都进行了深刻的批评。他认为,佛教是"西方之教也,中国则泥",正如"轩车不可以适越,冠冕不可以之胡"[②]一样,在中国并不完全适用。而道教所宣扬的长生不老之说,王通认为更是欺人之谈,没有实际意义,"仁义不修,孝悌不立,奚为长生?甚矣,人之无厌也"[③]。在王通看来,佛教和道教的泛滥,对封建统治是极为不利的。

但是当有人问王通能否废除佛教和道教时,王通根据历史的教训,认为直接通过政令废除佛教和道教的做法是行不通的。他在《中说·问易篇》中阐述道:"真君、建德之事,适足推波助澜,纵风止燎尔?"[④]北魏太武帝拓跋焘和北周武帝宇文邕都曾试图通过行政手段来消灭佛教,但他们去世后,其继任者却更加狂热

---

① 《中说·周公篇》。

② 《中说·周公篇》。

③ 《中说·礼乐篇》。

④ 《中说·问易篇》。

地推崇佛教。可见,用强制手段来禁绝佛教,是无法达到目的的。面对这一情况,王通提出了"共言九流"的主张,即融合佛教和道教于儒学之中。他认为,司马谈善于论述九流(即各家学说),知道它们各有弊端且不可废除,因此需要寻求一种长远的智慧,"通其变,天下无弊法;执其方,天下无善教",如果"皇极之主"(即理想的君主)和"圆机之士"(即通达权变的人)能够不固执于某一家学说,而是通权达变,使各家学说互相融合,那么就可以达到"天下无弊法"[①]的理想状态。

　　王通进而提出了儒、佛、道"三教于是乎可一矣"的思想,即认为这三家学说可以融合为一,"使民不倦"[②],共同为封建统治和社会稳定服务。由于儒、佛、道三教各自存在着不可避免的弊端,在面对三教各自的局限时,王通倡导它们之间应当相互融通,彼此借鉴,取长补短,而非相互攻击或排斥。同时,王通也认识到其中必须有主次之分。在他的思想体系中,儒学依然占据着核心地位。王通认为,治国安邦的"先王之道"就蕴藏在《六经》之中。他解释说:"《书》以辩事,《诗》以正性,《礼》以制行,《乐》以和德,《春秋》《元经》以举往,《易》以知来,先王之蕴尽矣。"[③]即《尚书》用于辨析事理,《诗经》用于端正性情,《礼记》用于规范行为,《乐经》用于调和德行,《春秋》《元经》用于总结历史,《易经》则用于预知未来。作为一位始终以孔子为楷模的儒者,王通一生致力于振兴儒学并对其进行改造,他自然希望儒家能够正视自身的不足,同时汲取佛道两教的长处,以此来弥补儒学的短板,使儒学得以重整旗鼓,继续保持其在思想领域的统治地位。

　　2. 仁政、王道论

　　王通一生致力于振兴儒学,将恢复孔子之道视为使命,不遗余力地宣扬王道与仁政。王通对南北朝及隋炀帝时代的暴政进行了猛烈的批判。他曾严厉批判北齐文宣帝高洋和隋朝尚书令杨素。北齐文宣帝高洋是一位荒淫无度、滥杀无辜的暴君,他对元氏宗室进行了大规模的屠杀,永安、上党等地更是冤案连连,酷

---

①　《中说·周公篇》。

②　《中说·问易篇》。

③　《中说·魏相篇》。

刑不断。各级官吏也时常在公众场合被突然唤出斩首,导致人人自危,国家事务陷入颓废。王通严厉斥责道:"甚矣,齐文宣之虐也。"① 隋朝尚书令杨素则是一个作威作福、奢侈腐化的贪官。他先后被封为越国公和楚国公,家中仆役数千,后庭妓妾穿着绮罗的就有上千人,宅邸豪华奢侈,几乎可以与皇宫相媲美。王通对杨素的奢靡行径进行抨击,认为杨素"作福,作威,玉食,不知其他也"②。面对统治者荒淫无道、滥施暴虐的现实,王通采用了古今对比的方法,对当时的暴政进行了深刻的批判,并寄托了自己的理想。他指出:"古之仕也以行其道,今之仕也以逞其欲,难矣乎!"③"古之从仕者养人,今之从仕者养己。"④ 王通不仅表达了对当时社会现状的深深忧虑,也彰显了他对儒学理想的执着追求。

　　王通以实行王道政治为奋斗目标,希望通过自己的努力唤醒人们对王道、仁政的重新认识,从而推动社会的进步与发展。王通在人们对王道失去信心时,依然满怀希望。他坚持"得时则行,失时则蟠"的原则,不因困难而放弃,决心为之奋斗终身。他认为周公和孔子是千载难逢的圣人,表达了要像周公那样推行王道政治的愿望:"吾视千载已上,圣人在上者,未有若周公焉,其道则一,而经制大备,后之为政,有所持循。吾视千载而下,未有若仲尼焉,其道则一,而述作大明,后之修文者有所折中矣。千载而下,有申周公之事者,吾不得而见也。千载而下,有绍宣尼之业者,吾不得而让也。"⑤ 王通认为,君子若被朝廷所用,应效仿周公,其道统一且经制完备;若不被所用,则应效仿孔子,从事著述和讲学,为后世修文提供准则。由于他当时不为统治者所用,因此他选择了"绍宣尼之业",即继承孔子的事业,从事著述和讲学。

　　王通以"明王道"为己任,致力于重建王道政治。在为政方面,他提出了适应时代要求的仁政主张,这并非简单重复孔孟的仁政说,而是结合当时社会动荡后人们渴望休养生息、法简刑清、轻徭薄赋的愿望进行阐述的。王通认为,首先

① 《中说·事君篇》。
② 《中说·事君篇》。
③ 《中说·事君篇》。
④ 《中说·事君篇》。
⑤ 《中说·天地篇》。

要"仁以行之,宽以居之,深识礼乐之情",其次要"言必忠,行必恕,鼓之以利害不动"①。他要求统治者为政首先要仁并宽以待民,其次要克服私念。此外,他强调为政要点应简洁明了,避免烦琐,否则将无法有效治理。王通的仁政思想取法于周公时代和两汉盛世,他赞扬周公时代的仁政和德治,认为其是古代仁政的榜样。除周公外,王通还推崇汉代"七制之主"②。他认为这七位君主在统治时期做到了役简刑清,加强了统治阶级内部团结,缓和了与农民阶级的矛盾,是值得称赞的仁政实践者。王通适应时代要求提出的仁政思想,取法于周公时代和两汉盛世,希望统治者为政要仁、宽、忠恕并克服私念,虽然并未得到隋王朝的重视和践行,但其现实意义是显而易见的,在唐初的政治法律实践中得到了初步体现。

3. 法缓狱简说

王通生活在天下大乱的时代。当时统治者暴虐无度,特别是隋炀帝,他施行的法律严苛,对礼义教化却毫不重视。面对这样的时局,王通主张重视德化而非刑治,大力倡导法律应宽松、监狱应简化,以减轻对人民的政治压迫。王通认为:"苟正其本,刑将措焉。如失其道,议之何益?故至治之代,法悬而不犯,其次犯而不繁;故议事以制,噫!中代之道也。如其用我,必也无讼乎?"③如果统治者能够端正根本,那么刑罚自然就不需要了,但如果统治者失去了正道,那么再多的议论也无济于事。因此,最理想的治理时代是法律虽然存在但无人触犯,其次是即使有触犯也不频繁。

王通强调,治国理民应当遵循中庸之道,"政猛宁若恩,法速宁若缓,狱繁宁若简,臣主之际,其猜也宁信"④。即政治手段不应过于猛烈,宁可失之于宽;执行法律不应过于急躁,宁可失之于缓;刑狱处理不应过于烦琐,宁可失之于简;君臣之间不应相互猜忌,宁可相互信任。在王通看来,要实现法缓、狱简,甚至有法而人不犯的理想状态,关键在于统治者要推诚布公、以心化人。他通过陈叔达在绛

---

① 《中说·述史篇》。
② 所谓"七制之主",是指西汉高祖、文帝、武帝、宣帝和东汉光武帝、明帝、章帝。
③ 《中说·关朗篇》。
④ 《中说·关朗篇》。

郡守任上的实例来说明这一点。陈叔达在下达捕贼令时,强调不要急于求成,而是给予自新者机会,以观后效。王通对此表示赞赏:"导之以德,悬之以信,且观其后,不亦善乎?"① 并认为这种做法体现了以德化人的理念。他还通过薛生与陈叔达的对话,进一步强调了"以心化"的重要性。薛生指出,陈叔达在郡县行令而盗不止,而自己在乡里却能使争者息,原因就在于前者以言化人,后者以心化人。陈叔达听后认识到自己的错误,退而静居,结果三个月内盗贼就离开了境内。这说明了为政息盗不能单纯依靠行政命令,而应该通过推诚布公、以心化人的方式,进行礼义道德教育,使人民改恶从善。

综上所述,王通虽然讲述的是儒家的传统思想,但他针对隋末严刑峻法的实际情况而提出的法缓狱简、推诚以心化的主张,具有明显的进步意义。

第二节　唐朝的法律思想

一、唐朝的立法概况

(一)唐律的制定和修改

唐律,作为唐朝法制建设的重要组成部分,其形成、发展与完善的过程,不仅深刻反映了唐朝政治、经济、文化的繁荣景象,也充分展示了唐朝统治者对法治的高度重视和深刻理解。

1. 唐律的起源与《武德律》的制定

唐朝建立之初面临着稳固政权和重建社会秩序的艰巨任务。为了迅速恢复社会秩序,唐高祖李渊在颁行《武德新格》五十三条后,紧接着命裴寂、萧瑀、崔善等人召集贤士,以隋朝的《开皇律》为蓝本,结合唐初社会的实际情况,制定了《武德律》。《武德律》于624年正式颁行天下,共包含十二篇共五百条,其篇章结构和刑罚制度基本沿袭了《开皇律》,"其篇目一准开皇之旧,刑名之制又亦略

---

① 《中说·事君篇》。

同"①。

《武德律》并非完全照搬《开皇律》,而是在其基础上进行了适当的调整。例如,针对流刑的执行,唐朝将流刑的距离各加千里,同时减轻了犯人在流放地的劳动时间,以体现对犯人的宽恤。此外,唐朝还将新颁的五十三条格并入《武德律》,使法律更加贴近实际,更具操作性。这些调整不仅体现了唐朝立法者的智慧,也为后续唐律的发展奠定了基础。

2. 贞观修律与唐律的完善

唐太宗李世民即位后,对《武德律》进行了全面的修订。他认为《武德律》的刑罚仍然过重,与唐朝的仁政思想不符,于是命长孙无忌、房玄龄等人对《武德律》进行"更加厘改"。这次修订历时十年,至638年最终定本为《贞观律》。《贞观律》仍为十二篇共五百条,但在刑罚上进行了大幅度减轻,以体现唐朝的宽政和仁治。

《贞观律》的修订不仅体现在刑罚的减轻上,还体现在对法律制度的完善上。《贞观律》"比隋代旧律,减大辟者九十二条,减流入徒者七十一条。其当徒之法,唯夺一官,除名之人,仍同士伍。凡削烦去蠹,变重为轻者,不可胜纪"②。《贞观律》中增加了对官员贪污受贿的惩罚力度,以维护官场的清廉和公正,还对侵害百姓利益的行为进行了严格的法律制裁。这些措施使得《贞观律》成为唐朝法制建设的重要里程碑。

3. 永徽改律与《唐律疏议》的编纂

唐高宗李治时期,唐朝封建经济已进入全盛时代,法制建设也迎来了新的发展机遇。为了进一步完善法制,唐高宗命长孙无忌、李勣等人以《贞观律》为基础,制定了《永徽律》。同时,为了给律文做出法定的解释,以便每年举行的明法科举考试有标准可凭,唐高宗又下诏编撰了《永徽律疏》。

《永徽律疏》的编纂是唐朝法制建设的一大创举。它不仅对律文进行了详细的解释和补充,使法律更加具体、明确,还体现了唐朝立法者的智慧和匠心。

---

① 《旧唐书·刑法志》。

② 《旧唐书·刑法志》。

例如,《永徽律疏》对唐律中大量的专门术语进行了统一的解释,使律文的含义更加清晰,便于准确地理解和掌握。同时,《永徽律疏》还通过补充律意,使唐律更加周密、完整和可行。

《永徽律疏》的颁行,标志着唐朝法制建设再创新高。它不仅为唐朝的法制建设提供了重要的法律依据,也为后世研究唐律提供了宝贵的资料。正所谓,"自是断狱者,皆引疏分析之"①。后世将《永徽律疏》称为《唐律疏议》,并将其视为中国封建法律制度的代表之一。

4. 后续修律与唐朝法制建设的深化

在《永徽律疏》之后,唐朝又进行了多次修律活动。这些修律活动主要是对律令格式进行审查和删减,以适应时代的变化和统治的需要。例如,685 年,唐朝制定了《垂拱律》,对律文进行了部分修改和补充。710 年,唐朝又进行了删定格、式、律、令的活动,以进一步完善法制。

开元时期,唐朝的法制建设达到了新的高度。唐玄宗李隆基即位后,进行了多次修律活动,其中最重要的是 719 年和 737 年的修律。这两次修律活动不仅对律令格式进行了全面的审查和删减,还对法律制度进行了深入的改革和完善。例如,在 719 年的修律中,唐朝对律文进行了部分修改和补充,以适应社会发展的需要。在 737 年的修律中,唐朝更是对律令格式进行了大规模修改和删减,使法律制度更加完备和科学。

除了修律活动外,唐朝还注重编纂法典和典籍。在开元时期,唐朝编纂了《唐六典》。这是一部涉及封建国家机关各项工作的综合性典籍,详细记载了唐朝国家机关的组织机构、职责权限、官员设置等方面的内容,为后世研究唐朝政治制度和法制建设提供了重要的资料。

(二)唐律的篇章结构

唐律,作为唐代法律体系的精髓,其广义与狭义之分体现了法律文献的层次性和专业性。广义上的唐律指唐代所有具有法律效力的规范性文件,包括律、令、格、式等多种形式的法律条文,它们共同构成了唐代庞大而复杂的法律体系。

---

① 《旧唐书·刑法志》。

而狭义上的唐律指唐代的刑法典，即经过精心编纂、具有最高法律效力的刑事法规。这些刑法典以《武德律》为初创，经过《贞观律》的完善，最终在《永徽律疏》中达到了集大成的境界，成为后世研究唐代法律的重要资料。本书研究针对狭义的唐律。

根据《新唐书》《旧唐书》《唐六典》以及《唐会要》等史书的记载，唐律在沿袭隋制的基础上，形成了自己独特的篇章结构。它共分为十二篇三十卷五百条（或说五百零二条，学界存在争议）。这十二篇涵盖了名例、卫禁、职制、户婚、厩库、擅兴、贼盗、斗讼、诈伪、杂律、捕亡、断狱等领域，几乎囊括了封建社会中可能遇到的法律问题。

关于唐律的条文数量，历史上存在着一些争议。现存的《唐律疏议》虽然总目上按照十二篇的篇名排列，并注明为三十卷、五百条，但在实际分目检查中，却发现条文数量为五百零二条，比史书记载的多出两条。这两条多出的条文分别是职制律中的"大祀不预申期"和斗讼律中的"殴兄姊弟妹"。对于这两条的多出，学者们提出了不同的解释。一种观点认为，这是由于在编纂过程中分条不准确所导致的，比如"殴兄姊弟妹"与前面一条"殴缌麻兄姊"在内容上存在关联，本应合并为一条，却被错误地分开了。另一种观点则认为，这两条是后来根据实际需要而增加的，因为史书上记载的五百条是历史文献中非常明确的数字，而且史书的惯例是在谈到法律条数时都会举出确数，所以多出的两条很可能是后来根据实际情况进行增补的。

唐律的篇章结构和条文设置，不仅体现了唐代立法者的智慧和匠心，也反映了封建法律制度的演变和发展。从战国时期的《法经》六篇开始，封建法律就逐渐形成了篇章结构的传统。历经一千多年的发展，封建法律在篇章设置、条文内容等方面都经历了多次变革和调整。到了唐代，唐律在总结前朝经验的基础上，对篇章结构和条文内容进行了全面的梳理和整合，最终形成了具有鲜明时代特色的唐代律典。

在唐律中，每一篇都有其特定的调整对象和适用范围。具体而言，《名例律》主要规定了法律的基本原则和名词解释；《卫禁律》则涉及宫廷警卫和皇帝出行的相关规定；《职制律》主要规定了官员的职责和纪律要求；《户婚律》则涉及户籍管理和婚姻家庭方面的法律问题;《厩库律》主要规定了牲畜饲养和仓库管理的相关规定;《擅兴律》则涉及军队调动和征战方面的法律问题;《贼盗律》主要规定了盗窃、抢劫等犯罪行为的处罚;《斗讼律》则涉及斗殴、诉讼等方面的法律问题;《诈伪律》主要规定了欺诈、伪造等行为的处罚;《杂律》则涵盖了其他无法归入前述各篇的法律问题;《捕亡律》和《断狱律》分别规定了追捕逃犯和审判断案的相关规定。

唐律的条文设置也非常精细和周密。每一条文都具体规定了某项法律原则、制度、罪名或刑罚的适用情况。这些条文不仅涵盖了刑事法律的各个方面,还涉及民事、行政等多个领域。在条文的表述上,唐律采用了简洁明了的语言风格,使得法律条文既易于理解又便于执行。同时,唐律还注重法律条文的逻辑性和系统性,使得整个法律体系更加完备和严谨。

综上,唐律作为唐代法律体系的精髓和代表,其广义与狭义之分体现了法律文献的层次性和专业性。其篇章结构和条文设置都经过了精心设计和周密考虑,不仅体现了唐代立法者的智慧和匠心,也反映了封建法律制度的演变和发展。唐律的集大成之作《永徽律疏》更是成为后世研究唐代法律的重要资料。

二、唐朝统治者的立法思想

(一)唐太宗统治集团的法律思想

唐太宗李世民的治国之道主要是儒家的"仁义"之道,而且他还善于将此运用到现实的政治法律制度中。唐太宗与其臣僚深刻地认识到,为了维护封建统治的稳固与政权的长治久安,必须将立法工作视为重中之重,不断加强法制建设。在他们看来,"安民立政,莫此为先",法制建设不仅是治国理政的基石,也是一项迫在眉睫、不容忽视的任务。君臣对立法和法制建设提出了许多独到的见解和主张。他们强调法律应当宽简适中,既要有足够的威严以震慑众人,又要避免过于烦琐复杂,以免给民众带来不必要的困扰。这种以"宽简"为核心的法律观,不仅体现了他们对法律功能的深刻理解,也反映了他们对民众福祉的深切关怀。尽管受限于时代和认知的局限,他们未能全面深入地理解法律的本质,但通过广泛搜集各种零散的、未经系统分析的历史事实,以及深入观察历史进程的特定方面,为立法和法制建设积累了宝贵的经验。

1. 以礼入律、礼法兼治的思想

唐太宗统治集团倡导礼法与刑罚并用,认为二者结合能改变风俗、有效治理国家。他们重申《礼记》观点:"礼所以决嫌疑,定犹豫,别同异,明是非者也。"①强调礼能消除疑惑、明确是非。在他们看来,治国虽首重制礼,但刑罚亦不可或缺,需二者并行,实现礼法兼治。唐太宗明确指出:"为国之道,必须抚之以仁义,示之以威信。"②治国之道在于以仁义安抚民众,同时展示威信,即推行礼教并施行刑罚,"制礼以崇敬,作刑以明威"③,二者均为治国必备工具。其中,德礼是政教之本,刑罚是政教之用,二者相辅相成,这种法律与礼义道德有机结合的思想,成为唐以后各代封建王朝正统法律思想的基础。

唐太宗统治集团重视法的统一性,视其为"国之权衡",即衡量人们行为的统一且不可动摇的标准,要求全民严格遵守。魏徵阐释道:"且法,国之权衡也,时之准绳也。权衡所以定轻重,准绳所以正曲直。今作法贵其宽平,罪人欲其严酷,喜怒肆志,高下在心,是则舍准绳而正曲直,弃权衡而定轻重者也,不亦惑哉?"④他将法律视为权衡轻重的工具与准绳,确保公正无偏,强调立法应宽简,执行却需严明,不可因个人喜怒而偏离法律原则,否则便是舍弃了公正的标准。同时,魏徵明确指出,国家立法的目的并非针对民众的小过失或错误进行惩罚,而是旨在防范奸恶、纠正淫邪,引导社会走向正道。这实质上要求立法时必须清晰界定罪与非罪的界限,确保法律的公正性与准确性。

唐太宗在即位初期,便强调立法的公平性,秉持"以天下为公"的原则。他高度赞扬了诸葛亮在立法上的公正无私,认为作为君主,应当效仿诸葛亮,将天下视为公有,不因个人私欲而偏袒。后来,魏徵进一步发展了管子的思想,指出:"公之于法,无不可也,过轻亦可。私之于法,无可也,过轻则纵奸,过重则伤善。

---

① 《礼记·曲礼》。

② 《贞观政要·仁义》。

③ 《旧唐书·刑法志》。

④ 《贞观政要·公平》。

圣人之于法也公矣。"① 在魏徵看来,圣明的君主在立法时应当依靠法律而非个人智慧,秉持公正而非私利,公正立法,即便处罚稍轻也是可接受的;而若出于私利,则无论处罚轻重,都可能放纵邪恶或伤害善良。其中,唐太宗及其臣僚所强调的"公",是指地主阶级的整体利益和长远利益;而"私"则指的是统治者,尤其是皇帝个人的私利。他们要求,在立法和司法过程中,必须从地主阶级的整体和长远利益出发,避免仅仅依据统治者或皇帝个人的意志和利益来行事。这样做旨在确保立法的公平性,防止因个人私利而破坏法律的公正性。

　　唐高祖李渊时期颁布的《武德律》已经体现了"务在宽简,取便于时"② 的立法原则。唐太宗继位后,致力于完善这部法律,并召集群臣探讨治国与立法的根本原则。当时,尚书右仆射封德彝与魏徵提出了截然相反的主张,封德彝强调以严刑峻法为立法基石,而魏徵则主张以宽仁慎刑为立法依据。据《新唐书·刑法志》记载,有人曾劝唐太宗以威刑来严肃天下,但魏徵认为这不可取。他向唐太宗阐述了王政应以仁恩为本,旨在爱民厚俗。唐太宗欣然接受了这一观点,并决定以宽仁来治理天下,同时在刑法方面尤为谨慎。最终,唐太宗采纳了魏徵的建议。基于这种宽仁慎刑的原则,唐初的立法呈现出简约而宽平的特点。唐太宗在 627 年就明确指示"死者不可再生,用法务在宽简"③。到了 636 年,他更全面地讨论了立法简约的问题,强调:"国家法令,惟须简约,不可一罪作数种条,格式既多,官人不能尽记,更生奸诈,若欲出罪即引轻条,若欲入罪即引重条。数变法者,实不益道理,宜令审细,毋使互文。"④ 他认为,国家法令应当简约明了,避免一罪制定多种法条,导致法律条文繁多,官员难以全面掌握,从而滋生奸诈。频繁变更法律并不有益于治理,因此应审慎细致,避免法律条文之间的冲突。在贞观年间修订法律时,实际上贯彻了这种宽简的原则,削除了烦琐和弊端,减轻了刑罚的严苛程度。特别是"一罪不可作数种条"的原则,被视为制定任何法律都应遵守的基本准则,同时也保持了法律的稳定性。

---

① 《贞观政要·公平》。
② 《旧唐书·刑法志》。
③ 《贞观政要·刑法》。
④ 《贞观政要·刑法》。

2. 慎狱恤刑思想

唐太宗深谙司法之弊,知司法官吏易陷"意渐深刻"与"嗜杀"之职业病,可能枉法以逞,破坏法治,决心推行"慎刑恤典"。642 年,他在与大理卿孙伏伽的对话中,明确表达了对这一现象的忧虑:"夫作甲者欲其坚,恐人之伤;作箭者欲其锐,恐人不伤。何则?各有司存,利在称职故也。朕尝问法官刑罚轻重,每称法网宽于往代。仍恐主狱之司利在杀人。危人自达,以钓声价,今之所忧,正在此耳!深宜禁止,务在宽平。"①强调司法应宽平而非严苛。魏徵亦对司法中的"意渐深刻"、法度不一、随意量刑等问题进行了深刻揭露,指出这导致受冤者无处申诉,官员不敢直言。为此,他恳请唐太宗推行"慎刑恤刑",要求司法官吏必须谨慎用刑,依据法律定罪,无论轻重,均需遵循既定规定,不得擅自更改。唐太宗及其团队在刑罚执行上,尤其是死刑,采取了一系列举措,充分体现了他们"慎狱恤刑"的司法理念。

唐太宗采纳王珪的建议,确立"九卿议刑"制度。在贞观元年,唐太宗在讨论死刑议题时,着重指出生命的不可逆转性,因此主张法律应用应追求"宽简"。他借喻卖棺材者希望疫病流行并非出于恶意,而是出于商业利益,来类比官员审理案件时可能追求的严苛判决与政绩考核的关系。面对如何确保司法公正的问题,王珪提议选拔公正善良的人执法,并对断案准确者给予重赏。唐太宗采纳此建议,并进一步确立"九卿议刑"制度,规定:"自今以后,大辟罪,皆令中书、门下四品已上及尚书九卿议之。如此,庶免冤滥。"②这要求所有死刑案件均需由中书、门下四品以上官员及尚书九卿共同审议,以此避免冤假错案。这一制度明确剥夺了地方的死刑判决权,确保死刑仅在中央层面经过严格审议后执行,从而在封建法律史上开创了先例,对慎重使用死刑起到了积极作用。

唐太宗进一步完善死刑审批程序,确立了"五复奏"制度。自《北魏律》至《隋律》,均规定执行死刑需经过"三复奏"程序。然而,隋末农民起义后,隋炀帝废弃此法,对起义者实施滥捕滥杀,加剧了阶级矛盾与社会危机。唐太宗汲取隋

---

① 《贞观政要·刑法》。

② 《贞观政要·刑法》。

朝教训，对死刑处理持慎重态度。在讨论如何遏制盗窃时，他拒绝了以严刑峻法镇压的主张，认为民众为盗是"由赋繁役重，官吏贪求，饥寒切身，故不暇顾廉耻耳"，因此应当实行仁政，"去奢省费，轻徭薄赋，选用廉吏，使民衣食有余，则自不为盗，安用重法邪"①。631 年，唐太宗因怒杀大理丞张蕴古，张蕴古按常律不至死罪，唐太宗事后深感懊悔，并责怪大臣未加劝阻。此事促使他意识到，即便有"三复奏"制度，仍难避免冤杀。因此，他进一步完善了死刑审批程序，确立了"五复奏"制度，即所有死刑案件，无论是否立即执行，均需经过五次复奏（京城内两天内完成，其他地区仍为三次），且对情节可悯者可从轻处理。尽管在司法实践中，唐初统治者未必严格遵循此制，但"五复奏"对于纠正冤错案件仍起到了一定作用。

唐太宗统治集团深刻汲取了隋代刑讯逼供导致无辜者含冤而死的教训，坚决反对主观臆断和随意出入人罪，强调必须禁止严刑逼供，严格注重事实依据。630 年，唐太宗颁布诏令，明确禁止对罪犯实施鞭背等可能导致死亡的酷刑。637 年，魏徵在《理狱听谏疏》中全面阐述了反对严讯、注重事实的重要性。

魏徵首先揭露了司法官吏在断狱时存在的主观臆断和奉承上级的恶劣作风，指出他们"未讯罪人，则先为之意，及其讯之，则驱而致之意"以表示他们的能力，"不探狱之所由，生为之分，而上求人主之微旨以为制"②以表示他们对皇帝的忠诚。这种不顾客观事实的做法必然导致大量冤假错案。接着，魏徵强调理狱断罪必须以犯罪事实为主要根据，反对严讯逼供和旁求罪证。他认为："凡理狱之情，必本所犯之事以为主，不严讯，不旁求，不贵多端，以见聪明，故律正其举劾之法，参伍其辞，所以求实也，非所以饰实也。"③在处理案件时应以犯罪事实为核心，不得任意牵连与案情无关的因素，也不应追求线索的多样性或玩弄手腕。只有这样，才能确保案件得到正确处理，法律得以贯彻执行。此外，魏徵还主张对于疑难案件应交由众官吏共同讨论，对于无法准确定罪的犯人应从轻处理。这些观点体现了唐太宗统治集团在司法领域注重事实、反对严讯的先进理念。

---

① 《资治通鉴》卷一九二。

② 《贞观政要·公平》。

③ 《贞观政要·公平》。

3.执法不畏权贵的思想

628年,唐太宗与房玄龄等人探讨公平执法时,高度赞扬了诸葛亮赏罚分明的原则,并勉励他们效仿诸葛亮成为贤相。他进一步要求执法官员"按举不法,震肃权豪"①,不惧权贵,严格依法办事。在唐太宗的示范作用下,唐初涌现了一批敢于弹劾权贵、公正执法的司法官吏,如高季辅、薛仁方、戴胄。以633年为例,当唐太宗的儿子蜀王恪的妃子之父杨誉违法时,刑部官员薛仁方依法将其拘留审查,太宗初闻此事大为震怒,欲重罚薛仁方。魏徵挺身而出为薛仁方辩护,指出权贵难治的历史教训,并强调"仁方既是职司,能为国家守法,当可枉加刑罚,以成外戚之私乎!此源一开,万端争起,后必悔之"②。太宗听取魏徵意见后,撤销了对薛仁方的处罚决定。这一类事件彰显了唐初严格执法的决心,使得当时一些豪强恶霸均因畏惧法律而收敛行径,不敢欺压百姓。

在封建社会,官吏贪腐枉法现象屡见不鲜。唐太宗统治集团将隋末农民起义归因于部分官吏的贪赃枉法,并因此决心严惩贪官污吏,以期防止农民起义重演。魏徵提出"贞臣"标准,即"守文奉法,任官职事,不受赠遗,辞禄让赐,饮食节俭"③,强调廉洁奉公的重要性,而贪赃枉法则被视为国家所不能容忍的行为。唐太宗亦常告诫臣下勿因贪念而葬送前程,指出贪污受贿一旦败露,将面临削官夺爵、身败名裂的严重后果。他强调,大丈夫不应贪图财物,"赃贿既露,其身亦殒,实为可笑"④;"以害及身命,使子孙每怀愧耻耶?"⑤ 这种严惩贪赃的思想在唐律中得到了体现,其中包含了许多对贪赃行为严厉惩处的条文。唐太宗统治集团对官吏贪污罪的重视,是唐初官吏相对奉公守法、吏治相对清明的重要原因。

4.谏议与执法相结合的思想

唐太宗对于求谏的态度,不仅仅停留在口头的宣示和诏令的颁布上,而是真切地将其融入治理国家的实践中。他将谏议与执法紧密结合,为贞观法制注入

① 《贞观政要·贪鄙》。

② 《贞观政要·纳谏》。

③ 《贞观政要·择官》。

④ 《贞观政要·贪鄙》。

⑤ 《贞观政要·贪鄙》。

了独特的内涵。

贞观元年,为了广纳贤才,唐太宗下令"大开选举",并严格规定,如有伪造资历者,必须主动自首,否则一旦被发现,将判处死罪。然而,大理寺少卿戴胄在处理一起伪造资历的案件时却遇到了难题。他依据法律,对涉案者判处了流刑,这与太宗的初衷产生了冲突。面对太宗的责问,戴胄坚守法治原则,毫不退缩。他明确指出:"法者国家所以布大信于天下也,言者当时喜怒之所发耳!陛下发一时之忿,而许杀之,既知不可,而置之以法,此乃忍小忿而存大信,臣窃为陛下惜之。"① 他表明,法律是国家向天下布告大信的基石,是维护社会秩序和公平正义的重要保障,而君主的言辞,虽然具有权威性,但也可能受到一时喜怒的影响,不能作为判案的依据。戴胄的论述深刻而有力,最终说服了太宗。太宗虽然初时有些勉强,但还是接受了戴胄的判决,并承认自己的法令有失。他还对戴胄的坚守法治表示赞扬,认为戴胄是一个能够正确执行法律、维护国家大信的忠臣。

《资治通鉴》在评价唐太宗和戴胄时,对他们的纳谏和执法精神给予了高度评价:"胄前后犯颜执法,言如泉涌,上皆从之,天下无冤狱。"虽然"天下无冤狱"的说法可能过于理想化,但唐太宗虚心纳谏、严格执法,确实使得冤狱的数量大大减少。

在唐初的谏臣群体中,魏徵无疑是最为杰出的一位。他自唐太宗登基后担任谏议大夫,直至 643 年去世,向太宗提出的谏言多达百余条,深受太宗的敬重。早在 628 年,魏徵就与太宗探讨了明君与暗君的区别,并提出"兼听则明,偏信则暗"的著名论断——"君之所以明者,兼听也;其所以暗者,偏信也。"② 他强调,君主之所以明智,是因为能够广泛听取各方意见;而之所以昏庸,则是因为偏听偏信。魏徵的这一见解,无疑是一种卓越的政治智慧,得到了太宗的高度评价。魏徵以犯颜直谏、据理力争著称,而太宗则虚怀若谷、言听计从。二人之间形成了融洽的君臣关系,共同推动了唐初的政治清明。魏徵凭借广泛的阅历和丰富的政治经验,经常能够对隋末唐初的各种社会问题做出深刻的分析,并提出切中

---

① 《旧唐书·戴胄传》。

② 《贞观政要·君道》。

时弊的谏言。这些谏言对于纠正太宗的失误、推动国家治理起到了重要的作用。魏徵去世后,太宗更是将魏徵比作自己的一面镜子,认为魏徵的去世使他失去了一面重要的自我反省和纠正错误的镜子。

当然,唐太宗君臣进谏纳谏的根本目的是维护李唐王朝的统治。他们深知,只有广纳贤才、严格执法、遵循礼法,才能赢得民心、稳固政权。因此,"忧怜百姓"是表面文章,"长守富贵"和"社稷永安"才是他们的真实目的。在这个过程中,唐太宗的纳谏态度虽然后来有所变化,但他基本上还是做到了"慎终如始",在中国历代封建帝王中,他这种从善如流的精神是难能可贵的。

(二)《唐律疏议》的法律思想

《唐律疏议》作为唐朝律法及其疏注的合编,是中国现存最完整的唐律法,共三十卷。《唐律》自贞观年间编定,未有大的变动。唐高宗即位后,为便于施行,以长孙无忌、褚遂良等人参撰律疏,653年颁行,这部律疏就是《唐律疏议》。《唐律疏议》作为封建法典,必然有着浓厚的封建思想意识,体现着封建统治阶级的阶级意志。它反映了礼制、君主专制、等级制度和宗法制度等内容。其中体现的法律思想有以下两个特色:第一,"德礼为政教之本,刑罚为政教之用",伦理道德和法律相结合,前者为主,后者为辅。第二,简化法律条文,减轻刑罚。如《贞观律》中的刑罚,与隋律相比,去掉了死刑九十二条,减流为徒者七一一条,其余变重为轻者也很多。《唐律疏议》在中国古代立法史上占有极为重要的地位,全面体现了中国古代法律制度的水平、风格和基本特征,成为中华法系的代表性法典之一,并对后世及周边国家产生了极为深远的影响,直接影响了《宋刑统》《大明律》《大清律例》等后世立法,并间接影响了东亚及东南亚多国的立法。

1. "德礼为政教之本,刑罚为政教之用"说

西汉董仲舒,作为儒家法学的先驱,首倡以儒家经义解读并指导法律实践。他依据《春秋》经义断案,将儒家伦理道德融入法律判决之中,开启了礼法融合的先河。此后,随着"以礼入律"趋势的加强,儒家思想逐渐渗透进法律的各个角落,形成了礼法并重、相辅相成的法律体系。在《曹魏律》中,"八议制"体现了对贵族、官员等特殊群体的法律优待,彰显了礼的等级观念;在《晋律》中,"五

服制罪制"根据亲属关系的亲疏来判定罪责,体现了礼的亲情原则;在《北魏律》中,"官当制"允许官员用官职抵罪,反映了礼的尊卑有序;在《北齐律》中,"重罪十条"则对严重犯罪进行了严厉惩罚,体现了礼法结合下的严厉制裁。

可以看出,《唐律疏议》体现了前代礼法融合趋势的自然发展——古代礼与律紧密相连,司马氏作为儒学大族,创建晋室并统治中国,其制定的刑律深受儒家思想影响,这一特色被南朝历代所沿袭,并在北魏、北齐、隋朝的法律中得以体现,最终至唐朝,形成了华夏刑律的正统传承。

在唐朝之前,尽管礼义道德与法律在社会治理中都发挥着重要作用,但不少政治家和思想家往往将二者割裂开来,未能准确认识到它们在社会生活中相互补充、相互促进的关系。到了唐朝,统治阶级在儒家思想的原则下,深刻认识到礼义道德与法律在社会治理中的共同作用,将二者有机结合起来,形成了"礼主刑辅、礼法融合"的完整思想体系。在《唐律疏议》中,这一思想得到了充分的体现。首篇《名例》中明确指出:"德礼为政教之本,刑罚为政教之用,犹昏晓阳秋相须而成者也。"① 这里,"本"指的是礼义道德作为社会治理的根基和主体,"用"则指的是刑罚作为社会治理的手段和辅助。德礼与刑罚相互依存、相互促进,如同早晚相互依存构成一昼夜,共同构成了社会治理的完整体系,二者缺一不可。在《唐律疏议》的具体条文中,儒家经典《诗》《书》《易》《礼》《春秋》的基本思想被用来注释律文,使得法律条文更加符合儒家伦理道德的要求。同时,礼义道德规范也被直接纳入法律之中,成为法律条文的重要组成部分。例如,有"尊卑贵贱,等数不同,刑名轻重,粲然有别"② 这样的规定,在亲属关系、婚姻制度、尊卑贵贱等方面,法律都明确规定了相应的礼义道德规范,并规定了违反这些规范的法律后果。这样,礼义道德规范与法律条文相互融合、相互补充,共同构成了唐代社会治理的完整体系。

此外,《唐律疏议》还体现了儒家思想与法家思想的有机结合。虽然儒家思想是其指导思想,一切依礼而行,但它并非完全排斥法家的思想。相反,在对

---

① 《唐律疏议·名例》。

② 《唐律疏议·贼盗》。

待严重犯罪行为时,《唐律疏议》摒弃了儒家传统中"罪人不孥"[①]和不"以族论罪"[②]的主张,实行了族刑连坐制度。这一制度规定,对于谋反、谋大逆等严重触犯封建统治阶级根本利益的犯罪行为,不仅犯罪者本人要受到惩罚,而且其家族成员也要受到牵连。这一制度的实施,既体现了儒家思想中的忠孝观念,又体现了法家思想中的严厉制裁原则。

综上,《唐律疏议》中的"德礼为本,刑罚为用"理念体现了唐代统治阶级在儒家思想原则下对礼义道德与法律在社会治理中共同作用的深刻认识。这一理念在《唐律疏议》中得到了充分的体现和实践应用,形成了独具特色的礼法融合的法律体系。

2. 儒家"三纲"思想

"三纲"是儒家所倡导的伦理原则,包括"君为臣纲""父为子纲""夫为妻纲"。这一原则在中国历史上成为维护封建专制制度的精神支柱和制定封建法律的根本原则。先秦儒家在维护宗法等级制时,提出了"五伦"观念,强调用尊卑等级秩序的"礼"来处理君臣、父子、兄弟、夫妇、朋友五种关系。韩非则从维护封建等级制的立场出发,对君臣、父子、夫妇的关系进行了归纳,"臣事君,子事父,妻事夫,三者顺则天下治,三者逆则天下乱,此天下之常道也"[③],认为这三者顺则天下治,逆则天下乱。西汉中期的董仲舒也是宣扬"三纲"说的著名代表人物。他用阴阳学说附会先秦儒家的伦理纲常和韩非的"常道"说,提出"君臣、父子、夫妇之义,皆取诸阴阳之道,君为阳,臣为阴;父为阳,子为阴;夫为阳,妻为阴"[④],以维护封建专制主义中央集权制。他认为阳尊阴卑,阳贵阴贱,君、父、夫属于阳,居主导地位;臣子、妻属于阴,处于从属地位。这种主从关系是"天意"的体现。东汉章帝时,班固编撰的《白虎通义》进一步将儒家的"三纲"法典化,论证了皇帝至高无上的权威和封建统治的永恒性,认为"三纲法天地人……君臣

---

① 《孟子·梁惠王下》。

② 《荀子·富国》。

③ 《韩非子·忠孝》。

④ 《春秋繁露·基义》。

法天……父子法地……夫妇法人"①,进一步强调了尊卑关系的天经地义。在封建社会,各代相承的以宗法礼教为中心的法律,都以儒家的"三纲"作为根本原则。汉律和唐律都体现了"三纲"的原则,而唐律更是全面而具体地体现了这一原则,成为封建法律完备化的基本标志。

在封建君主专制体系中,"君为臣纲"是核心原则,它确立了皇帝作为国家最高权威的地位。"君为臣纲"是封建王朝的立法原则。皇帝不仅拥有无上的立法和司法权,而且其意志即为法律,臣僚仅是执行工具。为确保皇权及皇帝安全,唐朝制定了严格的法律,对违反"君为臣纲"、危害皇帝的行为予以严惩。在《唐律疏议》中,"十恶"条款明确规定了针对皇帝的犯罪行为,即"一曰谋反;二曰谋大逆;三曰谋叛;……六曰大不敬……"②"十恶"中,有上面所引四条涉及皇帝。概括起来,这些犯罪主要分为三类:谋反、谋大逆,危害皇帝安全,以及大不敬。《唐律疏议》也全面规定了保卫皇帝人身安全的法律,包括制药、制作食物、制造车船等方面的具体规定,以及对擅闯宫殿等行为的惩罚,从而确保皇帝的安全不受威胁。此外,《唐律疏议》对于"大不敬"罪行的具体表现形式及惩罚措施有明确规定,主要包括对"亏礼废节"的行为,如盗窃御宝、上书触讳、攻击皇帝,进行严厉的惩罚。《唐律疏议》中诸如此类的规定,旨在通过严密而残酷的手段来确保皇帝的权威和尊严不受侵犯,维护封建统治的稳定和永续。

儒家思想强调孝道,认为孝顺是治理天下的基础,将"父为子纲"视为"三纲"的基石,通过家族权力来维护封建统治。在这一观念中,父亲对儿子拥有绝对的权威,儿子必须无条件服从。孝与忠在儒家思想中是相辅相成的,孝顺父亲即被视为对君主忠诚。在法律上,"父为子纲"的原则得到了全面而具体的体现,特别是在《唐律疏议》中,对于违反"善事父母"原则的行为,如别籍异财(即分家析产)、子孙违犯教令、嫁娶违律以及匿丧,都被视为不孝罪,并依法予以严厉惩罚。这些法律规定确保了家长在家庭中的绝对地位,从而稳固了封建统治。例如,《唐律疏议》中规定:"诸祖父母、父母在,而子孙别籍、异财者,徒三年。"③

①《白虎通义·三纲六纪》。

②《唐律疏议·名例》。

③《唐律疏议·户婚》。

因为财产所有权属于尊长,对于那些尊长健在,而别立户籍、分异家财者,则视之为"不孝"。"父为子纲"是封建社会统治阶级制定法律的根本原则之一,不孝也被列为十恶大罪之一。通过法律手段,唐代统治阶级确保了家长在家庭中的绝对地位,从而维护了封建统治的稳定。儒家思想中的孝道观念也被用于教化民众,使他们成为顺从的臣民。

在婚姻家庭制度上,根据礼制规定,法律确认了夫权的统治地位。秉持"男尊女卑"的原则,妻子被视为从属于丈夫,始终处于无权地位。这一观念在《仪礼·丧服》中得到了明确体现:"妇人有三从之义,无专用之道,故未嫁从父,既嫁从夫,夫死从子。"[①] 在此背景下,"夫为妻纲"成为封建立法的根本原则之一。汉以后,各封建王朝都制定了法律以维护夫权、歧视和压迫妇女,其中《唐律疏议》是典型代表。例如,对于妻妾擅自离去的行为,法律规定了严厉的惩罚,"即妻妾擅去者,徒二年,因而改嫁者,加二等"[②],而丈夫背妻逃亡则从无处罚;在夫妻殴斗中,妻子殴打丈夫的刑罚远重于丈夫殴打妻子,"诸妻殴夫,徒一年;若殴伤重者,加凡斗伤三等;死者,斩",反之,如果是夫殴伤妻者,"减凡人二等;死者,以凡人论"[③];还有"七出"之规定,只要妻子具备其中一条,丈夫即可将其逐出家门等。

3. 良贱异法思想

唐律深刻反映了唐代的社会结构与权力分配,是封建宗法制度下特权精神的法律化结晶。唐律尤其是《唐律疏议》,自始至终都渗透着以儒家之"礼"为核心,礼法相融、相辅相成的立法理念。这一理念源自《礼记·中庸》中的教诲:"亲亲之杀,尊贤之等,礼所生也。"[④] 意指亲疏有别、尊贤有序,乃是礼之根本所在。"礼"将古代社会的等级关系划分得贵贱分明、上下有序,在宗法领域内,又进一步细化为尊卑有别、长幼有序及亲疏相异,从而形成了一套严密而系统的封建宗

---

① 《仪礼·丧服》。

② 《唐律疏议·户婚》。

③ 《唐律疏议·斗讼》。

④ 《礼记·中庸》。

法等级观念与制度框架。唐律正是这套观念与制度在法律层面的具体展现与强化。

正如《礼记·乐记》所云："礼义立则贵贱等矣。"① 这里的"等"，指的就是阶级。这表明，唐代统治阶级严格遵循"礼"的原则，将社会成员划分为多个等级，并依据这些等级为每个人设定了不同的法律身份，赋予了迥异的权利与义务。这种等级划分在法律上的体现，便是唐律及其《唐律疏议》中大量存在的维护等级特权的条款。具体而言，对于贵族与官吏犯罪，往往也能逃避实质性的刑罚，即"有罪无刑"；对于良民与贱民，唐律实行的是截然不同的法律体系，即"良贱异法"。

在唐朝复杂的等级制度中，贵族与官吏作为社会的精英阶层，享有法律特权，其中最为显著的特征便体现为"贵族、官吏有罪无刑"的法律思想。唐律根据个人的社会身份、地位以及职业等多重标准，将全体社会成员划分为几个鲜明的等级。皇帝，作为国家的最高统治者，不仅坐拥无上的行政、立法、司法、军事及经济大权，更是位于整个社会金字塔的顶端。在皇帝之下，社会成员被进一步细分为贵族、官吏、平民以及贱民等几个层次，每个层级都承载着不同的权利与义务。对于贵族与官吏而言，他们的身份不仅意味着荣耀与地位，更带来了一系列实际的法律特权。根据自己的阶品，他们可以免于刑罚的制裁、无须承担赋税、免于徭役的劳苦，甚至有权世袭官爵、恩荫亲属。这些特权使得贵族与官吏成为唐律中受到特别优待的群体。当贵族或官吏不慎触犯法律时，唐律为他们提供了一套完善的减免刑罚或转换刑罚的机制，即"议、请、减、赎、官当"。其中，"议"是最为重要的一环，也被称为"八议"："一曰议亲；二曰议故；三曰议贤；四曰议能；五曰议功；六曰议贵；七曰议勤；八曰议宾。"② 其中涵盖了对皇亲国戚的优待、对皇室旧友的宽容、对大德之人的尊重、对才艺出众者的赏识、对功勋卓著者的嘉奖、对高官显爵的庇护、对勤劳有功者的肯定、对前朝后裔及为国宾者的礼遇。凡是属于"八议"范畴内的人员，在法律上都可以享受到减免刑罚的特权。

① 《礼记·乐记》。

② 《唐律疏议·名例》。

《唐律疏议》规定:"诸八议者犯死罪,皆条所坐及应议之状,先奏请议,议定奏裁,流罪以下减一等,其犯十恶者不用此律。"[①]对于犯下死罪的"八议'者,需要先将案情及应议之情形上奏皇帝,经过议定后再行裁决。对于流罪以下的刑罚,则可以减一等处理。但值得注意的是,犯有"十恶"重罪者并不适用这一特权。此外,"请"适用于皇太子妃大功以上亲属等特定人群,犯流罪以下可减一等,死罪则需皇帝亲自裁定。"减"则适用于七品以上官员及其符合条件的亲属,同样可以享受流罪以下减一等的待遇。"赎"则允许符合条件的官员及亲属以财物赎回流罪以下的刑罚。"官当"则是针对一般官吏的特权,允许他们以官品折抵罪行,这一规定既详细又周密。在这样一套完备且周密的"议、请、减、赎、官当"制度的保护下,绝大多数贵族和官吏即使犯罪,也能轻易地避免实际的死刑、流放或徒刑等严厉惩罚。他们往往只是名义上受到法律的制裁,实际上常常能够逃脱真正的惩罚。

"良贱异法"则是唐律中另一显著思想和特征,也深刻体现了封建等级制度在法律层面的严格划分。所谓"良",指的是良人,即普通的平民百姓;而"贱",则是指贱民,这一群体在唐朝社会中处于最底层,大致又可以细分为杂户、官户、部曲以及奴婢等几个等级。对于贱民而言,他们在政治、经济、诉讼以及社会生活等方面的地位都与良人截然不同。例如,贱民被剥夺了参加科举考试、入仕为官的权利。奴婢甚至没有资格拥有自己的财产,他们的生活完全依附于主人;官户与杂户虽然在一定程度上可以获得土地,但所受到的限制却极为严格。在贱民之中,奴婢的地位最为低下,他们被视作与牛马无异的财产。《唐律疏议》中明确规定"奴婢贱人,律比畜产"[②],这意味着他们可以被随意买卖、转让。奴婢没有独立的户籍和人格,其生死、命运完全掌握在主人手中。《唐律疏议》还进一步强调"奴婢既同资财,即合由主处分"[③],这充分暴露了奴婢在唐朝法律体系中的悲惨地位。唐律对于良人和贱民的法律地位进行了明确的区分,并规定了一系列不平等的条款。在婚姻方面,良贱通婚被严格禁止。《唐律疏议》中明确指出:

① 《唐律疏议·名例》。

② 《唐律疏议·名例》。

③ 《唐律疏议·名例》。

"人各有耦,色类须同。良贱既殊,何宜配合。"① 唐律对于违反这一规定的行为给予了严厉的惩罚,如良人娶贱民女子为妻或妾的,将被判处一年半的徒刑;而如果是奴婢自行娶妻的,也将受到相同的惩罚。如果主人知情不报,甚至将奴婢冒充为良人而与良人结婚的,将受到更为严厉的处罚。在刑罚方面,良贱同罪异罚的现象也极为明显。如果良人侵犯了贱民,其受到的惩罚通常会比侵犯同等身份的良人要轻;而如果是贱民侵犯了良人,其受到的惩罚则会比侵犯同等身份的贱民要重。例如,在杀伤罪中,"诸主殴部曲至死者,徒一年。故杀者,加一等。其有愆犯,决罚致死及过失杀者,各勿论"②。在诉讼方面,唐朝统治阶级从尊卑的原则出发,制定了极为严苛的奴告主者皆死的法律。《唐律疏议》规定:"诸部曲、奴婢告主,非谋反、逆、叛者皆绞。"③ 这意味着除非涉及谋反、叛逆等重罪,否则奴婢或部曲告发主人都将面临绞刑的惩罚。而相反的是,如果主人告发奴婢或部曲,即使是诬告也不会受到任何惩罚。

综上所述,唐朝统治者通过立法手段维护其等级特权。唐律公开表明它反映封建特权者的利益,这一法律体系不仅严格区分了良人和贱民的法律地位,还在婚姻、刑罚以及诉讼等多个方面体现了封建等级制度的深刻影响。

4. 轻刑慎罪思想

唐律及其《唐律疏议》在具体实施中,不仅贯穿了维护贵族、官吏等级特权的精神,更在细节上体现了"轻刑慎罪"的思想及其实践。唐朝初年的统治者深刻汲取了隋朝末年因法律严苛、滥用刑罚而引发的农民大起义的教训,时刻以隋朝的覆灭为鉴,审慎地修订和完善法律,致力于构建更为合理的封建法制体系。在这一过程中,"罪疑惟轻,功疑惟重,与其杀不辜,宁失不经"④ 的法律观点成为重要的指导思想,强调在定罪量刑时要谨慎从事,力求公正。在唐太宗的统治时期,他秉持"以宽仁治天下,而于刑法尤慎"⑤ 的理念,主持制定了《贞观律》。这

---

① 《唐律疏议·户婚》。

② 《唐律疏议·斗讼》。

③ 《唐律疏议·斗讼》。

④ 《尚书·大禹谟》。

⑤ 《新唐书·刑法志》。

部法律在死刑的适用上进行了大幅度削减,几乎去除了一半的死刑条款,同时对于烦琐冗杂的法律条文进行了精简,将许多重刑改为了轻刑。

纵观《唐律疏议》,可以清晰地看到这种"变重为轻"的立法原则贯穿始终,对于各种犯罪行为的刑罚幅度普遍有所减轻,并且明确规定了防止滥刑滥罚的措施。例如,唐律中关于"自首"的规定就充分体现了改过迁善的精神。唐律明确规定:"诸犯罪未发而自首者,原其罪。"[1] 对于在犯罪未被发觉前主动自首的人,可以免除其罪责。《唐律疏议》进一步解释说:"过而不改,斯成过矣。今能改过,来首其罪,皆合得原。"[2] 意指人都会犯错,但关键在于能否改正,如果能够主动改正错误并自首,那么就应该得到宽恕。这一规定不仅体现了对犯罪者的宽容,也蕴含了预防犯罪的思想。

在制约司法官员方面,唐律也规定了具体的惩处措施,强调以律断罪,严禁司法官员在断案时故意出入人罪。《唐律疏议》规定:"诸断罪,皆须具引律、令、格、式正文,违者笞三十";"犯罪之人,皆有条制。断狱之法,须凭正文。"[3] 在判决案件时必须严格引用律、令、格、式的正文,否则将受到惩罚。这一规定旨在确保司法判决的准确性和公正性,防止因司法官员的个人意愿或偏见而导致的不公。对于司法官员不依法断案、故意出入人罪的行为,《唐律疏议》也规定了相应的惩处措施,并详细列举了构成"故入"和"故出"人罪的各种情形,并明确了相应的处理原则。如果司法官员故意增减案情,将无罪判为有罪,或者将轻罪判为重罪,那么他们将受到相应的法律制裁。同样,如果司法官员故意放纵罪犯,将重罪判为轻罪,或者将有罪判为无罪,他们也将受到法律的惩处。这些法律规定对于防止司法官员擅断、出入人罪起到了积极的作用。

在减轻刑罚方面,唐律对于各种犯罪行为的刑罚幅度普遍有所减轻。以谋反、谋大逆为例,与汉律相比,唐律虽然仍保留了族刑连坐的制度,但在株连的范围和刑罚的幅度上都有所不同。例如,对于谋反、谋大逆等严重罪行,虽然唐律仍保留了族刑连坐的制度,但在实际执行中,对于被连坐的亲属,唐律往往给予

---

[1] 《唐律疏议·名例》。

[2] 《唐律疏议·名例》。

[3] 《唐律疏议·断狱》。

相对宽松的处罚。对于年龄在十五岁以下的子女,或者其他被连坐的亲属,可以免死而改处其他刑罚。这一变化反映了唐朝统治者对人民刑罚压迫的相对减轻。

在审慎断狱方面,唐朝统治者深刻认识到严刑逼供的弊端,因此,《唐律疏议》要求在讯问囚犯时,"诸应讯囚者,必先以情,审察辞理,反覆参验,犹未能决,事须讯问者,立案同判,然后拷讯,违者杖六十"①。司法官员必须先以情理开导,审察其言辞是否合理,反复参验证据,如果仍然无法决断,则需要与其他司法官员共同商议后才能进行拷讯。这一规定不仅确保了案件的真实性和公正性,也防止了因司法官员的个人偏见或主观臆断而导致的不公。

综上所述,唐律在维护特权阶层利益的同时,也注重"轻刑慎罪"原则的贯彻和落实。通过减轻刑罚、审慎断狱等措施,唐朝统治者力求在维护社会稳定和公正司法之间找到平衡点。

---

① 《唐律疏议·断狱》。

第五章

宋明理学视野中的法律思想

　　理学，亦称"道学"，是宋明时期的一种学术思想，通称宋明理学。它作为我国封建社会后期的官方统治思想，支配着我国政治、法律以及文化的发展。理学是适应社会发展的需要，把儒学从神学的迷雾中解脱出来，使之哲理化的产物。理学萌芽于唐朝韩愈的思想，北宋的周敦颐、程颢、程颐和南宋的朱熹总其成，南宋的陆九渊和明朝的王守仁的心学对其又有进一步的发展。理学的哲学思想认为"理"是宇宙的本源，先事物而存在，创造天地万物。"理"是永恒不变的，这就是"天理"。理学把封建统治者所宣扬的"三纲五常"抬高为先天存在的"天理"，并视之为"天理"的主要内容，把"仁、义、礼、智、信"抬高为"天性"。

　　宋明理学一直被视为儒家正统，在中国封建社会后期的六七百年中居于官学地位，被作为官方意识形态。宋明理学正式成为官学，是在元朝。元仁宗在1313年下诏恢复科举考试："明经、经疑二问，《大学》《论语》《孟子》《中庸》内出题，并用朱氏《章句集注》。"[①] 同时，元仁宗还下诏把程颢、程颐、朱熹等著名理学家从祀孔庙，至此理学正式登上官方哲学宝座。朱熹的《四书章句集注》在明清两代被指定为封建知识分子的必读教科书，他的注解被认为是正统观点的标准答案。毫无疑问，此时的理学也理所当然地成为封建法制的指导思想。

---

① 《元史·选举一》。

第一节　宋明理学产生的历史背景及思想特色

一、宋明之际的历史转折

自宋代以降,我国的中央集权制社会步入了一个显著的衰微阶段,传统上被视为封建社会的后期。这一时期,随着商品经济的萌芽与缓慢发展,旧有的土地制度、官僚体系及思想禁锢日益显得僵化,难以匹配日益增长的社会生产力需求,反而成为阻碍社会全面进步的沉重枷锁。社会矛盾激化,农民起义频发,加之外来势力的侵扰,共同构成了这一时期复杂多变的历史图景,预示着深刻变革的必然性。

（一）政治方面

宋明时期,中国皇权专制达到了前所未有的顶峰,统治者的治国策略与制度构建均展现出高度的成熟与完备。宋太祖赵匡胤,这位结束五代十国纷乱局面的君主,深刻汲取了唐末藩镇割据的惨痛教训,精心布局,实施了一系列旨在强化中央集权、削弱地方势力的深远改革。他力推"重文轻武"国策,大量起用文人担任地方长官("文人知州事"),以此制衡武将势力,确保中央对地方的有效控制。同时,中央政府建立起一套严密的监察体系,确保对全国各地事务的深入掌握与干预,进一步巩固了皇权的中心地位。在军事层面,赵匡胤巧妙地以"杯酒释兵权"的方式,和平地解除了大将们的军权,随后改革兵制,由府兵制转向募兵制,实现了"兵无常将,将无常帅"的局面,有效防止了将领拥兵自重、威胁皇权的可能。然而,这一系列强化皇权的举措,虽在短期内巩固了统治,却也导致军力分散、财政负担加重等问题。宋明时期,皇权的高度集中虽维护了国家的统一与稳定,但也为社会的长远发展埋下了隐患。

明太祖朱元璋,作为明朝的开国皇帝,对皇权的巩固与集中达到了前所未有的高度。为彻底消除权臣干政的隐患,他毅然决然地废除了自魏晋以来长期沿用的"三省制",这一举措标志着传统的丞相制度正式退出历史舞台。朱元璋将原属丞相的庞大权力,分散至吏、户、礼、兵、刑、工六部,确保每一部门直接对皇帝负责,从而实现了皇权的直接且全面控制,使得"一人之下,万人之上"的宰相职位彻底成为历史名词。在军事领域,朱元璋同样展现出了政治智慧与独到的管理才能。他创新性地设立了卫所制度,这一制度不仅解决了军队给养问题,减轻了国家财政负担,还通过军户屯田自养的方式,增强了军队的自给自足能力。平日里,卫所长官负责军队的日常训练与管理,确保军队战斗力;而战时,兵部统一调度,派遣总兵领兵出征。值得注意的是,兵部、都督府及总兵三者之间权力相互制衡,均无法独揽军权,这一设计极大地减少了武将专权的可能性,进一步巩固了皇权在军事领域的绝对权威。如此,朱元璋通过一系列政治手腕,成功地将皇权推向了历史的巅峰。

(二)经济方面

自宋代以降,中国的土地政策发生了深刻转变,实行了"不抑兼并"的策略,这一政策对经济结构与社会格局产生了深远影响。在这一框架下,土地的自由流转与兼并现象日益加剧,直接导致社会财富分配严重失衡,贫富分化问题愈发凸显。北宋中期,一个令人瞩目的现象是,全国已经垦种的土地,有70%被享有免税免役特权的官僚豪绅占有[①],而这些特权阶层的人口比例却仅占全国总人口的不足三分之一。这一现象不仅加剧了社会不公,也深刻改变了农村的经济生态,大量农民因失去土地而沦为佃户,依赖租种地主土地为生,生活每况愈下。

明承宋制,在土地政策上亦未能有效遏制兼并之风,导致国家土地总量急剧减少。明初时,全国土地总量高达八百五十余万顷,然而到了天顺年间,这一数字已锐减至四百二十万顷,足见土地兼并之烈。这种土地资源的非均衡配置,不仅削弱了国家的经济基础,使国家财政收入捉襟见肘,难以支撑庞大的官僚体系与国防开支,更削弱了国家的整体实力与应对危机的能力。贫富分化的加剧,虽在一定程度上激发了部分生产者的积极性,促进了农业生产的短期繁荣与土地的开垦,但从长远来看,它破坏了社会的稳定与和谐,加剧了社会矛盾。农民与地主之间的对立情绪日益高涨,农民起义与反抗活动此起彼伏,规模或大或小,频率显著增加,成为当时社会动荡不安的重要因素。这种尖锐的阶级矛盾,不仅

---

① 《文献通考·田赋考四》。

阻碍了社会经济的持续健康发展,也预示着高度集权的专制社会体制正面临着前所未有的挑战与危机。

因此,宋代以后土地政策的转变及其引发的连锁反应,不仅是一个经济问题,更是一个深刻的社会政治问题。它揭示了传统社会在面临经济转型与社会变迁时,旧有制度框架的局限性与不适应性。对于后世而言,这段历史既是教训也是启示,提醒我们在推动经济发展与社会进步的同时,必须高度重视社会公平与正义,合理配置资源,构建稳定和谐的社会关系,以避免重蹈历史覆辙。

二、宋明时期思想文化的显著特点

在宋明之际,面对政治动荡与经济危机的双重夹击,思想文化领域展现出鲜明的时代特征:改革思潮涌动,涌现出多位致力于社会改良的先驱;同时,传统思想体系遭受前所未有的挑战,尤其是理学权威遭遇广泛质疑,众多文人纷纷起而反对其对思想文化的过度束缚;此外,民族矛盾日益尖锐,内外交困的局势进一步激发了文化领域对于国家命运、民族精神的深刻反思与多元探索。

(一)改革家涌现

在面临政治动荡与经济衰退交织的双重困境下,古代中国的改革浪潮在特定历史时期显著增强,涌现出一批勇于担当的改革家及影响深远的变革举措。宋代,先有范仲淹主导的庆历新政,以整顿吏治、发展生产为核心,虽昙花一现,却开启了变法图强的先河;随后王安石发起的变法,更是规模宏大,涵盖财政、军事、教育等多个领域,旨在通过一系列创新政策激发国家活力,缓解社会矛盾。至明代,张居正则以其"一条鞭法"为核心的经济与行政改革,精简机构,均平赋役,有效提升了国家财政效率与社会治理水平,成为中国古代晚期一次重要的政治经济调整。这些改革不仅展现了改革家们深刻的洞察力与非凡的勇气,更在当时的历史背景下,作为社会自我修复与进步的积极力量,具有不可忽视的历史价值与时代意义。

(二)专制集权加强,传统思想窒息

自两宋以降,随着皇权专制的逐步强化,传统思想领域亦遭遇了前所未有的

压抑与束缚,伦理道德的枷锁愈发沉重,不仅深刻影响了民众的精神世界,更在某些极端情况下,如"饿死事小,失节事大"的论调中,将传统道德观念推向了极端化的境地。这一时代背景下,理学作为横跨宋明两朝、影响深远的思想体系,尤为引人注目。

理学,这一融合了佛教深邃哲理与道家自然之道的新儒家学派,其内涵丰富多元,既有广义上的兼容并蓄,涵盖了唯心与唯物双重面向,如张载在《正蒙》中提出的"气"论,便是对物质本源的一种唯物主义探索,又有狭义上的纯粹唯心体系,以朱熹的客观唯心主义、陆九渊与王守仁的主观唯心主义为代表,他们虽在具体观点上有所分歧,但共同构筑了理学唯心主义的思想大厦。朱熹"虽未有物而已有物之理"[①]的论断,明确将"理"置于万物之先,视为宇宙的本原,进而将伦理道德提升至"天理"的高度,认为国家制度与法律制度皆是"天理"的具体体现。在此思想框架下,任何违背纲常伦理的行为都被视为对"天理"的挑衅,必须受到严厉的制裁。这种理念深刻影响了当时的法律体系,使得"德主刑辅"的传统法律思想在实践中往往偏向严苛,统治者既强调道德教化的重要性,又毫不手软地运用严刑峻法,甚至借助"礼教"的舆论力量,实施精神上的压迫与审判,展现了专制社会末期权力者对暴力手段的极度依赖与迷信。

理学的兴起与演变,不仅是思想史上的一次重要变革,更是社会政治、经济、文化等多方面因素交织作用的产物。它深刻反映了当时社会对于秩序、稳定与道德纯洁性的追求,同时也揭示了专制制度下思想控制的加强与人性自由的压抑,为后世理解古代中国社会的复杂性与多样性提供了宝贵的视角。

(三)传统理学受到质疑

在中国古代思想文化的浩瀚星空中,理学如同一颗璀璨的明珠,长期作为官方哲学与统治者的正统思想,深深烙印于社会文化的各个层面。然而,随着历史的车轮滚滚向前,社会制度的深层次矛盾逐渐浮出水面,民生疾苦加剧,民众的反抗情绪日益高涨,这股时代洪流悄然冲击着理学的绝对统治地位。在此背景下,以"经世致用"为核心的反理学思潮悄然兴起,成为思想文化领域的一股清

---

① 《朱文公文集》卷四十六。

流,其代表人物非陈亮及其所引领的浙东学派莫属。

陈亮及其学派的出现,标志着对传统理学空谈道德、性命、理气等抽象议题的深刻反思与批判。他们主张学术应回归现实,强调"通其委曲,以求见诸事功",即学问的价值在于能够解决实际问题,促进社会进步与国家富强。这种务实精神是对当时社会普遍存在的虚浮学风的有力回应,也是对民众渴望变革、追求实效心理的深刻共鸣。陈亮明确提出"功到成处,便是有德;事到济处,便是有理"这一观点震撼了理学构筑的空中楼阁。在他看来,真正的道德与理性,不应仅仅停留在空洞的言辞与抽象的概念之中,而应体现在实实在在的事业成就与社会贡献上。他鼓励学者走出书斋,关注国计民生,研习"兵刑钱谷"等实学,以期实现富国强兵、复仇雪耻的宏伟目标。这种将个人价值与国家命运紧密相连的情怀,展现出了强烈的责任感和使命感。尤为值得一提的是陈亮对理学家"谈性命而辟功利"的批判以及对义利关系的重新阐释。他认为,自古以来,"教乃有义利双行,王霸并用之说",即便是被理学家推崇备至的三代圣人,亦不乏追求富贵之心。这一观点,打破了理学对义利关系的绝对割裂,强调了义与利、天理与人欲之间的内在联系与相辅相成。陈亮认为,合理的利益追求是推动社会发展的重要动力,只要符合道义,追求功利并无不妥。这种思想,无疑是对人性本质的深刻洞察,也是对当时社会普遍存在的道德压抑与利益剥夺现象的勇敢挑战。

陈亮及其浙东学派的思想,不仅在当时引起了巨大反响,震动了正统思想的基础,更为后世提供了宝贵的思想资源。它启示我们,学问与思想应始终紧贴时代脉搏,服务于社会发展的需要;同时,也提醒我们,在追求个人价值的过程中,应兼顾道义与利益,实现二者的和谐统一。此外,陈亮的思想还蕴含着对创新与变革的鼓励。他鼓励人们打破陈规陋习,勇于探索未知领域,以实际行动推动社会的进步与发展。这种精神对于当今社会同样具有深刻的启示意义。在快速变化的时代背景下,我们更应保持开放的心态,勇于创新,敢于实践,以实际行动回应时代的呼唤,共同创造更加美好的未来。

(四)民族矛盾加剧

北宋以降,中华大地上的民族格局发生了深刻变化,民族矛盾日益凸显,成为时代的重要特征。在这一背景下,中国北方地区的少数民族柜继崛起,凭借强大的军事力量问鼎中原,建立了元、清等朝代,其国力之盛,远超比前由汉族主导的宋、明两代。宋、明两代,作为专制社会晚期的汉族王朝,面对新兴少数民族政权的崛起,往往显得力不从心。在军事上,它们难以抵挡外族的铁蹄,或选择偏安一隅,苟延残喘;或屈辱求和,暂保一时安宁。然而,在文化心理层面,汉族统治者始终坚守着正统的骄傲与自信,他们深知文化的力量远胜于武力的征服。因此,宋、明两代尤为重视儒家思想的弘扬与强化,将其视为维系民族认同、凝聚社会力量的精神支柱。儒家思想,以其深厚的文化底蕴和独特的价值体系,成为宋明统治者重塑社会伦理、稳固统治秩序的重要工具。他们不仅通过科举制度选拔儒家学者入仕为官,更在全社会范围内推广儒学教育,使儒家思想深入人心,成为汉民族共同的精神家园。这种对儒家思想正统地位的强调与完美追求,不仅在一定程度上缓解了民族矛盾带来的文化冲击,更使汉民族在多元文化的交融中保持了独特的文化身份和民族精神。

三、宋明时期法律思想的主要特色

宋明时期作为中国古代社会的一个重要转型与深化阶段,其法律思想在继承前代的基础上,展现出独特而复杂的风貌。这一时期,法律思想的发展不仅深受当时思想文化领域的深刻影响,也紧密关联着社会政治、经济及民族关系的变迁,形成了两大主要线索:理学与反理学思想的法律观冲突,以及社会实践中改革与反改革法律主张的对立。以下是对这两条线索的深入剖析与扩充。

(一)理学与反理学思想的法律观冲突

1. 理学法律观的绝对化倾向

宋明理学,特别是以朱熹为代表的程朱理学,将儒家思想推向了新的高度,对法律思想产生了深远影响。朱熹在法律思想上,强调天理(即宇宙间的普遍法则)与人伦道德的紧密结合,认为法律应体现天理,维护封建等级秩序和道德规范。他通过对正统法律思想的重新阐释与完善,试图构建一个绝对化、永恒不变的法律原则体系。这种倾向在法律起源上体现为"法自天出",强调法律的天命性;在司法原则上,则主张"明刑弼教",即法律应辅助教化,共同维护社会秩序。然而,这种绝对化的法律观忽略了社会变迁的实际需求,易导致法律实践的僵化。

2. 反理学思想下的功利主义法律观

与理学相对立,反理学思潮在法律领域表现为一种更为务实、灵活的功利主义法律观。以陈亮为代表的思想家,批判了理学对人性本善的过度理想化,转而强调人性的趋利避害本性。他们主张法律应顺应人性,通过赏罚机制来激励善行、遏制恶行。陈亮直接继承了法家的思想精髓,认为有效的法律治理应基于现实的社会需求,而非空泛的天理说教。他提出的"法要公道,赏罚要服人心"的观点,不仅体现了对法律公正性的追求,也反映了法律应具备的民意基础和社会认同。

(二)社会实际中改革与反改革之争的法律思想

1. 改革派的法律革新主张

面对宋明时期日益尖锐的阶级矛盾和民族矛盾,统治阶级中的部分开明人士提出了"因时立法""大修法度"的改革主张。他们认为,法律应随着时代的变迁而不断调整和完善,以适应新的社会形势。如明代中期的丘濬,便明确提出了法律的出现源于社会需要,法律的目的在于"为民"除害并防止犯罪。这种法律观强调法律的实用性和实效性,主张通过立法创新来加强社会治理,体现了对秦汉以来立法、司法实践经验的深刻总结与灵活运用。改革派还强调法律的公正性和透明度,认为只有立善法、行善政,才能赢得民心,巩固统治基础。

2. 反改革派的保守法律观

与改革派相对立,反改革派则坚守"祖宗之法"不可变的立场,认为传统法律制度是历经考验的宝贵遗产,不应轻易改变。他们担心法律革新会破坏社会稳定,导致秩序混乱。以宋代司马光为代表,他们认为"利不百,不变法",即除非改革带来的利益远大于可能的风险,否则不应轻易变法。在法律思想上,他们更倾向于遵循儒家的正统思想,强调道德教化在刑政中的主导作用,认为通过道德教化可以引导民众自觉遵守法律,实现社会的和谐稳定。然而,这种保守的法律观往往忽视了社会变迁的复杂性和多样性,难以有效应对新的挑战和问题。

第二节　宋明理学家的法律活动及法律思想概述

宋明理学,作为中国古代思想史上的璀璨明珠,其深远影响不仅限于哲学与文化领域,更深刻地渗透至法律实践与法律思想之中。周敦颐、程颢、程颐、朱熹、王守仁等理学大家,不仅以他们的哲学体系重构了儒学的精神内核,更在法律活动与法律思想方面留下了丰富的遗产。他们不仅致力于"理"的探究,更将其应用于对法律本质、价值及实践路径的深刻剖析,从而构建出一套既蕴含深刻哲理又贴近社会实际的法律思想体系。本节内容,将以这五位代表人物为核心,深入探讨他们如何在理学的光辉照耀下开展法律活动,并阐述其法律思想。

一、"一讯立决"的周敦颐

周敦颐,出身于文化底蕴深厚的仕宦之家,自幼沐浴于书香之中,家境殷实,为他奠定了坚实的文化基础。步入仕途后,他长期致力于司法事务,晚年更晋升为提点刑狱,成为行省内司法领域的最高长官,展现出非凡的法律才能。尽管史料有限,仅窥见其司法实践的片段,但周敦颐"一讯立决"的果敢决断与清正廉洁、勤勉务实的工作作风,仍令人敬仰,成为后世学习的典范。

周敦颐初履分宁县令之职,即以非凡的决断力与干练作风闻名遐迩。据度正《濂溪先生年谱》载:"分宁系有狱久不决,先生至一讯立辨,邑人惊诧曰:'老吏不如也。'由是士大夫交口称之。"[①]彼时一桩悬而未决之案,经他一番训诫,立时水落石出,令邑中百姓惊叹不已,连称"老吏弗及"。此举不仅彰显了他的司法才能,更赢得了士大夫们的交口赞誉,称其断案如快刀斩乱麻,无坚不摧。因此,蒲宗孟在《濂溪先生墓碣铭》中说他"屠奸剪弊,如快刀健斧,落手无留"。岁月流转,周敦颐的治政风格始终如一,无论分宁初试锋芒,还是晚年提点广东刑狱,他皆以雷霆手段,涤荡奸弊,深得民心。1054年,他调任洪州南昌知府,其"一讯

---

① 《濂溪先生年谱》。

立决"之名声早已远播,南昌百姓闻其至,皆欢欣鼓舞,视其为公正之化身,相互告诫遵行教诲,唯恐有违而玷污其善政之名。度正在《濂溪先生年谱》中有如下记载:"南昌人见先生来,喜曰:'是初仕分宁始至能辨其疑狱者,吾属得所诉矣。'于是更相告语:勿违教命! 不惟以得罪为忧,又以污善政为耻。"①1056 年,周敦颐转任合州(今四川合川县)代理判官,虽已届不惑之年,其魅力与威望不减反增。度正对其评价是:"在郡四年,人心悦服。事不经先生手,吏不敢决。苟下之,人亦不从。既去,相与祠之南禅。"② 在任四年间,他以民为本,政通人和,吏民皆心悦诚服,事无巨细,非经其手不敢擅决,其影响力可见一斑。

　　周敦颐的司法生涯尤为彰显了他高洁的品格与非凡的担当。其好友潘兴嗣在《濂溪先生墓志铭》中的深情记述,勾勒出一幅清廉至极的画面:"在南昌时,得疾暴卒,更一日一夜始苏。视其家,服御之物,止一敝箧,钱不满数百,人莫不叹服,此予之亲见也。"在南昌任职期间,周敦颐突患急病,几近生死边缘,其家中景象令人动容——衣物简陋,仅一箱破旧之物,囊中羞涩,不足百钱,此情此景,无不令人肃然起敬,亲身见证者无不感佩于心。回归故里永州,周敦颐首先寄情于乡,字里行间流露出对家乡的深切思念与归心似箭之情,更借由书信与诗作《任所寄乡关故旧》,向父老乡亲传递了他淡泊名利、坚守清廉、公正无私的生活哲学。"老子生来骨性寒,宦情不改旧儒酸。停杯厌饮香醪味,举箸常餐淡菜盘。事冗不知筋力倦,官清赢得梦魂安。故人欲问吾何况,为道舂陵只一般。"此诗不仅是对自我心性的抒发,更是对世人的谆谆告诫,展现了他超脱尘世的境界与坚定的道德立场。在广南东路提点刑狱的短暂任期内,周敦颐更是以实际行动诠释了何为勤勉尽责、心系苍生。《濂溪先生年谱》记载说:"先生尽心职事,务在矜恕,得罪者自以为不冤。"他不辞辛劳,遍访岭南山水,无论偏远孤岛还是瘴疠之地,皆亲力亲为,力求每一个案件都能得到公正处理,以洗冤昭雪为己任,其敬业精神与人文关怀,至今仍为人称颂。

---

① 《濂溪先生年谱》。
② 《濂溪先生年谱》。

二、程颢的法律实践

程颢自金榜题名后,历任主簿、县令、节度使判官等职,掌管税务,还曾在朝廷中枢任职,直接参与国家大事。程颢曾作为属官辅佐王安石,共襄三司条例司之设,深入参与新法讨论与制定,展现其立法才能。在地方与中央,程颢均秉持法治精神,治政有方,既得民心,又政绩斐然,史书对此多有赞誉。

南宋学者郑克在其著作《折狱龟鉴》中,精选了程颢于鄠县主簿任上巧妙处理的一桩复杂民事财产纠纷作为经典案例,彰显了程颢在司法审判领域的卓越智慧,足见其时程颢在诉讼决狱方面的权威地位与广泛认可。《二程集》中也记载了如下这段狱讼。民有借其兄宅以居者,发地中藏钱。兄之子诉曰:"父所藏也。"令曰:"此无证佐,何以决之?"先生(程颢)曰:"此易辨尔。"问兄之子曰:"尔父藏钱几何时矣?"曰:"四十年矣。""彼借宅居几何时矣?""二十年矣。"即遣吏取钱十千视之,谓借宅者曰:"今官所铸钱,不五六年即遍天下。此钱皆尔未居前数十年所铸,何也?"其人遂服。令大奇之。程颢根据房屋借居的时间和钱币铸就的时间来判明钱币的归属,使当事人双方都心服口服。

在江宁府上元县(位于今江苏省南京市),程颢以其卓越的行政才能与深邃的法律见解,在担任主簿期间留下了深刻的法治印记。首先是对地方税制的改制。面对宋代"不抑兼并"政策下土地集中、贫富悬殊的严峻挑战,他毅然决然地迈出了税制改革的步伐。程颢深刻洞察到土地分配不均的根源,创新性地推行均税制,旨在平衡税负,遏制豪强兼并之风,使"为令画法,民不知扰,而一邑大均"①。此举不仅深得民心,更因其显著的成效赢得了朝廷的高度认可,最终成为全国推广的典范。此外,程颢在政务处理上的果敢与灵活,同样令人钦佩。面对江南稻田灌溉体系中陂塘维护的紧急需求,他敏锐地指出了传统上报审批程序的烦琐与低效,这种"层层上报,缓缓行事"的方式,在紧急情况下无异于置民生于不顾,认为"苗槁久矣,民将何食"②。于是,在一次突如其来的陂塘决堤危机中,程颢毅然决定打破常规,不顾个人安危,迅速调集人力物力,抢修堤防,有效

---

① 《明道先生行状》,《河南程氏文集》卷第十一,《二程集》。

② 《明道先生行状》,《河南程氏文集》卷第十一,《二程集》。

遏制了水患蔓延,保住了稻田。他的这一举动虽冒天下之大不韪,却以实际行动诠释了"民为贵,社稷次之"的深刻内涵,赢得了后世的广泛赞誉。

在程颢的心中,教化始终是塑造理想社会秩序的基石,是他治理地方不可或缺的智慧之钥。担任晋城(位于今山西省晋城市)县令期间,他更是将教化置于首位,致力于淳化民风,弘扬孝悌忠信之道。据程颐《明道先生行状》所述:"民以事至邑者,必告之以孝悌忠信,入所以事父兄,出所以事长上。度乡村远近为伍保,使之力役相助,患难相恤,而奸伪无所容。凡孤茕残废者,责之亲戚乡党,使无失所。行旅出于其途者,疾病皆有所养。"值得一提的是,程颢深知教育对于改变地方面貌的重要性,因而在晋城遍设学校,亲自执教,严选良师,彻底扭转了该地数百年来科举无成的局面,使得熙宁、元丰年间,"应书者至数百,登科者十余人",即应试者众,登科者亦不乏其人。

三、注重法治的朱熹

朱熹,南宋著名的思想家、哲学家,其理学体系独树一帜,以"存天理、灭人欲"为指导原则,深刻体现了客观唯心主义的哲学精髓。在法律思想领域,朱熹亦有着显著贡献,其观念深植于正统法学的土壤之中,具体展现为如下几个方面。

(一)"厚古薄今"的改革思想

朱熹,作为宋代理学的集大成者,其思想深邃而广博,尤其是在对夏、商、周三代社会理想的追溯与批判现实社会利欲横流中,展现出了鲜明的复古革新倾向。他认为,三代之治,乃是"天理"顺畅运行的光辉典范,其政治清明、道德纯朴,是后世难以企及的高度。而自三代以降,世风日下,"利欲之私"泛滥,"尧舜三王周公孔子所传之道,未尝一日得行于天地之间也"①。基于此,朱熹不仅缅怀过去,更积极寻求现实之出路,主张以古为鉴,对当世进行适度而必要的变革,旨在恢复并弘扬三代之理,使"天理"重归人间。但这一变革绝非简单的复古,而是建立在"万世不易之常理"即儒家伦理纲常的坚实基础上。朱熹强调,变革的

---

① 《朱子文集》卷三六。

精髓在于"存天理、灭人欲",因此,改革的首要任务并非仅限于经济、军事、法律等制度层面的调整,而应是道德伦理的重建与强化,即"以仁义为先,而不以功利为急"[①]。在具体操作层面,朱熹提出了一套系统而谨慎的改革策略。他认为,改革须有的放矢,首先要深入剖析社会之症结所在,即"识病症",随后,依据问题的轻重缓急,制定出科学合理的改革次序与步骤,即"识其先后缓急之序"。在此基础上,采取渐进式的改革方式,"渐次更张","徐起而图之",避免急功近利、操之过急可能带来的社会动荡。朱熹坚信,通过这样的方式,不仅能有效缓解社会矛盾,更能逐步树立起伦理纲常的权威地位,使社会在潜移默化中回归至"天理"的正轨,达到长治久安的理想状态。

（二）轻立法、重人治

在国家治理的深远思考中,朱熹深刻汲取了先秦儒家的人治精髓,并赋予其新的时代内涵与哲理深度。朱熹的人治理念主要有两项内容,即人治不仅是对君主个人修养的强调,更是对理想政治生态的憧憬。

其一,朱熹认为,君主自律重于法律。朱熹主张君主应"以德驭国",自律为先,超越法律条文的束缚。他认为,君主之心如同国家之舵,唯有心术纯正,方能引领国家驶向清明昌盛之岸,所谓"人主之心一正,则天下之事无有不正"[②]。此理念倡导君主自我反省,摒弃私欲,体悟天理,从而重现上古尧舜之治的光辉景象。朱熹深刻剖析历史,指出后世政体纷乱、国势衰微之根源,在于君主未能恪守此道,反以权谋私,利欲熏心,即便有良法美制,亦难挽狂澜。其二,朱熹认为,择人重于建制。进而,其提出了"人才为本,制度为辅"的治理哲学。在他看来,人才的选择与培养远胜于制度的构建与完善。因为制度是死的,而人是活的,法的优劣及其实施效果,皆系于执政者的素质与操守。另外,作为"法",不可能尽善尽美,需要人去弥补。正如其言"大抵立法必有弊,未有无弊之法,其要只在得人"[③]。他强调,理想的政治生态应是良法与贤才相辅相成,但贤才的选拔与任用

---

① 《朱子文集》卷三六。
② 《朱子文集》卷二十。
③ 《朱子语类》卷一零八。

更为关键。"择一户部尚书,则钱谷何患不治?而刑部得人,则狱事亦清平矣。"即一良户部尚书,足以确保国家财政井然有序;一贤刑部官员,则能使司法公正清明。朱熹认为,法律虽有其必要性,但应避免过于烦琐,而应立足大原则,赋予执法者足够的裁量空间,以应对复杂多变的现实情况,充分发挥人的主观能动性和智慧。

综上所述,朱熹的人治思想,既是对君主个人品德的高标准要求,也是对人才选拔与任用机制的深刻洞察,更是对法律与人性和谐共生的理想追求。这一思想体系,不仅丰富了儒家政治哲学的内涵,也为后世国家治理提供了宝贵的思想资源。

(三)对德刑关系的见解

在德刑关系上,朱熹继承了孔子"道之以政,齐之以刑,民免而无耻;道之以德,齐之以礼,有耻且格"[①]的思想,并在此基础上赋予其新颖而深刻的诠释。在他看来,德、礼、政、刑四者,同根同源,皆源自至高无上的"天理",皆为君主维系社会秩序、引导民众向善的不可或缺的手段,其终极旨归在于"存天理,灭人欲"。具体而言,朱熹认为,"政"为治国之框架,"刑"乃辅助之利剑,而"德礼"则是国家长治久安的基石。其中,"德"滋养人心,培养内在之善;"礼"则规范行为,塑造外在之序,而"德"又为"礼"之灵魂所在,二者相辅相成,缺一不可。他强调,治理民众不可仅依赖刑政之末节,更应深挖"德礼"之本源,因为长远来看,"德礼"的潜移默化之力,远胜于政刑的强制约束,"故治民者不可徒恃其末,又当深探其本也"[②]。故而,理想之治,当以"德礼"为先,"政刑"为辅,方能实现社会的和谐与民众的自觉向善。

朱熹在深入剖析德、礼、政、刑之相互关系后,细腻地勾勒出这四者如何微妙地契合于人性的多样性之中。他洞察到,人之初生,禀赋之气各异,有深浅厚薄之分,这份天然的差异深刻影响着个体内心"人欲"的强弱与表现形式。据此,他提出了一套因材施治的智慧策略:那些气禀最为醇厚之人的内心自有一股向

---

① 《论语·为政》。

② 《论语集注》。

善向德的力量,故应以高尚之德引领,激发其内在的忠诚与奉献,则"导之以德";对于气禀深厚、能自觉遵循道德规范者,则应以礼教规范其行为,使之和谐有序,则"齐之以礼";至于气禀略显浅薄、需外力引导方能遵循正道者,则需以明晰的政令为指导,促其循规蹈矩,则"导之以政";而那些气禀最为浅薄、唯惧刑罚威严者,则不得不采用严明的刑罚以维护秩序,则"齐之以刑"。

朱熹关于德刑关系的论述,深刻而独到,其精髓可归结为三大维度:其一,他明确界定了德、礼、政、刑各自的适用范畴;其二,朱熹倡导德、礼、政、刑四者并行不悖,无有先后之分,共同服务于"存天理,灭人欲"这一核心理念,为维护社会秩序与道德规范的多元工具,相互补充,缺一不可;其三,在特定青境下,他提出了一套循序渐进的治理策略,即先以政令削弱刑罚之需,继以礼仪规范引导政令实施,最终以德化人心,使礼仪内化,层层递进,以"德"为至高境界。在这一思想的统摄下,德、礼、政、刑展现出高度的和谐与统一,不仅超越了传统"先德后刑""以德去刑"的单一路径,更赋予了法律思想新的生命力和实践价值,为后世治理提供了宝贵的思想资源。

(四)执法"以严为本"的原则

在立法智慧上,朱熹深谙时势之变,倡导立法需审慎顺应时局,融合人治精髓与德礼政刑的多元治理策略。面对农民起义风起云涌与统治阶级内部秩序亟待整肃的严峻形势,他毅然在司法实践中推行严明而高效的法律执行,强调"严"字当头,辅以适度之宽,力求速战速决,稳定时局。这一理念深刻反映了当时社会步入衰微之际,对强化法治、维护稳定的迫切需求。

朱熹洞察到,自汉代以降,君主往往忽略根本,立法与执法之平衡被打破,偏重立法而轻忽执行,在法条繁复之际,却以执法宽松为幌子,追求虚名,掩盖法治之失。君主设立的特赦、恤刑等制度,虽意在彰显仁政,弥补司法过滥,却导致法律源头混杂,威严尽失。此等宽松执法,实乃对圣贤德治理念的曲解。朱熹认为,法律既为"天理"之体现,执行中即便触及民众皮肉乃至生命,亦属正义之举,无须过分怜悯。唯有严格执法,方能重塑法律之神圣与威严,确保社会秩序之稳定。朱熹清晰界定了"政"与"刑"之别,政为法治之根本,旨在立法设禁;而刑,则为辅佐政治之工具,专司惩戒。"为政以宽为本",即在制定法律与政令时,应"以爱人为本","以养民为本"①。然而,当触及法制禁令的执行与刑罚的施用,他则主张铁腕治乱,因为"刑愈轻而愈不足以厚民之俗。往往反以长其悖逆作乱之心,而使狱讼之愈繁"②。他驳斥轻刑之说为对圣贤仁义的曲解,坚信唯有"以严为本"方能震慑奸邪,维护秩序,让民众在严明的法度中领略德政之温情;反之,若执法偏宽,则奸佞横行,良民受害,更甚者,司法大权恐将旁落,削弱君权,危及法治统一之基。

朱熹深入剖析了"轻刑"观念背后的三重根源:其一是对罪犯过度的怜悯,忽视了受害者所承受的无尽痛苦,他言道:"只见所犯之人为可悯,而不知被伤之人尤可念也。"③其二是司法官员受佛教教义"因果报应""轮回转世"影响,往往出于祈福避祸之心,轻纵罪犯,以求善报。其三是对"恤刑"精神的误解,将恤刑简单等同于轻刑,实则背道而驰。对此,朱熹予以严厉批驳,指出犯罪乃逆天而行,对之不应有丝毫恻隐,否则便是对正义天理的践踏。他强调,放纵罪犯的官员非但无福报可言,反而纵容恶行,使无辜者受害,正义难伸。"无罪者不得直,而有罪者得幸免,是乃所以为恶尔,何福报之有?"④至于"恤刑"与慎刑不是轻刑,而是"令有罪者不得免,而无罪者不得滥刑也"⑤,其真谛在于确保有罪者受到应有的惩罚,同时防止无辜者遭受滥刑之苦,而非一味地轻判减罚。

朱熹在执法原则上力主"以严为本",对赎刑制度持严厉批判态度,直言:"后世始有赎罪之法,非圣人之意也。"他主张,轻微过失或可宽恕,但重罪大恶则必须严惩不贷,绝不容许赎免。他虽倡言恢复"肉刑",但其背后深藏的仍是儒家"仁政"的考量,意在通过身体之罚,既保全罪犯性命,又警醒世人,使之畏法向善。朱熹此番严刑峻法的主张,实则是对传统儒家仁政理念的一种创新诠释,彰显了其独特的历史视野与治世智慧。此思想之形成,根植于南宋时期复杂多变

---

① 《朱子全书》卷六三。

② 《朱子全书》卷六四。

③ 《朱子语类》卷五七。

④ 《朱子语类》卷一一〇。

⑤ 《朱子语类》卷一一〇。

的社会土壤。彼时,阶级与民族矛盾交织激化,迫使统治者在推行"德政"以彰显仁德的同时,亦需强化其权威与震慑力。因此,朱熹所倡导的"德政",已非往昔单纯之柔化治理,而是融合了刚强与柔和的二元治理策略,旨在通过"刚柔并济"的方式,维护社会稳定,巩固统治根基。

四、王守仁的法律思想

王守仁,乃明代中期杰出的哲学家与政治家。时值大明中叶,社会矛盾与民族冲突交织加剧,国家风雨飘摇。为解时局之困,王守仁深研陆九渊心学精髓,对僵化已久的程朱理学进行革新,独辟蹊径,提出"致良知"与"知行合一"的心学体系。此学说的精髓在于将外在的伦理道德——程朱理学所倡之"天理"——内化为人心本具之良知,旨在通过唤醒人心内在的善端,从根本上消解"邪念"之源,从而重塑社会道德秩序,达到治世安民之目的。

"心学"的主要内容是讲"心外无物",即"身之主宰便是心,心之所发便是意","意之所在便是物"。它深刻阐述了个体心灵的主宰地位——心为身之舵手,意由心生,而意之所向,万物得以显现,意即存在之先导。王守仁在此基础上,巧妙融合了董仲舒的"天人感应"之说,将自然界的微妙变化与人间世事紧密相连,认为治世昌明之时,天地和谐无恙,虫豸草木皆遵自然之道,即"至治之世,天无疾风盲雨之愆,而地无昆虫草木之孽"①,此即"天道"之显化。因此,为政"必谨修其政令,以奉若夫天道"②。他强调,为政者当精心治理,遵循并顺应天道,而此天道,实则是对程朱理学中"永恒不变"的伦理道德体系的另一种诠释。由此观之,尽管程朱理学与陆王心学在哲学层面上分属客观与主观唯心主义两大阵营,但在维护社会伦理秩序、强化名教纲常的政治目标上却殊途同归,他们"同值纲常,同扶名教"③。在法律思想领域,王守仁与朱熹一样,坚定地站在正统法律思想的阵地上。不过,面对晚明以来君主专制社会的深刻变迁,他适时地对传统思想进行了灵活调整与适度变通,以适应时局之变,确保正统思想在复杂多变的社

---

① 《王文成公全书·气候图序》。
② 《王文成公全书·气候图序》。
③ 《宋元学案·象山学案》。

会环境中仍能发挥其稳定与引导的作用。

（一）王守仁因时、因地而制宜的立法思想

　　王守仁身处动荡之世。面对复杂多变的局势，传统的法律制度既难以有效执行，亦难契合时局需求。有别于前朝立法者热衷于探讨法律的繁简宽严，王守仁深刻洞察时弊，主张立法不应拘泥于固定模式，而应灵活应变，依据时势与地域的实际情况来制定，确保法律既能解决实际问题，又能顺应时代潮流，展现出其非凡的治国智慧与前瞻性思考。

　　在明代，资本主义的微弱萌芽在根深蒂固的"重本抑末"观念束缚下艰难挣扎求存。王守仁敏锐地洞察到商业活动对于促进社会经济活力、维护社会秩序的积极作用。鉴于时局动荡，农民起义频发，财政压力骤增，他创造性地提出，应调整长期以来对商贾的严苛限制，转而实施税法制度，使"商贾疏通"而国家"照例抽税"，旨在畅通商路，让商业活动繁荣起来，同时确保国家能够依法征税，既解决了紧迫的军饷问题，又促进了社会经济的繁荣与政治的稳定，实现了官商双赢。这一提议是王守仁灵活应变、因时制宜立法理念的体现。然而，需明确的是，此举并未全然背离"重农抑商"的传统国策，王守仁视之为特殊时期的"一时权宜"，"候事少宁，另行具题禁止"①，期待局势平稳后，再行评估并恢复对商业的某些限制，展现了他既前瞻又稳健的治理智慧。

　　王守仁在立法中，不仅强调时代的特殊性，而且强调地域的特殊性。他坚信法律体系的构筑必须根植于当地独特的现实土壤之中，正如"犹行陆者必用车马，渡海者必以舟航"②，法律亦应随地域之异而灵活调整。亲历思恩、田州叛乱之平定后，他深刻反思，指出这些地区作为少数民族聚居地，其治理之道不宜生硬套用中原礼法，即便是派遣流官亦难奏效，更遑论常驻重臣。基于此，他倡导立法应秉持"以顺其情不违其俗，循其故不易其宜"③的核心理念，强调法律应成为连接地方特色与治理智慧的桥梁，而非僵化教条。这种因地制宜的立法智慧，

---

① 《王阳明全集》卷九。

② 《王阳明全集》卷九。

③ 《王阳明全集》卷十九。

不仅体现了王守仁深邃的治理哲学,也为后世提供了借鉴。

王守仁的心学体系中,其核心观点为"心即理",强调"心"作为宇宙万物之根本,在人类社会层面具体化为道德伦理的基石,这一基石根植于每个人与生俱来的"良知"。他认为,通过剔除外在"物欲"的蒙蔽,人人皆可发掘并践行这份内在的圣贤之质。而礼法制度,若能顺应时代变迁与地方特色,精准施策,便能有效发挥"教化"功能,引导民众回归本心,实现"致良知"。因此,这种灵活变通、与时俱进的礼法智慧,非但不与王守仁的主观唯心主义相悖,反而是其思想在社会治理层面的积极实践与体现。二者相辅相成,共同指向了一个理想的社会愿景:人心向善,社会和谐,皆因循天理,归于良知。

(二)王守仁对德、刑作用的论述

在探讨德与刑的微妙平衡中,王守仁以其深邃的哲学思想和独到的政治见解,为我们揭示了一种超越传统主辅、先后之争的全新视角。他深刻意识到,国家实现长治久安并非单纯依赖单一手段的极致运用,而在于德治与刑罚相辅相成的和谐共生。王守仁强调,治理国家的首要任务,在于塑造风清气正的社会风尚,所谓"古之善治天下者,未尝不以风俗为首务"①。这一观点不仅是对历史智慧的传承,更是对现实治理困境的深刻洞察。

然而,王守仁并未止步于对传统教化作用的颂扬,他敏锐地指出了过往治理理念中的偏颇之处——过分倚重教化而忽视刑罚的积极作用。在他看来,教化固然是引导人心向善、提升社会道德水平的根本途径,但若缺乏刑罚的威慑与规范,则难以根除深藏于心的"心腹之寇",即那些根深蒂固的恶念与陋习。因此,他主张刑罚不应仅仅被视为维护社会秩序的"最后手段",而应是具有深刻教化意义的重要工具。刑罚不仅能够通过其强制力使违法者畏惧而不敢再犯,更能激发他们的羞耻之心,促使他们反思过错,改过自新,从而达到改造风俗、净化社会的长远效果。王守仁进一步阐述了德与刑之间的内在联系,指出二者实则是互为表里、不可分割的整体。德治如同春风化雨,润物无声,旨在从根本上提升民众的道德自觉与自律能力;而刑罚则如同秋霜严厉,以儆效尤,确保社会秩序

---

① 《王阳明全集》卷二十。

的底线不被突破。在实践中,王守仁将这一理念贯彻始终,他不仅在理论上倡导德刑并重,更在实际操作中灵活运用法律手段来推动教化的深入实施。以《告谕》为例,王守仁通过一系列具体而微的规定,如节俭办丧事、病者应求医药、婚事从俭。这些规定不仅直接规范了民众的行为,更在潜移默化中引导了社会风气的转变。同时,他严令部下遵守廉洁自律的原则,对请客送礼、收受钱财等行为予以严厉打击,这不仅彰显了其个人高尚的品德风范,更为整个官场树立了清廉自律的榜样,促进了整个社会的道德建设。

综上所述,王守仁对于德与刑关系的独到见解及其在实践中的灵活运用,不仅为后世提供了宝贵的治理智慧,更为如今构建和谐社会、实现国家治理体系和治理能力现代化提供了有益的启示。在新的时代背景下,我们应当更加深刻地理解和把握德治与刑罚的辩证关系,以更加科学、合理的方式推动社会治理的创新与发展。

（三）王守仁"情法得以两尽"的执法思想

王守仁不仅在哲学领域独树一帜,创立了影响深远的阳明心学,更在仕途上展现出非凡的政治智慧与领导力,官至兵部尚书。

在司法实践中,王守仁独辟蹊径,提出了"情法交申"的治理理念,深刻体现了他对于法律与人性之间微妙关系的独到见解。他认为,法律虽为刚性规则,但在具体执行中应兼顾情理,依据不同情境灵活应对,力求达到法律与情感的和谐统一,即"情法得以两尽"。面对当时社会动荡不安、农民起义频发的严峻局势,王守仁并未简单地诉诸武力镇压,而是采取了更为复杂且高明的策略。他深知"攻心为上"的道理,因此在处理农民起义问题时,除了必要的军事行动外,更注重运用分化瓦解的策略。他严令部下不得"贪功妄杀",以免激化矛盾,反而通过劝导、感化等方式,引导起义农民认识到自己的错误,鼓励他们"改恶迁善""实心向化",为其开启了一条改过自新的道路。这一策略不仅有效削弱了农民军的斗志与力量,更在一定程度上缓解了社会矛盾,促进了社会的和谐稳定。

此外,王守仁还深刻认识到赏罚制度在国家治理中的重要作用,他认为恰当地运用赏罚,"而后善有所劝,恶有所惩,劝惩之道明,而后政得其安"①。在他看来,赏罚不仅是维护社会秩序的必要手段,更是激励善行、惩治恶行的有效工具。他强调,"赏罚,国之大典",必须慎重对待,确保公正无私。他主张赏罚从速,即"赏不逾时,罚不后事",认为及时的赏罚能够迅速激发人们的积极性与责任感,使官吏、兵士更加忠诚地效命于朝廷。同时,他也注重赏罚的适度与合理,避免过犹不及,确保赏罚制度能够真正发挥其应有的作用。在政局紊乱、民心动荡的特殊时期,王守仁更是将赏罚思想巧妙地融入正统法律思想之中,形成了独具特色的治理理念。他通过一系列行之有效的政策措施,不仅有效地平定了农民起义,维护了国家的统一与稳定,更深层次推动了社会的进步与发展。王守仁的治理智慧与实践经验,对于后世乃至当今的社会治理都具有重要的借鉴意义与启示作用。他让我们看到,在复杂多变的社会环境中,只有灵活运用法律与情理、赏罚与教化等多种手段,才能实现社会的长治久安与人民的安居乐业。

综上所述,王守仁的法律思想深刻体现了对伦理纲常的坚决维护,旨在力挽明代中叶社会风气之颓势,重塑清明政治格局。他深谙教化之重要,视其为巩固政权、实现国家长治久安的基石,倡导以德化民。同时,王守仁亦不忽视刑罚的作用,认为在必要之时,严明的刑罚是匡正风俗、净化社会风气不可或缺的工具。面对时局之变,他虽对传统法律思想有所变通,但这些调整非但未偏离正统法律思想的轨道,反而是在其框架内寻求创新,旨在通过灵活应对,激发封建正统法律思想的内在活力,重振其权威与影响力,进而巩固封建统治秩序,促进社会的和谐稳定与持续发展。

第三节　宋明理学视野中的法律观

在历史的长河中,宋明理学犹如一股深邃的思潮,不仅重塑了古代中国的哲学体系,更深刻影响了当时的法律观念与实践。在这一独特的文化背景下,法律不再仅仅是外在的规训与惩罚,而是内化为人心向善、社会秩序和谐的动力。本

---

① 《王阳明全集》卷十八。

节将深入宋明理学的广阔视野,探讨其独特的法世界观如何超越传统礼治的框架,变法观如何顺应时代变迁而不失其本,德刑观如何平衡人心与秩序,以及诉讼观中蕴含的公正与宽恕精神。通过这些维度的剖析,我们将一窥宋明理学如何以其深邃的哲理,为古代中国的法律思想注入新的活力。

一、宋明理学的法世界观

法世界观乃是对法律现象的根本认知与总体视角。在中国封建社会的主流意识形态中,理学法世界观独具特色,其架构与关注焦点显著异于西方。尽管宋明理学的核心不在于法律,但理学家与法律的纽带却牢不可破。他们涉足政治,必与法交织,政治的运作实为法与道德规范的交织互动,追求和谐共治。同时,理学深究道德实践,而道德与法律作为社会行为的两翼,密不可分。因此,在探讨道德之时,法律自然成为不可回避的议题,理学家广泛涉猎法律与制度,深刻阐述二者之间的关联与影响。

(一)法者,天下之理也

朱熹在考辨科举制度时,曾说"法者,天下之理也"[①]。程颢、程颐在探讨刑罚本源时,亦将其视为天理的直接显现,非人力所能及:"万物皆只是一个天理,己何与焉?至如言天讨有罪,五刑五用哉,天命有德,五服五章哉,此都是天理自然当如此。人几时与?"[②]可见,法的产生是天理所为,源自天命,体现了宇宙间不可抗拒的规律,非人所能随意塑造或改变。

理学精髓之"理",既为宇宙至高本体,亦蕴含着深厚的伦理纲常。首先,法律与"理"相通,宗法礼仪遂成法律核心。张载深谙此道,言:"礼非止著见于外,亦有无体之礼。盖礼之原在心,礼者圣人之成法也。除了礼天下更无道矣。欲养民当自井田始,治民则教化刑罚俱不出于礼外。"[③]此言精练地阐述了礼作为行为规范的根本地位。其次,理学家深信,封建伦理纲常乃天经地义,法律之精髓即在于捍卫此等天理。朱熹在《戊申延和奏劄一》中,说:"盖三纲五常,天理民

---

①　《朱熹集》卷六十九。

②　《二程集·河南程氏遗书》卷第二上。

③　《张载集·经学理窟》。

彝之大节,而治道之本根也。故圣人之治,为之教以明之,为之刑以弼之,虽其所施或先或后,或缓或急,而其丁宁深切之意,未尝不在乎此也。"[1] 圣人制刑就是为了给纲常的施行提供庇护,德与刑没有先后之分,刑也不在乎轻重缓急,圣人之治只有一个目标,就是维护三纲五常。再次,法的效力受制于"理",当法与"理"相冲突时,法要让位于"理",或者说"理"的效力是高于法的。程颐说:"盖先王之制也,八议设而后重轻得其宜,义岂有屈乎? 法主于义,义当而谓之屈法,不知法者也。"[2] 程颐强调,法律的本质是服务于义理的,若义理正当,则法律之执行即便看似有所妥协,实则是遵循了法的真谛。他批判那些认为法律因顺应义理而未能全然施行便是"委屈法"的观点,指出这实则是未能深刻理解法律与义理之间相辅相成、不可分割的内在联系。

（二）宋明理学"生生不息"的宇宙变化观

作为理学的奠基者,周敦颐曾提出"万物生生,而变化无穷焉",描绘了一幅生生不息、变幻莫测的壮丽图景。他认为,世间万物皆在无尽的流转与演化之中,所谓"四时运行,万物终始,混兮辟兮,其无穷兮"[3]。张载、程朱及陆王学派,均秉持此动态宇宙观,将世界的本质视为一场宏大的变化盛宴。张载提出"气化万物",揭示了万物通过气的运动与转化而生成的奥秘;朱熹则进一步阐发,通过动与静、经与权、常与变的精妙平衡,揭示了宇宙间变与不变的深刻辩证关系。在理学家眼中,尽管宇宙万物瞬息万变,但其背后的本体之理——如周敦颐所言的"太极"、张载论述的"太虚"、程朱阐释的"天理",乃至陆王心学中的"良知",均是不变的真理与原则。于是,"在常与变或一般与个别之间保持平衡,反映了中国哲学的基本思想……这些观念是中国古代文化的基本因素,当它们出现在有关法律制度和法律秩序的思想中,一点也不奇怪"[4]。这种在变与不变、一般与个别间寻求平衡的哲学思考,正是中国哲学思想的精髓所在。当这些哲学观念渗

---

① 《朱熹集》卷十四。

② 《二程集·河南程氏文集》卷第八。

③ 《通书·动静》,《太极图说、通书、观物篇》,上海古籍出版社 1992 年版。

④ 篮德彰:《宋元法学中的"活法"》,《美国学者论中国法律传统》,中国政法大学出版社 1994 年版,第 307 页。

透至法律领域,便自然催生了独特的变法观念。

理学的变法观,是变革与守恒的和谐共生,是勇于革新与审慎行事的智慧结合。它坚信世界处于永恒的运动之中,变革乃历史之必然;同时,也强调变动之中蕴含着不变之理,变法须在天理框架内,遵循理性原则。理学家对渐变的推崇,体现了他们对变法持有的谨慎态度,主张在稳定中寻求进步,在变革中不失其本。因此,理学的变法观,既是对时代变迁的积极响应,也是对传统价值的坚守与传承。

（三）宋明理学的二重人性论决定了德法关系格局

自先秦儒家思想萌芽,人性便成为构筑德治与法治基石的核心理念。孔孟秉持"性善论",倾向于以德化民,视道德教化为社会治理之根本,对法律持相对审慎的态度。反观荀子,其"性恶论"则为他强调礼法并重提供了人性论的支撑,虽亦重德,却更为凸显法治之必要性,形成与孔孟不同的法治观。至汉代董仲舒,他巧妙融合性善性恶之说,创立"性三品"理论,主张德治诱导善行,法治震慑恶行,实现了德刑并用的理论创新,但核心仍在于强调德治的主导地位,通过"阳德阴刑"的哲学构想,倡导"大德为主,辅以小刑"的治理理念,进一步丰富了儒家思想在治理实践中的应用与深化。

张载在《正蒙》中开创性地区分了"天地本性"与"气质之性",指出人性蕴含双重维度:前者乃纯粹之善,源自宇宙本原;后者则因个体气质差异而可能显露出复杂面向,非全然善美。程朱学派沿此脉络,深化阐释,朱熹尤著。他细分为"天命之性"与"气质之性",前者本然至善,然需借"气"化育万物。在气化过程中,因禀受之气质清浊、厚薄各异,人性遂现善恶纷呈。仅极少数圣人能全然承袭"天命之性",达至纯善之境,而芸芸众生则多为二者交织,善恶并存。朱熹主张,对人性之善应悉心培育,通过教化引导其彰显;而面对潜在之恶,则倡设法制以规范,必要时辅以刑罚,以正其行。朱熹说:"先立个法制,如此,若不尽从,便以刑罚齐之。"① 此理念促使理学德刑观发生转变,由传统"德主刑辅"迈向"德刑并重",彰显了理学超越传统儒家、对刑罚治理功能的高度重视,为后世社

---

① 《朱子语类》卷二十三。

会治理提供了更为全面而深刻的思考框架。

（四）宋明理学义利观决定了法的价值

理学深植于儒家传统，尤重义而轻利，朱熹更是将此义利之辨置于儒学核心，显著提升了其思想地位。他强调，古圣先贤的教诲，乃至经典传承，核心在于引导世人明辨义利界限，把握其间的分寸与抉择。朱熹将义利的内涵规定为："义者，天理之所宜。利者，人情之所欲。"[①] 此言道出了义作为宇宙自然法则对个体的规范，而利则往往源自个人私欲的驱动。通过将义提升至天理的层面，朱熹赋予了义以宇宙本源的庄严与不可撼动的力量，使之成为超越一切的价值标杆。由此，"存天理，去人欲"不仅是对价值观念的倡导，更转化为一种坚定不移的行为准则。在理学的法律哲学中，"义"成为价值的终极追求，是法律正义实现的灵魂所在。任何违背"义"之行径，均被视为对天理的背离，亦成为理学体系中刑罚介入的深刻缘由。

理学并未全然否定"利"，其所贬斥者，实为狭隘之私利，故对涉个人田产、婚姻等私事诉讼，理学家持与传统儒家相似的审慎态度，予以排斥。与此同时，理学积极倡导公利，朱熹曾说："法之大体，实已利便。"[②] 基于此，理学家致力于法律之诸多变革，旨在增进公共利益，展现了诸多积极作为。在行为选择的天平上，"义"作为理学法律价值的核心，成为其价值追求与实践的标杆。一旦"义"受损，便成为理学体系下启动刑罚机制的关键考量，彰显了其正义为先的治理哲学。

（五）理性视角下的息讼与诉讼平衡

理学虽秉持对诉讼的谦抑态度，致力于追求"无讼"的理想境界，却非盲目排斥通过法律途径解决争端。相反，它以一种务实而精进的姿态妾纳并审慎处理诉讼，展现了在司法裁断上的卓越智慧与策略。理学不主张因殉人情而隐忍放弃诉讼权利，批判官员对诉讼的漠视为"失却爱民之心"，同时警惕诉讼沦为唯利是图的工具，强调非为私欲、确有必要的诉讼应予受理。理学倡导的息讼，并非一刀切地抑制所有诉讼，而是聚焦于那些涉及田产、婚姻等民间琐事及不违纲

① 《里仁第四》，《论语集注》卷二。

② 《答陈漕论盐法书》，《朱熹集》卷二十四。

常伦理的民事争议。对于严重违背道义、破坏社会秩序及公权力的诉讼,理学则坚决支持其发起,认为此类情形下非但不能息讼,反而需积极"兴讼",以正视听,维护封建伦理秩序的核心——三纲五常。理学的义理体系既是引导息讼的深层原因,也是激发正当诉讼的内在动力,在灵活应变之中始终坚守维护封建统治秩序的初衷。公正,作为理学倡导的诉讼基石,成为衡量人才司法能力的重要标尺之一。由此观之,理学的诉讼观念在传统儒学的基础上,展现出既承继又创新的微妙变化,更加适应了当时社会的复杂需求与价值观念的演变。

二、宋明理学的变法观

两宋之际,正值社会巨变的洪流,理学应运而生。这一时期,经济领域见证了农耕文明遭遇的双重挑战:一是北方游牧民族迥异生产方式的碰撞,二是手工业空前兴盛催生的商品经济浪潮,对固有经济模式构成了深刻解构。政治上,君主集权进一步强化,牵引着国家机器运作模式的深刻转型。文化层面,儒学复兴的思潮蔚然成风,为思想界注入了新的活力。面对这一系列错综复杂的变革,理学以其深邃的哲学视角,对法律是否应顺应时代变迁、如何有效回应这些变革提出了独到见解,旨在构建一套既能维护社会秩序又能促进时代进步的法律理念与体系。

(一)因事制宜:后世变革之必然使命

理学强调,在历史变迁中,上古与三代帝王圣人均秉持适时立法、勇于变革的精神,不故步自封。程颢指出:"圣人创法,皆本诸人情,极乎物理,虽二帝、三王无不随时因革,踵事增损之制。"[①] 朱熹则进一步阐发:"大抵立法必有弊,未有无弊之法","虽是圣人法,岂有无弊者?"[②] 程颐则言辞更为犀利,他在《代吕公著应诏上神宗皇帝书》中似乎有点激愤地说:"如曰旧政既善,无所可除,则天为诬矣,臣复何言?"他在上书中直言不讳地批判了"旧政无弊"的论调,认为这无异于天方夜谭,强调变革之必要性与紧迫性,彰显了他对于顺应时代潮流、勇于革

---

① 《论十事箚子》,《河南程氏文集》卷第一,《二程集》。
② 《朱子语类》卷一百零八。

故鼎新的坚定立场。综上所述,理学倡导的是一种动态的法律观,强调法律应随时代变迁而不断革新,以适应社会的发展需求。

朱熹针对"祖宗法度不可变"的固执观念,深刻阐述道:"然祖宗之所以为法,盖亦因事制宜,以趋一时之便。而其仰循前代,俯徇流俗者,尚多有之,未必皆其竭心思、法圣智以遗子孙,而欲其万世守之者也。是以行之既久而不能无弊,则变而通之,是乃后人之责。"[①] 朱熹认为,祖宗之法也是当时因事制宜的产物,是为了当时之便,祖宗制法时也没有要求子孙后代万世遵守,因此也没有制定一部万世都能行得通的法,所以行世久了自然就不合时宜,"变而通之"是后人的责任。

(二)天理恒常:变中之不变之理

朱熹深谙变与不变之精髓,他阐述道:"盖天下有万世不易之常理,又有权一时之变者。如君君、臣臣、父父、子子,此常理也;有不得已处,即是变也,然毕竟还那常理底是。"[②]"所因,谓大体;所损益,谓文为制度,那大体是不变得底。""所谓损益者,亦是要扶持三纲五常而已。"[③] 变与不变的界限,实则微妙而深刻。三纲之理,作为立法之基石与灵魂,恒定不移,孕育并指引着纷繁复杂的法律制度之变迁。这些制度随时代更迭而灵活调整,其内核——三纲之理,则稳固如磐。朱熹所言经权之道,恰如其分地阐释了此中哲理:"天下之事有常有变,而其所以处事之术有经有权。君臣父子,定位不易,事之常也;君令臣行,父传子继,道之经也。"[④] 故此,君臣父子之等级秩序与地位格局,作为不变之"经"与"常",是社会稳定的基石,而具体施政之灵活多变,则是在此基石上的艺术演绎。程颢、程颐曾精辟阐述治道精髓:"治道有自本而言,有就事而言。自本而言,莫大于引君当道,君正而国定矣。就事而言,未有不变而能有为者也,大变则大益,小变则小补。"[⑤] 可见,国体是不能变的,除此之外的具体制度却不能不变。

---

① 《读两陈谏议遗墨》,《朱熹集》卷七十。

② 《朱子全书》卷六十一。

③ 《朱子语类》卷二十四。

④ 《甲寅行宫便殿奏劄一》,《朱熹集》卷十四。

⑤ 《论政篇》,《河南程氏粹言》卷第一,《二程集》。

（三）兴利尚德：改革评判的双重维度

程颢与程颐对王安石新政之批判，根源在于他们认为新政过于偏重"以财生利"，而忽略了德化之根本，此举短期内虽见成效，长远来看却弊端丛生。他们指出："数月之间，章数十上，尤极论者：辅臣不同心，小臣与大计，公论不行，青苗取息，卖祠部牒，差提举官多非其人及不经封驳，京东转运司剥民希宠不加黜责，兴利之臣日进，尚德之风浸衰等十余事。"① 此等举措非但未能促进社会和谐，反使"兴利"之臣日增，而崇尚道德之风日渐式微。在《代吕公著应诏上神宗皇帝书》中，程颐直言不讳，恳请神宗皇帝反躬自省，强调君主治国应怀至诚之心，视民如伤，每举一动皆需谨慎。他认为，真正的王者之心，应唯恐政策不合天意，行事有违公理。程颐明确提出："所谓省己之存心者，人君因亿兆以为尊，其抚之治之之道，当尽其至诚恻怛之心。视之如伤，动敢不慎？兢兢然惟惧一政之不顺于天，一事之不合于理。如此，王者之公心也。若乃恃所据之势，肆求欲之心，以严法令，举条纲为可喜，以富国家强兵甲为自得，锐于作为，快于自任，贪惑至于如此，迷错岂能自知？若是者，以天下徇其私欲者也。"②

朱熹对王安石新法持批判态度，主要因为他认为新法不明义理""专贵吏材"。朱熹强调，改革固为必要，但须"循天理而行"，以古圣先贤之"道统"为纲。他指出："管仲资禀极高，故见得天下利害都明白，所以做得许多事。自刘汉而下，高祖、太宗亦是如此，都是自智谋功力中做来，不是自圣贤门户来，不是自自家心地义理中流出。"③"凡事求可、功求成，取必于智谋之末，而不循天理之正者，非圣贤之道也。"④ 朱熹进而批评王安石，认为其仅专注于利益之兴，忽视了正心诚意等治国根本，导致本末倒置，最终引发社会动荡。他强调，真正的改革应根植于天理与圣贤之道，方能避免祸乱，实现国家的长治久安。

理学不反对改革惠泽民众，却警惕单一逐利之风，若社会从唯利是图，将催生贪婪之徒，淳朴民风恐遭侵蚀，奢华之风盛行。理学家并非否定利益的价值，

---

① 《明道先生行状》，《河南程氏文集》卷第十一，《二程集》。
② 《河南程氏文集》卷第五，《二程集》。
③ 《朱子语类》卷二十五。
④ 《朱子语类》卷一百零八。

而是坚决反对将利益置于道德之上，此观念实乃先秦儒家重义轻利传统的现代回响，强调道德指引下的利益追求。

（四）变革审慎与人才精择

变法，作为国家与民众命运的重大转折，其每一步举措都需谨慎考量，不可轻率行事。程颐深谙此道，他指出："变革，事之大也。必有其时，有其位，有其才，审虑而慎动，而后可以无悔。"[①] 所以说，变法必须审时度势，等待条件成熟，至少要具备"时""位""才"三个因素：时者，乃时机之成熟，需精准捕捉，既防操之过急，亦忌错失良机；位者，指变革者需手握实权，能驾驭局势，方能令行禁止，否则变革终成空谈；才者，人才之储备，乃变革之根本，无才则良策难施，愿景难成。朱熹在总结王安石变法之经验教训时，亦持谨慎态度，他认为："为政如无大利害，不必议更张。更张则所更一事未成，必哄然成纷扰，卒未已也。不能则谨守常法。"[②] 同时，他强调变法的灵活性与策略性，指出变法并非全盘否定，而应有选择地变革，既有变革的勇气，也要有因循的智慧，做到当变则变，当守则守，平衡变革与稳定的关系。针对王安石变法，朱熹批评其缺乏周详策略，一味激进，未能兼顾时局复杂性与民众承受能力，终难实现长治久安，"一向放倒，亦无缘治安"[③]。他主张，变法应如医者用药，因病施治，既要猛药去疴，也要调和阴阳，方能达到治理国家的最佳效果。

（五）民本为核心：变法之根本导向

在理学政治哲学的精髓中，重民思想犹如璀璨星辰，照亮了古代治理的智慧之路。理学家深刻洞察到，为政之要，首在恤民，需心系苍生疾苦，深知农耕之艰，强调厚生之道，致力于满足民众的基本生活需求。他们倡言："为政之道，以顺民心为本，以厚民生为本，以安不扰为本。"[④] 在这一理念指引下，变法图强亦需秉持民本原则，审慎而行。

---

① 《周易程氏传》，《二程集》。
② 《朱子语类》卷一百零八。
③ 《朱子语类》卷一百零三。
④ 《河南程氏文集》卷第五，《二程集》。

关于变革的发起,理学家主张广泛征集民意,反对独断专行,认为变革的正当性应建立在广泛的社会共识之上。他们批评忽视公众意见的行为,强调"或以为己安且治,所任者当矣,所为者至矣。天下之言不足恤矣,如此则天之所戒也,当改而自新者也"①。再者,改革的成功与否,关键在于民心所向。理学家强调,改革方案应公开透明,让民众充分了解,从而逐步建立信任与支持。正如程颢、程颐所论:"事之变革,人心岂能便信? 必终日而后孚。在上者于改为之际,当详告申令,至于巳日,使人信之。人心不信,虽强之行,不能成也。先王政令,人心始以为疑者有矣,然其久也必信。终不孚而成善治者,未之有也。"②基于上述原则,二程于《论十事劄子》中精心构想了一系列改革蓝图,其核心皆围绕增进民众福祉,展现了理学家深厚的民本情怀与务实的改革精神。

三、宋明理学的德刑观

宋明理学之德刑关系论,既深植于传统儒家智慧之沃土,又锐意开拓,展现出独特的创新与发展。它巧妙地平衡了德治与法治的天平,既未蹈儒家泛道德主义之覆辙,轻视法律之规约;亦未滑入严刑峻法之极端,沦为暴力主义之附庸。理学之"严刑",实则蕴含深厚理性,首重法律框架内的严格依法,次则强调慎刑之道,避免滥刑酷刑之弊。此"严",更多指向法律执行之力度与决心,要求执法官吏恪守不渝,确保法度严明,从而在根本上推动了传统治政理念的深刻变革。下面对这一时期主要理学家的德刑观进行简要论述。

(一)程颐的德刑观

程颐在解《周易》蒙卦时,论述了教化和刑罚的关系:"初以阴暗居下,下民之蒙也。爻言发之之道。发下民之蒙,岂明刑禁以示之,使之知畏,然后从而教导之。自古圣王为治,设刑罚以齐其众,明教化以善其俗,刑罚立而后教化行,虽圣人尚德而不尚刑,未尝偏废也。故为政之始,立法居先。治蒙之初,威之以刑者,所以说去其昏蒙之桎梏,桎梏谓拘束也。不去其昏蒙之桎梏,则善教无由而

---

① 《朱子语类》卷五十五。
② 《周易程氏传》卷第四,《二程集》。

入。既以刑禁率之,虽使心未能喻,亦当畏威以从,不敢肆其昏蒙之欲,然后渐能知善道而革其非心,则可以移风易俗矣。苟专用刑以为治,则蒙虽畏而终不能发,苟免而无耻,治化不可得而成矣,故以往则吝……治蒙之始,立其防限,明其罪罚,正其法也,使之由之,渐至于化也。或疑发蒙之初,遽用刑人,无乃不教而诛乎? 不知立法制刑,乃所以教也。盖后之论刑者,不复知教化在其中矣。"①

在解经之余,程颐深邃的见解更彰显了其独特的政治哲学。他回溯古圣王之治,强调初政之时,先立刑罚以震慑民心,使之知惧,随后辅以教化,渐次改良风俗。此中逻辑,在于认识到人性初启,多昏蒙未觉,仅凭教化难以立时见效。刑罚作为一时之需,旨在以强制力遏制恶行,迫使民众在不解善道之时亦能循规蹈矩。久而久之,习惯成自然,人心向善,风俗自淳。程颐进而阐明,刑罚非但非教化之敌,实乃其先导与后盾,确保教化之路畅通无阻。然他亦指出,圣人虽崇德不尚刑,却非废弃刑罚,而是深知治本在教化,刑罚仅为辅助。若误将刑罚视为唯一手段,则民虽免于刑罚,却失羞耻之心,非治道之真谛。最终,程颐强调,圣人立法制刑,实则寓教化于其中,刑罚乃教化之一种表现形式,目的仍在于引导人心向善。此即目的对手段的驾驭,彰显出圣人在治理国家时的深远考量与智慧。

总之,程颐核心观点聚焦于教化之根本性。他认为,教化缺失与法令松弛共构乱世之基;法令严苛而无教化支撑,难称善治。理想之治在于"小人修身,君子明道",促使"良善蔚然成风,礼义广布,习俗臻于至善",届时刑罚虽存,却形同虚设,社会达至大治之境。因此,程颐深刻指出,治道精髓在于教化,法令仅为辅助,教化之力,方为长治久安之本。

(二)朱熹的德刑观

朱熹亦持教化情怀,但更侧重于探讨教化与刑罚的有机融合之道,强调通过刑罚的有效实施以促教化深入,旨在最终实现刑罚无施、社会和谐之理想治理境界。正如其所言:"臣闻昔者帝舜以百姓不亲,五品不逊,而使契为司徒之官,教以人伦,父子有亲,君臣有义,夫妇有别,长幼有序,朋友有信,又虑其教之或不从

---

① 《周易程氏传》,《二程集》。

也,则命皋陶作士明刑,以弼五教,而期于无刑焉。盖三纲五常,天理民彝之大节,而治道之本根也。故圣人之治,为之教以明之,为之刑以弼之,虽其所施或先或后,或缓或急,而其丁宁深切之意,未尝不在乎此也。"[①] 朱熹主张,圣治之基在于三纲五常之教化,此即理学所言之"天理"。而"制刑"旨在"弼五教",作为应对教化不顺的防范措施。故而,天理教化与刑罚之关联,在于刑罚乃天理实践之坚实后盾,二者相辅相成,无分先后轻重,共同维系社会和谐与道德秩序。

在道德教化和施刑处罚的关系上,朱熹对于先秦儒家推崇的"先教后刑"理念持有独到见解,他认为德与刑的实施无须严格区分先后,关键在于贯彻"以刑弼教"的理念,即教化为核心,刑罚作为辅助手段,共同促进社会秩序。相较于商鞅的"以刑去刑",朱熹的刑罚观更侧重于"以刑当其罪而促无刑",或言"以刑正非礼以归礼",二者虽路径不同,却共享同一逻辑:通过合理的刑罚让民众心生敬畏,从而自觉远离犯罪,最终实现不用刑罚的理想社会状态。在否定了"先教后刑"之后,朱熹更重德刑并重与沟通,主张教化为本,刑罚为辅,相辅相成,共筑社会秩序,如"若夫道德性命之与刑名度数,则其精粗本末虽若有间,然其相为表里,如影随形,则又不可得而分别也"[②]。朱熹倡导德、礼、政、刑并重,尤其强调刑的强化作用,以理学"天理"为基石,将"三纲五常"提升至绝对高度,并加强其维护手段。他主张在司法实践中,无论案情如何,首要考量是否违背尊卑、长幼等伦理秩序。一旦触及纲常底线,即便出于无心之失,亦须追责;即便案情存疑,情有可原,亦不宽贷,力求通过严惩以维护伦理纲常的绝对权威。

(三)陆九渊的德刑观

陆九渊在《政之宽猛孰先论》中深入探讨了教化与刑罚之间的微妙平衡,以宽政与猛政为喻,阐明其见解。首先,他强调刑罚非但不可废弃,反而是维护社会秩序不可或缺的一环。如其论述道:"强弗友之世,至于顽嚚、疾狠、傲逆、不逊,不可以诲化怀服,则圣人亦必以刑而治之。""蛮夷猾夏,冦贼奸宄,舜必命皋陶以

---

① 《戊申延和奏劄一》,《朱熹集》卷十四。
② 《读两陈谏议遗墨》,《朱熹集》卷七十。

明五刑。"① 其次,圣人运用刑罚,乃是顺应天道,旨在辅助教化之不足,其终极目标是实现"无刑"之境。正如其有曰"舜必命皋陶用五刑,然其命之之辞曰:'以弼五教,期于无刑'。皋陶受士师之任,固以诘奸匿,刑暴乱为事也,然其复于舜者,曰:'御众以宽',曰'罚弗及嗣',曰'罪疑惟轻',曰'与其杀不辜,宁失不经,好生之德,洽于民心,兹用不犯于有司。'呜呼!此吾所谓君之心而政之本也,而可以猛云乎哉?"② 因此,圣人在施刑时,秉持着宽仁之心,仅对犯罪者本人施以惩戒,不累及无辜后代;面对证据不足的情况,则倾向于从轻发落,以免误伤良善,从而坚守"仁"之底线。这不仅是君子内在修养的体现,也是圣人治国理政的根本所在。再者,圣人在执行刑罚之时,能够彰显其深厚的宽仁情怀,刑罚在圣人手中成为传递仁爱与善意的媒介。正如其所论述的:"尝谓古先帝王未尝废刑,刑亦诚不可废于天下,特其非君之心,非政之本焉耳。夫惟于用刑之际而见其宽仁之心,此则古先帝王之所以为政者也。"③ 即他们通过刑罚的实施,既遵循了上天的意志,又借由惩治恶行来激励善行,使得每一次行刑都蕴含了施仁的深意,实现了惩恶与扬善的和谐统一。

四、宋明理学的诉讼观

自孔子倡导"必也使无讼"的理念以降,后世儒者多秉持无讼、贱讼的崇高愿景。然而,在这股观念的深远影响下,民众并未真正远离诉讼的纠葛。及至宋代理学兴起,理学家虽在根源上仍秉持对诉讼的轻视与平息之愿,但其态度已远非单纯的"贱"或"息"所能概括。他们不仅精通律法,更不乏杰出的司法实践者,对诉讼事务的处理展现出高度的严谨与细致。理学的息讼观念亦在潜移默化中发生变化,理学家开始有区别地倡导息讼,同时更加务实地面对诉讼现实,有效解决了一系列复杂的司法难题,展现了理论与实践的深度融合。

(一)程颢、程颐对诉讼的态度

《周易》作为理学家思想探索的深厚源泉,其核心观念之一便是对诉讼持谨

---

① 《陆九渊集·政之宽猛孰先论》。
② 《陆九渊集·政之宽猛孰先论》。
③ 《陆九渊集·政之宽猛孰先论》。

慎乃至避讳的态度,强调"讼不可妄兴""讼不可长",视诉讼为不祥之兆。在此基础上,程颢与程颐于《周易程氏传》中,对"讼"这一卦象进行了更为深入的剖析与阐释。他们的论述不仅展现了对诉讼制度的基本立场,也深刻反映了对此类纷争解决方式的独到见解。

其一,在二程哲学中,诉讼被视为一种社会现象中的必然存在,源于人与人之间利益交织下的冲突与纷争,其客观性不容忽视,如其所言"人之所需者饮食,既有所须,争讼所由起也,讼所以次需也"①。其二,二程亦指出,诉讼并非正面价值所倡导,而是人们在特定情境下,出于无奈所采取的手段,所谓"讼非善事,不得已也,安可终极其事?极意于其事则凶矣,故曰不可成也"②。其三,二程认为,对于提起诉讼的个体而言,其核心目的在于厘清是非曲直,然而,这一过程能否实现公正无偏,则高度依赖于负责审理案件的官员之智慧与公正,如其论述"讼者求辩其是非也。辩之当,乃中正也,故利见大人,以所尚者中正也。听者非其人,则或不得其中正也"③。其四,二程还强调了天象与人间事务之间的微妙联系,认为人心之纷争会映射至自然天象的异常,从而指出"讼"的根源深植于人类社会内部的争执与不和,如"天上水下,相违而行,二体违戾,讼之由也。若上下相顺,讼何由兴?君子观象,知人情有争讼之道,故凡所作事,必谋其始,绝讼端于事之始,则讼无由生矣"④。

此外,在程颢的上书《乞留张载状》中,亦显露了他对司法诉讼的独到见解与态度,文字间透露出对案件处理的深刻考量。他表示:"夫推按诏狱,非谓儒者之不当为,臣今所论者,朝廷待士之道尔。盖试之以治狱,虽足以见其钩深链覆之能,攻摘断击之用,正可试诸能吏,非所以尽儒者之事业。徒使四方之人谓朝廷以儒术贤业进之,而以狱吏之事试之,则抱道修洁之士,益难自进矣。"⑤从中可以看出,程颢虽不否认儒者涉足"推按诏狱"之能力,却强调此举非儒者理想之

---

① 《周易程氏传》。
② 《周易程氏传》。
③ 《周易程氏传》。
④ 《周易程氏传》。
⑤ 《乞留张载状》,《河南程氏文集》卷第一,《二程集》。

业。他认为，推勘之事虽非难事，但由大儒执掌，未免有"大材小用"之嫌，未能充分发挥儒者之所长，亦是对朝廷"尊贤重士"政策的未尽体现。此言论透露出程颢内心深处的价值取向——在他看来，相较于琐碎的狱讼推勘，儒者更应致力于更高层次的学问探讨与教化。这种立场，实则隐含了对诉讼的轻视与边缘化态度，即便是间接的，也反映出贱讼或至少是轻讼的观念在其思想体系中占据一席之地。程颐同样秉持相似见解，二人对听讼官的态度从另一维度映射出他们对诉讼的深层次淡漠与距离感。

（二）朱熹对诉讼的基本态度

朱熹历经波折，终得面圣，被委以侍讲重任，故其经筵讲授内容皆为其学术之精华，经过深思熟虑。譬如，在阐释孔子"听讼，吾犹人也，必也使无讼乎"之语时，其见解尤为精辟且富含哲理，如其谈到"盖言圣人德盛仁熟，所以自明者皆极天下之至善，故能大有以畏服其民之心志，而使之不敢尽其无实之辞。是以虽其听讼无以异于众人，而自无讼之可听。盖己德即明而民德自新，则得其本之明效也。或不能然，而欲区区于分争辩讼之间，以求新民之效，其亦末矣"[①]。此处，朱熹是基于圣人"德盛仁熟"之境阐述无讼理念，他认为圣人因德行高尚，仁心纯熟，能以道德力量感化民众，使之敬畏其德，故而不敢有虚妄之词。当真相得以彰显，纷争自消，诉讼自然无由而生。朱熹将诉讼之源追溯至统治者道德修养之不足，虽非创新之见，却蕴含深意。实则，他是在委婉地劝诫皇帝应致力于提升自我德行，施行仁政，以德行感召万民，此举彰显了他非凡的胆略与勇气。

朱熹同样将"无讼"视为理想社会的典范，这一理念贯穿于他撰写的众多榜文与晓谕之中，视诉讼为衡量社会风气的一面镜子。在他看来，诉讼稀少则民风淳厚，反之，讼案频发则民风渐趋浮薄。例如，他在《知南康榜文》内论述道："本军民俗号称淳厚，廷少净讼，狱少系囚。"他赞誉该地民俗淳朴，少纷争，监狱中囚禁之人亦不多，以此彰显良好社会风貌。而在《晓谕兄弟争财产事》中，朱熹更是严正告诫民众，兄弟间因财产而起争执乃是大忌，旨在通过教诲使民众能以此为鉴，避免此类琐事上升至法庭，从而维护社会风气之纯正。朱熹震惊于一种现

---

① 《经筵讲义》，《朱熹集》卷十五。

象：在父母健在之时，兄弟竟私自瓜分家财，相互推卸缴纳税赋之责，甚至为此争执不休，直至对簿公堂，此等行径实乃世风日下之鲜明写照。他认为，此现象背后，一则是社会风气之败坏，二则是地方官吏教化引导之不足。在朱熹眼中，若此类纷争频现，作为肩负"承天命、导民化"重任的地方官员，理应心生惶恐，深刻反省自身在教化百姓、维护礼序方面的缺失与不足。

第六章

明末清初启蒙思想家的法律思想

在中国数千年的文明长河中，法律思想始终扮演着不可或缺的角色，它不仅塑造了社会的治理体系，也深刻影响了人们的价值观念和道德观念。明末清初是中国历史上一个极为特殊的时期，这一时期的政治动荡、经济变革、文化交融，为思想界注入了新的活力。其中，启蒙思想家的出现，更为中国法律思想史书写了浓墨重彩的一笔。

明末清初，正值封建社会的晚期，各种社会矛盾日益尖锐，传统的法律体系已无法完全适应社会的发展需求。同时，西方文化的传入，为中国的知识分子提供了全新的视角和思考方式。在这样的背景下，一批具有远见卓识的启蒙思想家应运而生，他们通过批判封建旧制、倡导法治精神，为中国法律思想的发展注入了新的活力。这些启蒙思想家，如黄宗羲、顾炎武、王夫之，不仅具有深厚的学术素养，更有着强烈的社会责任感和使命感。他们深入剖析了当时社会的种种弊端，提出了一系列具有前瞻性的法律思想。这些思想不仅在当时引起了广泛的关注，而且对后世产生了深远的影响。

这一时期启蒙思想家的法律思想，不仅是对传统法律思想的批判和继承，更有对西方法律思想的吸收和融合。他们试图通过引入西方的法治理念，来改造中国的传统法律体系，推动中国社会的进步和发展。这种跨文化的思想交流，为中国法律思想的发展注入了新的元素，也为中国的现代化进程奠定了坚实的思想基础。

第一节　明末清初启蒙思想家的法律思想概述

明末清初之际,商品经济的发展和市民阶层的初步形成,悄悄叩响了腐朽的封建专制制度的丧钟。以黄宗羲、顾炎武、王夫之、唐甄、颜元、李塨等为代表的一代启蒙思想家,发掘了中国各代思想中与民主意识相通的"重民""平等""大同"等思想因素,以市民阶层代言人的身份登上了政治舞台。他们反对封建专制主义的"独治"和"一家之法",要求代之以"众治"和"天下之法";他们明确反对中央集权的君主专制政体,倡导民主、平等、自由、平均土地、工商皆本和带有资产阶级色彩的"法治"①。从而,揭开了中国法律思想史的新篇章。

一、明末清初启蒙思想家产生的时代背景

相对于 1840 年后的近代启蒙思想家而言,明清之际的启蒙思想家的思想几乎未受外来思想的影响,可以说此时启蒙思想家的思想更具传统特色。他们发起的思想启蒙,虽比不上同时期西方启蒙运动那样声势浩大,但在当时的中国却起到了振聋发聩的作用,使沉闷了近两千年的思想界为之耳目一新。

1. 经济上:资本主义萌芽的出现

自明朝中叶起,中国古代社会的经济状况经历了显著的转变。随着手工业的持续发展和农业生产水平的稳步提高,商业也愈发繁荣,从而推动了社会分工的进一步深化。在这样的背景下,手工业部门中率先展现出了资本主义的萌芽迹象。江南地区尤其是苏州一带出现了大量以织绢为生的机户和机工,机户与机工的关系是"机户出资,机工出力"的商品货币关系。②机工与机户没有任何人身依附关系,二者在法律上具有较为自由的地位。机户"以机杼起家致富",从而积累了财富数万金,甚至高达百万金。他们出资购买机工的劳动力,并且支付一定的报酬。可见,此时机户与机工的关系正朝着资本家与工人之间的关系发

---

① 武树臣:《中国传统法律文化》,北京大学出版社 1994 年版,第 512 页。
② 马小红:《中国古代法律思想史》,法律出版社 2003 年版,第 207 页。

展着,这种现象是几千年来古代中国未曾出现过的一种新的生产关系,资本主义的萌芽在此时已然出现。

在明朝的末期,微妙的变革正在悄然发生。在封建社会的土壤里,资本主义的萌芽如同顽强的野草般生长。市民阶层的队伍日益壮大,他们的声音逐渐汇集成一股不可忽视的力量。这些市民多数是手工业工人,他们通过辛勤的劳动,为社会的发展注入了活力。为了维护自身的权益,他们开始组织起来,形成了行会组织。这些行会组织为工人们提供了一个共同发声的平台。当货币贬值、物价飞涨,生活成本急剧上升时,工人们不再默默忍受,而是勇敢地站出来,向工场或作坊的主人提出增加工资的要求。对于朝廷的盘剥,居民也表现出了强烈的反抗意识。万历年间,宦官们四处征商,想要从商人们的口袋中榨取更多的财富。这种贪婪的行为遭到了坚决抵制。在湖广地区,市民们将征商的宦官陈奉逐出武昌。在苏州,机户们更是为了抗议宦官孙隆的加税政策,采取了激烈的行动。他们纷纷关闭自家的织机,停止生产,以此表达对朝廷的不满和抗议。这一系列的事件表明,明朝末期的市民阶层已经具备了相当的反抗意识和行动能力。他们不再忍受朝廷的剥削和压迫,而是勇敢地站出来维护自己的权益。这种变化不仅为后来的民主革命奠定了基础,也为中国社会的发展带来了深远的影响。

在清朝初期,中国的社会经济图景呈现出一派生机勃勃的繁荣景象。手工业和商业在历经战乱后的沉寂之后,迅速恢复了活力,并呈现出蓬勃的发展态势。工匠们凭借精湛的技艺和不懈的努力,将一片片布料、一块块玉石、一件件瓷器等原材料,转变为精美绝伦的手工艺品。特别是在以丝织业著称的江南、四川、福建、山东、湖广等地,手工业的发展更为显著,较之明代,其规模和技艺都有了质的飞跃。江西的制瓷业更是独树一帜,精美的瓷器如冰如玉,令人叹为观止。广东的铸铁业也是如火如荼,各种铁器制品远销四方。而四川的煮盐业,则是当地经济的支柱,为百姓生活提供了必不可少的食盐。随着手工业的发展,商业也迎来了前所未有的繁荣。商人们纷纷开设商铺,市集也如雨后春笋般涌现。商人们不畏艰险,跋山涉水,奔波于西北、西南等地,进行长途贸易。商业的繁荣不仅推动了手工业的发展,也促进了经济的整体增长。清朝初期手工业和商业的蓬勃发展,为中国的社会经济注入了新的活力。

随着资本主义萌芽的悄然出现,社会的经济格局开始发生深刻的变化。原本占据主导地位的、以自给自足为特点的自然经济,逐渐显露出动摇的迹象。在这一背景下,许多失去土地的农民为了寻找生计,纷纷涌入城市。他们希望能在城市中找到新的工作机会,摆脱农村贫困的束缚。这些无地农民的涌入,不仅为城市的发展提供了劳动力,也进一步推动了城市经济的繁荣。与此同时,一些农民也开始逐渐改变原有的生产方式。他们不再仅仅依赖于传统的粮食作物种植,而是开始转向经济作物的生产。这些经济作物如棉花、烟草、茶叶,市场需求量大,价格较高,能够带来更高的经济收益。总之,重农抑商、重本轻末的传统观念与制度在"末富居多,本富日少"[①]（即从事商业及手工业而致富的人居多,从事农业生产而致富的人日益减少）的状况下被逐渐冲破。

2. 政治上:各种矛盾错综复杂

明末清初,中国正经历着前所未有的历史转折点。此时的政治局势错综复杂。阶级矛盾日益尖锐,农民与地主、工匠与作坊主的利益冲突不断升级。与此同时,民族矛盾也愈演愈烈,汉族与其他民族的纷争不断。而在统治者的内部,政治斗争更是此起彼伏。在这乱世之中,一股新的力量正在悄然崛起。伴随着资本主义的萌芽,一个新的工商市民阶层逐渐崭露头角。他们有着自己的诉求和理想,不再满足于传统的社会结构。在对抗统治者的斗争中,这一阶层表现出了巨大的潜力和力量。下面对明末清初时期各种矛盾进行简要介绍。

第一,阶级斗争。明朝末年,朝廷腐败,王公勋戚与豪强地主凭借权势和财富,疯狂地兼并土地,使得原本就贫瘠的土地资源更加稀缺。农民在失去了土地和生计之后,被迫流离失所,成为无依无靠的流民。他们面临着国家的赋税、徭役的重压,同时还要忍受官僚豪绅的巧取豪夺,生活陷入了绝境。从明万历年间开始,农民起义便时有发生。佃农抗租,军队中发生哗变,连那些被束缚在庄园中的奴婢也开始"叛主",寻求自由。这些起义虽然规模不一,但都在宣告着明朝王朝的岌岌可危。到了天启年间,一场罕见的天灾更是加剧了社会的动荡。王二领导的饥民起义,便是在这样的背景下应运而生。这场起义迅速蔓延至全国

[①]　马小红:《中国古代法律思想史》,法律出版社2003年版,第207页。

各地,成为明末农民大起义的开端。这场起义历时 17 年之久,最终,在李自成的带领下,农民军攻入了北京城,明朝的崇祯皇帝在绝望中自缢于煤山。

第二,民族矛盾。明朝末年,国家内外交困,民族矛盾空前尖锐。朝廷的腐败无能使得各地的矛盾愈发激化,而在辽阔的东北地区,建州女真部却悄然崛起,逐渐发展成为一个强大的部族。他们目睹了明朝廷腐朽不堪的统治,便萌生了取而代之的念头。从万历年间开始,女真与明朝之间的战争便频繁爆发。然而,由于明朝军队的疲弱和朝廷的腐败,战争的结果往往以明朝的失败告终。这些失败不仅削弱了明朝的国力,更动摇了其在辽东的统治地位。女真人凭借自己的勇猛和智谋,逐渐建立了自己的政权——后金。他们与明朝形成对峙之势,随着时间的推移,女真人更是将国号改为清,将他们的志向昭告天下——灭亡明朝,统一天下。李自成攻占北京后,明朝的灭亡已是大势所趋。就在这时,清朝的大军大举入关,意图一举拿下中原。此时,镇守山海关的明朝将领吴三桂,在权衡利弊之后,选择了投降清朝。他引清兵入关,共同镇压了农民起义军,使得农民军最终被迫放弃了北京这座古都。女真人终于建立了统一的政权——清朝,取代了明朝的统治地位。然而,民族的矛盾并未因此缓和。清初,各地的抗清斗争此起彼伏,许多汉族士大夫也加入了抗清的行列。人民的反抗迫使清政府不得不调整政策,加速汉化进程,并改施怀柔之策以稳定民心。

第三,政治斗争。明朝末年,王朝的政治十分腐败。那时的朝廷,已然独揽了政治、经济和军事的一切大权,独裁的阴影笼罩在帝国的每一个角落。然而,权力的核心——皇帝,却往往无心于朝政,荒淫无道,导致了朝廷的大权旁落。那些原本应该辅佐皇帝、治理国家的宦官,却乘机窃取了国家的重权。他们结党营私,排斥异己,朝中那些贤能正直之士往往被他们排挤打压,甚至惨遭迫害。而在这黑暗的时代,总有一些人怀揣着对国家的忠诚和对人民的热爱,挺身而出,抨击朝廷的腐败和宦官的专权。他们便是被人们称为东林党人的那群开明士大夫。他们的斗争并非一帆风顺。他们被朝廷视为眼中钉,常常遭到罢免和迫害。于是,"外论所是,内阁必以为非;外论所非,内阁必以为是"①。朝野形成

---

① 《明儒学案·卷五八》。

了对立的局势。东林党人的声音虽然微弱,但却如同春雷一般,震撼着整个朝廷和社会。与以往的开明士大夫不同,东林党人与江南的手工业者和商业界有着密切的联系。他们的斗争,不仅仅是为了自己的政治理想,更是为了整个社会的公平和正义。

二、明末清初启蒙思想家的产生及特点

明末清初是中国历史上一个动荡而又充满变革的时期。在这一时期,社会矛盾激化,政治体制面临转型,这为启蒙思想家的产生提供了土壤。这些思想家在继承传统文化精髓的同时,也勇于批判旧有体制,提出了许多具有前瞻性和创新性的思想,为后来的社会变革和法治建设奠定了理论基础。他们的思想特点鲜明,既注重理论创新,又强调实践应用,为中国乃至世界的思想文化发展作出了重要贡献。

1. 明末清初启蒙思想的产生

明末清初启蒙思想家多是东林党人的后裔,他们对朝廷的黑暗有着充分的认识。与他们父辈不同的是,由于阶级斗争、民族斗争、政治斗争的日益激化,他们将对明王朝统治的不满,转移为对整个制度的怀疑。又由于他们与新兴起的市民阶层关系日益深入,因而,他们对制度提出的不是改良之策,而是尖锐的批判与否定,启蒙思想由此产生。

首先,明末清初的启蒙思想是资本主义萌芽的产物。启蒙思想家的思想并非空中楼阁,而是深深根植于那个时代的经济土壤之中。具体来说,他们的思想是资本主义萌芽的产物,是随着商品经济的发展、市场的扩大和手工业的繁荣而逐渐崭露头角的。新型的生产关系开始萌芽,旧的封建制度逐渐松动,这为启蒙思想家提供了广阔的思想空间。他们站在时代的前沿,以犀利的目光审视旧有的社会秩序,以独特的视角提出新的观点和思想武器。资本主义的萌芽,为他们提供了冲破旧思想藩篱的经济基础,也赋予了他们推动社会变革的勇气和力量。

其次,明末清初的启蒙思想是中国古代社会日益腐朽的产物。明末清初启蒙思想的诞生并非偶然,而是古代社会日益腐朽、黑暗下的必然产物。明朝末年,国家内外交困,内忧外患层出不穷。国家的政治腐败、经济萧条、社会动荡,使得

正直的士大夫深感国家的岌岌可危。他们不仅担忧国家的命运,更担忧民族的未来,感受到了前所未有的"亡国"与"亡族"的双重危机。在这样的背景下,东林党人率先发声,他们批判时弊,呼唤改革。而后,启蒙学者接过这一重任,他们深入研究历史与现实,对旧制度进行了深入剖析。他们的思想逐渐从对旧制度的失望转变为怀疑,进而发展到对旧制度的基本否定。

再次,农民起义为启蒙思想家的出现创造了条件。在历史的浩渺长河中,农民起义往往扮演着举足轻重的角色。再次审视历史,我们就会发现,农民起义不仅是对当时社会制度的一次猛烈冲击,更为后世的思想变革铺就了道路。以明末为例,那场波澜壮阔的农民大起义,无疑是中国历史上的一次重要事件。起义的根源在于专制统治的黑暗与野蛮,以及纲常礼教背后的虚伪。农民不堪忍受沉重的赋税和压迫,纷纷揭竿而起,用最直接的方式表达了对当时社会制度的不满。这场起义不仅震撼了当时的统治者,更对后世产生了深远的影响。它让人们开始反思专制的弊端,认识到纲常礼教并非万能。农民起义的爆发,为启蒙思想家的出现创造了条件,他们开始倡导理性、自由和平等,为社会的进步与变革注入了新的活力。可以说,明末农民大起义不仅是对当时社会的一次猛烈冲击,更为思想的解放扫清了道路,为后世的进步与变革奠定了坚实的基础。

最后,明末清初的启蒙思想是传统文化的产物。他们的思想,可以说是中国传统思想的更新,是一种在历史积淀中提炼出的新思考。这些启蒙思想家,无一不是经过长期传统文化的熏陶和洗礼。他们博览群书,汲取了儒家、道家、墨家等多家思想的精髓。在新的历史背景下,他们不满足于传统的解释和解释,而是用锐利的眼光和深刻的思考,对传统文化进行了"去粗取精"的提炼。孟子"民贵君轻"的民本思想,在启蒙思想家心中激起了涟漪。他们从中找到了微弱的"民主"要求的历史依据,这种"民主"并非西方意义上的民主,但却是对民众权益的一种重新认识和尊重。而"学校议政""君臣共治""限制君权"等,都可以在儒学中找到依据。① 这些思想在儒家经典中早已有之,但经过启蒙思想家的重新解读和发扬,它们被赋予了新的时代意义。可以说,明末清初的启蒙思想,实

---

① 马小红:《中国古代法律思想史》,法律出版社 2003 年版,第 210 页。

际上是对传统精华思想的一次弘扬。这些思想家在坚守传统文化的同时，也勇于突破和创新，为中国思想界注入了新的活力。

2. 明末清初启蒙思想家的共同特点

基于当时中国的具体条件，明、清之际的启蒙思想家虽然不如同时期西方启蒙思想家那样声势浩大，但正由于条件不利，他们的思想更使人感到难能可贵。在这批启蒙思想家中，与法律思想关系比较密切的，主要有黄宗羲、王夫之、顾炎武和唐甄等。作为启蒙思想家，他们或多或少地具有一些共同特点。

第一，他们对封建制度，特别是封建君主专制制度和封建土地所有制及其在政治、经济、社会和法律方面的产物表示仇恨或不满。他们不仅看到了封建君主专制制度的种种弊端，如权力过于集中、腐败滋生、民众权利被剥夺，更对封建土地所有制及其在政治、经济、社会和法律方面的产物表示了强烈的仇恨或不满。他们认为，这种制度不仅阻碍了社会的进步，更是对人性的压抑和束缚。他们呼吁改革，要求打破封建制度的桎梏，为中国的未来发展开辟新的道路。在他们的推动下，许多新的思想和观念开始在社会上传播，为中国的近代化进程奠定了坚实的基础。

第二，他们都有一定的追求民主、自由和自治的倾向，对新鲜事物比较敏感，反对墨守成规、故步自封。首先，他们都对民主、自由和自治抱有强烈的追求。在那个封建专制盛行的年代，他们敢于挑战权威，追求个人自由与权利。他们认为，只有在一个民主、自由的社会环境中，人们才能充分发挥自己的才能，实现个人价值。其次，他们对新鲜事物表现出极高的敏感度和包容心，勇于接受并探索新的思想、新的技术、新的文化。最后，他们坚决反对墨守成规、故步自封的态度。他们认为，时代在进步，社会在发展，人们的思想和观念也应该随之更新。他们呼吁人们摒弃陈旧的观念，勇于接受新的思想，以开放的心态面对未来的挑战。

第三，他们都比较同情人民，包括农民和市民。在当时的社会背景下，农民和市民作为社会的两大基础阶层，他们的命运与国家的兴衰紧密相连。农民是国家的基石，他们的辛勤耕作保障了国家的粮食供应；而市民则是城市经济的主要参与者，他们的繁荣与衰落直接影响着国家的经济状况。因此，这些启蒙思想家对于农民和市民的处境都表现出了极大的关注。

第四，他们对于未来的远景怀着无限的信念和幻想。这些启蒙思想家心怀壮志，怀揣着改造社会的宏伟蓝图，他们的心中都有一个理想的乌托邦，那是一个没有压迫、没有剥削、人人平等、和谐共生的"世界乐园"。他们相信只要通过不懈的努力，这样的理想世界终将成为现实。然而，这些思想家的思想也存在着一些先天不足。他们的理想往往过于超前，不仅超越了当下的现实，也超越了未来的可能性。这种空想主义使得他们的思想具有一种不彻底的特性，往往被旧有的传统观念所束缚。他们的改革方案和理想，在现实中往往难以得到实施，只能以托古改制或复古改制的形式出现，试图通过模仿古代的制度来寻求变革的可能。这种矛盾不仅体现在他们的思想上，也体现在他们的语言上。他们使用的语言往往古色古香，充满了对古代文化的尊重和追求。但这也使得他们的思想表达与现实社会之间存在着一定的距离，难以被广大人民所理解和接受。总的来说，明末清初的启蒙思想家虽然怀有远大的理想和信念，但由于时代的局限和自身的不足，他们的思想和实践往往充满了矛盾和挑战。

总之，明末清初的启蒙思想家试图打破旧有的束缚，追求社会的公正和进步，这种勇气和决心值得我们敬佩。然而，由于时代的局限和自身的不足，他们的思想和实践往往面临着诸多挑战和困难，这也让他们的改革之路充满了坎坷。尽管如此，他们的贡献和影响是不可磨灭的，他们的思想为后来的社会变革和进步奠定了理论基础，激励后人不断前行。

第二节　明末清初主要启蒙思想家的法律思想

明末清初启蒙思想家的代表人物主要有黄宗羲、顾炎武、王夫之、唐甄等。这些人有着大致相同的坎坷经历、政治主张和抱负。他们或批判旧有的法律制度，或提出新的法律理念，其思想之深邃、影响之深远，值得我们深入探讨。他们在"国破家亡"的情况下，对近两千年的封建专制制度进行了深刻的反思。他们的许多见解，冲破了伦理纲常的束缚，体现了新兴市民阶层的要求。他们不仅是时代的见证者,更是法律思想的革新者。他们的法律思想闪耀着理性的光芒,为后世留下了宝贵的思想财富。

一、黄宗羲的法律思想

黄宗羲的父亲黄尊素是东林党的重要人物,后被宦官迫害。黄宗羲知识渊博,既是思想家,又是史学家,对数学、天文、地理等也很有研究。他的著作很多,其中《明夷待访录》不但是他,也是当时所有启蒙思想家在政治、法律思想方面最有代表性的著作。黄宗羲法治思想的核心是以"天下之法"取代"一家之法"。围绕这一核心,黄宗羲批判揭露了君主专制的黑暗与法律的残酷,提出了独具特色的立法、司法主张。

(一)以"天下之法"取代"一家之法"

作为明末清初杰出的启蒙思想家,黄宗羲的法律思想独具匠心,对后世产生了深远的影响。他提出的以"天下之法"取代"一家之法"理念,是其最富有时代特色并对后世最具有启蒙意义的思想,不仅体现了对当时封建专制制度的深刻批判,更是对法律公正与普遍性的执着追求。这一思想,与反对"以君为主,天下为客",主张"以天下为主,君为客"思想遥相呼应,也是黄宗羲通过对比三代以上和三代以下的历史中所得出的结论。

1. 何为"天下之法"和"一家之法"?

黄宗羲将历史上的法分为"三代以上"和"三代以下"两种类型,认为"三代以上"之法为"天下之法"。"天下之法"最大的特点就是将天下之利归于天下之人,为天下人谋福利。因而,"法愈疏而乱愈不作",人民自觉遵守法律,用不着暴力和惩罚,故而可称为"无法之法"。黄宗羲认为,"三代以上"的"二帝"(即尧、舜)、"三王"(即禹、商汤、周文王周武王),"知天下之不可无养也,为之授田以耕之;知天下之不可无衣也,为之授地以桑麻之;知天下之不可无教也,为之学校以兴之,为之婚姻之礼以防其淫,为之卒乘(卒伍、车乘,指军队)之赋以防其乱,此三代以上之法也"。可见,"三代以上"之法是从"为天下"出发的,"固未尝为一己而立也"①。

相反,"三代以下"之法为"一家之法",其主要特点就是将天下之利归于君主一家,天下之害推诸百姓,因而"法不得不密,法愈密而天下之乱即生于法之中",故又可称为"非法之法"。诚如黄宗羲所言:"后之人主,既得天下,唯恐其祚命之不长也,子孙之不能保有也,思患于未然以为之法。然则其所谓法者,一家之法而非天下之法也。"黄宗羲还列举了秦汉以来的一些具体措施,如秦废封建置郡县、汉封诸子为王,都是皇帝为一己之私利所立的法。这种没有"一毫为天下之心"的法,根本不能称之为"法",所以他说"三代以下无法"②。

2. 对"一家之法"的批判

黄宗羲认为,"一家之法"违背了君民关系的准则。为了维护一家一姓的利益,"一家之法"不惜剥夺天下人之利尽归于天子,而将天下之害挂予他人。"一家之法"使本末倒置的君民关系合法化,从而造成了中国近两千年的君主独裁统治。在黄宗羲看来,"一家之法"所竭力卫华的君主专制制度正是世上的"万恶之源"。

第一,黄宗羲认为君主专制是造成天下苦乐不均的根源。君主制将天下人的天下变为君主的私产。君主既然视天下为私产,便会占尽天下之利,而将天下之害推予他人。黄宗羲认为,君主无不"视天下为莫大产业","以为天下之权皆出于我,我以天下之利尽归于己,以天下之害尽归于人","以我之大私为天下之大公"③。君主专制之下,终日劳作的百姓却饥不得食,寒不得衣,劳不得息。而无所事事的君王贵戚却为所欲为,享尽人间荣华。天下劳逸不均,苦乐不等。且帝王用世袭之方法,世世代代"合法"地统治着人民,本应享天下之利的天下之民反成为君主"家天下"的奴隶。黄宗羲认为,这种君民关系显然是不合理的,"一家之法"所维护的是一种本末倒置的君民关系,因而是"非法之法"。

第二,黄宗羲认为君主专制是造成天下战乱不息的根源。黄宗羲指出,"一

---

① 《明夷待访录·原法》。

② 《明夷待访录·原法》。

③ 《明夷待访录·原君》。

家之法"是将天下人的天下藏于君主的"筐箧"之中,其利所在天下人共知。为了争夺"筐箧",占据天下之利,于是战事连绵不绝,民不聊生。

第三,黄宗羲认为君主专制是造成宫廷政变、宦官专权等政治黑暗的根源。君主专制制度将政治、经济、军事、司法大权集于皇帝一身,造成了君主的独断与专横。黄宗羲认为,一人独尊的局面使天下人民成为"人君囊中之私物"①,官吏成为君主之"仆妾"。君主选官以私为准,"能事我者贤之,不能事我者否之"②,任人为私,有才能的人常无用武之地。而接近皇帝的人只要讨取了皇帝的欢心,无才无德亦可掌管大权。如此便给宦官专权创造了条件,造成"奄臣之祸"。黄宗羲总结道:"奄宦之祸,历汉、唐、宋而相寻无已,然未有若有明之为烈也。"③ 此外,权力的高度集中,容易引发骨肉相残的宫廷斗争。历朝历代,皇位之争不息。皇帝的宗族,"远者数世,近者及身,其血肉之崩溃在其子孙矣"④。因而,君主制下的政治黑暗,不仅使天下之人生灵涂炭,而且君主自身及其宗族也往往饱尝其苦。"一家之法"最终连帝王自身都无法保全,故称"非法之法"。

3. 以"天下之法"取代"一家之法"

黄宗羲认为,"一家之法"在明末清初这个"天崩地解"的时代已经走上了末路。局部的改良显然已无济于事,只要法律仍以维护君主一家一姓的利益为宗旨,无论其条款如何改变,都不足称道。因此,黄宗羲认为,克服"一家之法"弊端的唯一出路就在于立"天下之法"以取代之。黄宗羲所倡导的"天下之法"有着如下几个特征。

第一,立法必须体现"天下为主,君为客"的原则。将"一家之法"颠倒的君民关系再颠倒过来,将天下之利归于天下之人,将一家一姓的"家天下"变为天下人的天下。君主与官吏不得视天下为私产,官吏为民不为君。官吏不是君主个人统治天下的工具,而是忧民之忧、乐民之乐的公仆。黄宗羲批判了三纲中的

---

① 《明夷待访录·原法》。
② 《明夷待访录·置相》。
③ 《明夷待访录·奄宦》。
④ 《明夷待访录·原君》。

"君为臣纲",认为伦常所提倡的愚忠是为一家一姓服务的工具。黄宗羲号召官吏出仕便应有"为天下,非为君也"①的抱负。对民视之为"寇雠"的暴君可以起而推翻之,这里,黄宗羲显然继承了孟子的"暴君放伐"论。

第二,"天下之法"须以保障人民的平等为宗旨。黄宗羲以为,三代之时是"天下之法"盛行之时,当时人人有权利享用自然山泽之利,刑赏公正,朝廷官吏不为贵,草莽布衣不为贱,人人平等。这种法是"藏天下于天下也"②,天下之人依法享有天下之利,于是避免了战乱、残杀,天下达到太平境地。

第三,"天下之法"必须反映"民意"。黄宗羲认为"天下之运"保护天下人的利益,还须体现天下人的意志。为了保障民意的体现,他还提出了"学校议政"的方案。黄宗羲认为,中国古代学校有议政的传统,应该继续发扬这一传统,使学校不但成为"养士"之所,而且成为表达民意的机构。"天下之法"须根据民意而制定,"天子之所是,未必是;天子之所非,未必非"③。是非须公布于学校,民意以为是者,法以为是;民意以为非者,法以为非。

(二)反对君主专制,主张限制君权

黄宗羲认为,君主专制的最大弊端在于君权过重,法治不兴。要实现以"天下之法"取代"一家之法"的理想,首先要限制君权。在反对君主专制、限制君权方面,黄宗羲提出了一些具体主张。

1."置相"和提高相权

黄宗羲认为,明朝政治之所以始终无起色,是因为朱元璋废除了丞相。在古代,君臣的差距不大,"伊尹、周公之摄政,以宰相而摄天子"④,并没有引起什么非议。但"后世君骄臣谄","天子之位过高"。天子死后,如无适龄的"长君",只能"委之母后",宰相不能也不敢摄代。秦汉以后,特别是罢相以后,作为与天子共治天下的百官,便变成了唯命是从的工具。在宰相尚未废除前,"元子传子,宰相

---

① 《明夷待访录·原臣》。

② 《明夷待访录·原法》。

③ 《明夷待访录·学校》。

④ 《明夷待访录·置相》。

不传子；天子之子不皆贤，尚赖宰相传贤足相补救，则天子亦不失传贤之意。宰相既罢，天子之子一不贤，更无与为贤者矣，不亦并传子之意而失者乎"①。有人对其说，明代的内阁"虽无宰相之名"，不也"有宰相之实"吗？黄宗羲对此并不同意，他认为入阁办事者完全仰君主之鼻息，并无实权。实权虽有，但不在内阁，而在宫奴。因此，黄宗羲主张恢复宰相制度，使宰相有职有权，能与天子"同议可否"。

2. 主张学校议政

黄宗羲很重视学校的作用，认为学校不但是培养人才的场所，而且应当成为"公其非是"②的议政机关，并且要求使"治天下之具皆出于学校"。他和同时代的启蒙思想家继承了历史上的"清议"传统，都主张庶人议政。黄宗羲从东汉太学生议论朝政那里找到依据，要求将决定是非的最高权力从天子手中转移到学校。他明确提出"天子之所是，未必是；天子之所非，未必非。天子亦遂不敢自为非是，而公其非是于学校"③。在中央，他要求从天子到公卿都要在太学祭酒的面前就弟子之列，祭酒有权批评政治的得失。在地方，郡县官都要在学官的面前就弟子之列，学官对地方政事之缺失，"小则纠绳，大则伐鼓号于众"④。

3. 提倡地方分治

为了限制君权，黄宗羲和其他启蒙思想家都在中央和地方的关系上谈论过古代分封制和后来郡县制的得失。比较一致的意见是，二者各有利弊。分封制地方权力太大，郡县制地方权力太小。正如黄宗羲所言："封建之弊，强弱吞并，天子之政教有所不加；郡县之弊，疆场之害苦无已时。"⑤黄宗羲主张将二者结合起来，加强地方的独立性和自主性。顾炎武基本上也是此意，"寓封建之意于郡县之中"⑥。王夫之比黄宗羲、顾炎武更加强调地方分治，甚至认为郡县制远不如

---

① 《明夷待访录·置相》。
② 《明夷待访录·学校》。
③ 《明夷待访录·学校》。
④ 《明夷待访录·学校》。
⑤ 《明夷待访录·原臣》。
⑥ 《顾亭林诗文集·郡县论》。

封建制优越,其出发点在于改变君主集权的政体。

(三)反对重农抑商,主张工商皆本

　　明清之际的启蒙思想家的思想具有资本主义萌芽的时代特征,还突出体现在他们主张工商皆本上。黄宗羲是中国历史上第一个把以农为本、以工商为末的传统思想改为工商皆本的思想家。"今夫通都之市肆,十室而九,有为佛而货者,有为巫而货者……皆不切于民用。一概痛绝之,亦庶乎救弊之一端也。此古圣王崇本抑末之道。世儒不察,以工商为末,妄议抑之。夫工固圣王之所欲来,商又使其愿出于途者,盖皆本也。"①

　　先秦儒家与法家的重农抑商思想主要是反对"奇技淫巧",没有把切于民用的手工业加以抑之。但他们的抑商思想和政策不利于商品流通,也不利于手工业的发展。特别是秦汉以后,国家与民争利,对民间工商业设置各种限制,并从思想上加以鄙视,更加束缚了工商业者的手足。在黄宗羲提出工商皆本的思想以前,工商始终位居末业,从未取得与农业平起平坐的地位。封建统治者为了满足其腐化享乐生活,不禁不利于国计民生的工商业,只禁有利于民用的工商业。所以黄宗羲首先提出分清是否切于民用的问题,然后将切于民用的工商业提到本的位置,这一点是很有倾向性的。也就是说,他站在有利于国计民生的立场上来谈工商皆本,来替工商业和工商业者说话的,而不是唯利是图的市侩。

　　黄宗羲的这种品质,不仅表现在工商皆本上,还表现在他不抑制农业上。他没有针锋相对地提出"重商抑农"的口号,他提倡的工商皆本实际上就是农工商皆本。而且在怎样对待农业这一本业时,他也首先着眼于广大农民的生计问题,同情广大贫苦农民无田可耕的悲惨境遇。他和顾炎武等对全国土地被皇室、贵戚、阉官、豪强巧取豪夺以及暴税盘剥深为不满,认为这是亡国的征兆。他力主改革土地所有制,以恢复"井田制"为名,要求在土地国有制的形式下以"田土均之"②为原则,授田于民,国家只收什一之税。尽管黄宗羲以井田制为形式的授田于民很不现实,但却蕴含"富民"的民主因素和大同理想。

---

① 《明夷待访录·财计三》。

② 《明夷待访录·财计二》。

　　在黄宗羲的思想体系中,工商皆本的理念不仅挑战了传统的重农抑商观念,更触及了货币制度的改革。他深知,随着商品经济的发展,货币作为交易媒介的重要性日益凸显。因此,他还提出了一个大胆而前瞻性的改革建议。黄宗羲主张废止由封建皇权长期垄断的金银货币体系,因为这种体系往往导致金银的稀缺和价格的波动,不利于商品流通和经济的稳定。他提出,应统一使用铜币作为流通货币,因为铜的储量丰富,易于开采和铸造,能够满足广大民众的交易需求。同时,他还建议辅之以统一发行的有充分储备的纸币,以提高交易的便捷性和效率。这一改革思想不仅体现了黄宗羲对货币制度的深刻理解,也预示了未来货币制度的发展方向。

(四)黄宗羲法律思想的历史地位

　　黄宗羲的思想不仅深深地扎根于中国传统文化,更吸收了外来思想的精髓,形成了一种独特的、具有前瞻性的政治法律理念。

　　黄宗羲的政治法律思想反映了当时市民阶层对封建专制制度的强烈不满和冲破其桎梏的迫切愿望。随着商品经济的蓬勃发展,市民阶层逐渐崛起,他们渴望拥有更多的权利和自由,以推动社会经济的进一步发展。黄宗羲敏锐地捕捉到了这一社会动向,提出了以民主、自由、平等为口号的法律思想,这无疑为后来的资产阶级法律思想萌芽奠定了基础。在对君主制的批判与讨伐上,黄宗羲展现了前所未有的勇气和深度。他毫不留情地揭露了君主制的种种弊端,并提出了许多富有创新性的法律主张。这些主张不仅挑战了传统的政治法律观念,更为后来的法治建设提供了宝贵的思想资源。

　　黄宗羲的以"天下之法"取代"一家之法"可谓划时代的口号,对正统法律思想进行了彻底的否定,以"天下之法"为核心的"法治"观也宣告了传统"人治"与"法治"之争的结束。[①] 黄宗羲将为帝王服务的法律转而为天下人服务,将"法治"与民主相结合,把执法的平等深入到立法领域,把对帝王的保护变为限制,这些是以前的思想家从未做过甚至从未想过的事情。变更传统法律观,使其透露出近代的气息,改革传统政治制度的格局,逐渐削弱君主之权,变君主

---

① 马小红:《中国古代法律思想史》,法律出版社 2003 年版,第 219 页。

为民主,这便是黄宗羲对中国法律思想的巨大贡献。黄宗羲的法律思想不仅使同时代有卓识的思想家、学者心驰神往,而且影响了二百年之后的中国近代社会。他的《明夷待访录》受到近代资产阶级改良派的重视,并得到了学术界的极高评价,被誉为"中国的《民约论》",它比法国启蒙思想家卢梭的《民约论》要早一百年。

当然,我们也必须承认,明末清初的资本主义经济萌芽没有得到充分、长足的发展,所以黄宗羲思想中的空想色彩仍十分浓厚,缺乏一定的系统性。他看到了"天下之法"的美好前景,却找不到达到这一目标的可行方法与路径。他痛恨君主专制,却找不到批判专制集权的更有力的武器,最终还是只能用"托古改制"的传统方式来批判传统。尽管他的政治和法律思想还存在着种种局限性,但其中的民主主义光辉仍然具有重要意义。

二、王夫之的法律思想

王夫之著有《周易外传》《张子正蒙注》《尚书引义》《噩梦》《黄书》《读通鉴记》等。王夫之的法律思想中有对那个时代社会矛盾的深刻反思,也有对中国古代法律传统的批判继承。他痛感于明朝极端腐朽的专制统治,深知法律在维护社会秩序、保障人民权益中的重要作用。因此,他倾注毕生精力,致力于探索法律的内在逻辑与外在价值,试图通过法律的改革与创新,为中国的未来开辟一条新的道路。

(一)"趋时更新"的立法主张

在中国古代,尊崇祖先、恪守成规的传统根深蒂固,正统法律思想家常常以"天不变,道亦不变"的论断来捍卫所谓的"圣法"。然而,王夫之对这种观念提出了质疑,他认为所谓的"正统"论其实是一种狭隘的偏见。中国历史的演进充分证明,天下的制度并非永恒不变,而是时常处于变革之中。历史的长河中,没有哪个王朝能够因为自诩为"正统"而永远屹立不倒。在这其中,"不合与不续"[①]的现象屡见不鲜,每一个王朝都逃脱不了兴衰的轮回。王夫之进一步指出,所谓

① 《读通鉴论·叙论一》。

的"正统"不过是统治者为了维护其统治而编造出来的概念,在现实中并不存在。鉴于对"正统"与"复古"的否定,王夫之提出了如下三点立法原则。

1. 立法应因"势"顺"理","趋时更新"

王夫之始终认为,法律绝不是一成不变的,其随着社会的发展而发展,随着时代的变化而变化,这是不以任何人的意志为转移的。但是,法律的发展与变化并非杂乱无章、毫无规律可循,立法者应掌握法律发展变化的规律,如此才能使法律充分地发挥应有的社会效益。王夫之认为,立法者应把握"势",即社会发展的方向,应精通"理",即法律"知人安民""进贤远佞"①之理。唯有以此指导立法,才会有利于国家、有益于人民。在王夫之看来,法律的结构、法令的条款都是可变的,而且应当"趋时更新"②。但是,立法因"势"顺"理"的原则不能变。故而,王夫之强调"天下有定理而无定法"③。

因"势"顺"理"的核心内容是立法须"趋时更新",以三代之法治三代之民,以汉以后之法治汉以后之民,今之天下则以今法治之。王夫之认为,汉代之后"田之不可复井,刑之不可复肉"④,若固守古制则"道相沿而易衰,法已久而必弊"⑤。同样,现实中的法律亦不应固守汉以来之制,而应"因天因人""趋时而立本"⑥。

2. 立法应"相扶而成治",综合治理

王夫之的法律思想,深刻体现出了对时代变迁的敏锐洞察以及对社会和谐的深切关怀。他提出的"趋时更新"这一法律变革理念,不仅是对传统法制思想的一次重大突破,更是对如何构建适应时代需求、促进社会整体和谐发展的法律体系的深刻思考。

在王夫之看来,法律的变革绝非孤立的行为,而是社会整体进步与变革的有

---

① 《读通鉴论・卷六》。
② 《姜斋文集・思问录外篇》。
③ 《读通鉴论・卷六》。
④ 《读通鉴论・卷五》。
⑤ 《读通鉴论・卷二八》。
⑥ 《读通鉴论・卷五》。

机组成部分。他强调,面对积弊已久的旧法,不能仅仅满足于局部的修补或调整,而应从根本上进行审视与重构,确保新法能够紧密贴合时代脉搏 反映社会发展的新需求。这种变革需要高度的智慧与全局观念,既要考虑法律自身的逻辑性与完整性,又要兼顾其与政治、经济、道德、习俗等社会各领域的内在联系,实现法律体系的综合平衡与协调发展。王夫之进一步指出,法律的变革必须遵循"以时推移"的原则,即要紧密关注时代的变迁与社会的发展动态,确保法律能够随着时代的进步而不断完善。他反对那种脱离实际、盲目照搬古制的做法,认为法律制度应当具有鲜明的时代特色,能够反映并促进当时社会生产力的发展和社会关系的调整。同时,他也提醒人们,法律的变革并非一蹴而就,而是需要循序渐进、逐步推进,以避免因操之过急而引发的社会动荡与不安。

在阐述综合改革与综合治理的必要性时,王夫之以古代社会的分封、井田、礼乐、学校等制度为例,生动说明了各项制度之间相互依存、相辅相成的关系。他说,三代之时,实行分封、井田、礼乐、学校等各项制度,与这些制度相配合的法律制度则以肉刑为主。这些制度是相辅相成的,"同条而共贯"①,"以一成纯而互相裁制"②。由此可见,王夫之认为,这些制度共同构成了古代社会的治理体系,而与之配套的法律制度则是这一体系得以有效运行的重要保障。因此,在进行法律变革时,必须充分考虑各项制度之间的内在联系与相互影响,确保新法能够与其他社会制度相协调、相配合,共同维护社会的和谐与稳定。此外,王夫之还深刻认识到,仁、暴、利、害等价值观念并非固定不变,而是随着时代的变迁而不断变化的,所谓"三代之所仁,今日之所暴;三代之所利,今日之所害"③,不同时代的法律制度必须有各自的时代特色,并与同时代的政治、经济、文化、习俗相协调,自成规模,成为"一代之治"。因此,其主张在评价不同时代的法律制度时,应将其置于当时的社会历史背景之下进行考察。

---

① 《读通鉴论·卷三》。

② 《读通鉴论·卷二一》。

③ 《读通鉴论·卷二五》。

3. 立法必须简约,设刑严禁苛暴

王夫之认为,治理乱世不可过急,更不可用繁刑苛法以治乱。他通过总结历史的经验认为,欲速则不达,繁刑苛法不仅难以拯救时弊,反而会使矛盾激化,造成社会的大动荡。他指出:"法愈密,吏权愈重;死刑愈繁,贿赂愈章。"[①] 为此,王夫之反对传统"宽猛相济"之论,他认为任何时候,无论乱世、治世,汉与刑都应以宽为本。"宽""不忍""哀矜"的仁义之道是立法、用法的"精意"所在。

王夫之在批判君主专制下的严苛法制时,深刻洞察到宽简立法对于社会和谐与正义的重要性。他主张,法律条文应简洁明了,避免烦琐复杂,以此确保司法实践中刑罚的公正与精准执行。宽简不仅是对人性的一种尊重,更是仁政理念的体现,它能有效防止官吏借法律之名,行私刑之实,从而保护百姓免受无妄之灾。王夫之进一步阐释,宽简的法律架构能够巧妙平衡社会秩序与个人自由,使大奸大恶之徒难逃法网,而对于轻微过失则给予改过自新的机会,真正实现惩恶扬善的社会治理目标。此外,他还强调,宽简的法律体系有助于强化法律的权威性和统一性,减少司法过程中的随意性和腐败空间,从根本上减少冤假错案的发生,促进社会的长治久安。

王夫之的立法思想,不仅是对古代中国悠久立法传统的深刻总结与反思,更是对传统立法智慧的一次勇敢超越。他提出"趋时更新"变法理念,深刻洞察到法律应随时代变迁而革新,以适应社会发展的需要,这一观点蕴含了对传统立法僵化保守的批判与革新。同时,他强调法制应追求经济、社会、政治等多方面的综合效益,体现了立法前瞻性与实用性的统一。此外,王夫之主张法律条文应力求简约而不失周密,既是对古代"法贵简约"思想的继承,也反映了其对于提高法律执行效率与减少司法成本的独到见解。尤为重要的是,他对法之"理"与"势"的深入剖析,以及对法律体系性、系统性的强调,超越了传统立法局限于条文本身的局限,为后世立法提供了更为宏阔的视野与深刻的理论基础。

(二)"法治"观中的民主色彩

与黄宗羲不谋而合,王夫之亦对传统社会中长期被边缘化的"法治"理念投

---

① 《读通鉴论·卷一》。

以深切的关注与高度的评价。他不仅重申了法治的重要性,更对传统法治观念进行了富有时代精神的革新与拓展。在王夫之的法治观念中,闪耀着鲜明的民主性光辉,其核心要义可归纳为以下几点。

1. 法治须"循天下之公"

王夫之认为,设法立制的目的在于为公。秦王朝之所以为后世唾骂指责,原因便在于立法以"私己而已"[①]。他揭露专制君主制度的"不公",认为专制制度将天子一家之私而变为"天下之公",而真正的天下之公被淹没于天子之私中。他认为,帝王提倡的"仁义中正"实则为"帝王桎梏天下之具"[②]。王夫之还区别了"公"与"私"。他认为辨别公私,须考察"一人之正义","一时之大义"及"古今之通义"[③]。"一人之正义"与"一时之大义"相比则为"私",而"一时之大义"与"古今之通义"相比亦为"私"。立法者须掌握"古今之通义","不可以一时废千古,不可以一人废天下"[④]。因而,法律既不是为皇帝一人服务的御用工具,也不是为某一朝代服务的"一时之制"。法律是体现"古今之通义"的天下公器。王夫之所言的"公",已超出了统治阶级整体利益的范围,与战国时法家所言的"公"有了本质的区别。"公"体现了新生市民阶层的意志。

王夫之深邃的法治观念,不仅是对古代政治智慧的一次深刻总结,更是对未来社会理想的憧憬与预见。他强调,法律的公正性应超越个人意志的束缚,体现公意,做到"不以一人疑天下,不以天下私一人"[⑤]。所谓"不以一人疑天下",即不因统治者的个人疑虑而动摇法律对全民的公正;而"不以天下私一人",则彰显了法律应维护公共利益而非个人私利的崇高原则。这种对法律公意的追求,是历史车轮滚滚向前的必然逻辑。王夫之进而预言,"他年之道"的社会将摒弃维护单一家族私利的旧有法制框架,取而代之的是更加公正、开放、服务于全民福祉的法律体系。这不仅是对专制制度终将消亡的坚定信念,也是对正统法律思想

① 《读通鉴论·卷一》。
② 《读通鉴论·卷五》。
③ 《读通鉴论·卷一四》。
④ 《读通鉴论·卷一四》。
⑤ 《黄书·宰割》。

中狭隘性、保守性的一次有力批判与超越。

2. 法治须维护民族利益

明末清初,民族矛盾十分激烈,王夫之是一个视民族利益高于一切的启蒙学者。他不满明末腐朽的统治,组织"匡社"以求改革政治,匡扶时艰。但当清兵南下时,王夫之在民族危急关头,缓和了与明朝廷的矛盾,为"抗清复明"奔走于两湖地区,并亲自组织起义抗清。后来,随着南明的灭亡,清朝统治日益巩固,王夫之知势不可挽而隐居乡间,拒不仕清。在隐居期间,王夫之的民族主义思想日益成熟,并渗透于其法律思想之中。

王夫之认为,保护同类、维护本民族的利益是自然赐予一切生物的本能。"玄驹"(即蚂蚁)尚知团结一致,守其"穴壤",对来犯之敌竭力"噬杀之"[①],而何况人类。人类从一开始,以能"保其类者为之长",能"卫其君者为之君"[②],君长的职责就是"保其类""卫其群"。君主之位可以禅让,可以世袭,可以更替,但绝不可以使异类夺之。君长是民族利益的代表,法制则应当是维护民族利益的武器。王夫之认为,法制应维护民族间的彼此尊重,互不相犯。"天有殊气,地有殊理,人有殊质,物有殊产",因此各族之人应顺应自然,"各生其所生,养其所养,君长其君长,部落其部落;彼无我侵,我无彼虞,各安其纪而不相渎耳"[③]。

受限于当时的历史背景与认知局限,王夫之虽为民族大义奋斗,却也难以完全超越大汉族主义的视角,对少数民族持有一定偏见。他提出的"各安其纪而不相渎",虽旨在维护各民族的独立,确保互不侵扰,但这一主张更多体现的是对民族自主性的强调,而非现代意义上的民族平等观念。这反映了王夫之在特定历史条件下的思考局限,同时也凸显了时代变迁对思想进步的重要性。

3. 法治须体现尊君分权的原则

王夫之认为,君主是"势""理"发展的必然产物。若无君主,社会的治理与

---

① 《黄书·原极》。

② 《黄书·原极》。

③ 《宋论》。

发展则不可想象:"天下之民,非恃此而无以生。"① 君主的职责是为"民而生",即为民众而服务的。从君民的关系来说,君为民而设,民尊君而生,因此,尊君的实质在于为民。这是一种新型的君民关系,因而,王夫之的"尊君"论赋予传统以新的内容。王夫之认为,君主权威的削弱是造成天下大乱的原因所在:"蔑上下之等,视天子若亭长三老之待食于鸡豚……亦缘此为致祸之源。"② 以维护社会秩序为目的的法制应体现尊君的原则,确立君主的威严。

王夫之强调尊君,但反对君主独裁。他认为君权过重,"言出法随",君主"独断"难免亡国。他认为,君主应当"虚静慎守",分权于臣下。在制定制度时应广泛听取官吏与民众的意见。"因其故俗之便,使民自陈之,邑之贤士、大夫酌之,良有司裁之,公卿决之,天子制之",如此才可以创立出"行指数百年而不弊"③ 之法。与黄宗羲相同,王夫之重视宰相的作用,认为宰相无权,天下无纲。宰相不仅可以与君主分权,而且在君主无道时可以代君行事。王夫之反对大权集于君主一身,也反对中央集权制,认为应分权与地方。在王夫之的"法治"蓝图中,君主、宰相、州、郡、县各级机构有明确的职权划分,王夫之对"一统"的解释是:"天子之令不行于郡,州牧刺史之令不行于县,郡守之令不行于民,此之谓一统。"④ 在"一统"的法治体系中,尊君与分权有机地结合在一起;君、臣、民皆可参与创制立法活动,这确实是对传统君权至上法律观的突破。

(三)人法兼任、宽下严上的执法原则

王夫之总结了历史兴衰治乱的经验,认为过于强调法治或过于强调人治都有失偏颇。治国之道必须人、法兼顾,二者并重。他从以下三个方面论证了人法兼任的必要性。

1."任人而废法"为"治道之蠹也"

王夫之认为,法律作为社会公正的基石,必须超越个人私欲,成为维护社会

---

① 《读通鉴论·卷一八》。
② 《读通鉴论·卷九》。
③ 《读通鉴论·卷一六》。
④ 《读通鉴论·卷一六》。

秩序与公正的公共工具。在他看来,法律不应是统治者个人意志的附庸,而应是公众意志的体现,其核心价值在于"去私为公",即消除个人偏见,确保法律的普遍适用性和公正性。王夫之批判了历史上"任人而废法"的治国理念,指出这种做法往往导致权力滥用,法律成为空文,社会陷入混乱。他深刻指出,当权臣或小人凭借个人好恶行使权力,无视法律规则时,不仅破坏了法治的根基,更使得民众无所适从,道德沦丧,国家动荡不安。因此,他强调法治的重要性,认为唯有法律才能为社会提供稳定预期,保障每个人的合法权益,防止权力滥用。正统观点在言及治国之道时,皆以为"任法不如任人",结果法制大坏,"下以合离为毁誉,上以好恶为取舍"①,是非功过全无客观公正的标准加以评价。人们不恪守职责而重视虚名,以私坏公。这种"任人而废法"的治国方式因而受到重视"法治"人士的批判指责,认为任人是"治道蠹也"。王夫之则更为尖锐地指出"治道之裂,坏于无法"②。进一步地,王夫之还揭示了"任人而废法"背后所隐藏的深层次问题——权力监督与制衡的缺失。他认为,要真正实现法治,就必须建立健全的权力监督机制,确保权力在法律的框架内运行,防止权力过度集中和滥用。同时,他还提倡培养民众的法治意识,让每个人都成为法律的守护者,共同维护社会的公平正义。

2."任法而不任人","治之弊也"

王夫之对于国家治理的深刻洞察,尤为体现在他对"法治"与"人治"平衡之道的独到见解上。他深谙,法治虽为社会秩序之基石,但若偏执一端,忽视人性之复杂与社会变迁之迅速,则必生诸多流弊。

王夫之指出,法律的制定总是基于既往经验的总结与对未来可能性的预判,然而现实社会的复杂性远非一纸律文所能全然涵盖,正所谓"法之立也有限,而人之犯也无方"③。犯罪行为的多样性与隐蔽性,使得任何试图以有限之法条穷尽无限之世情的努力都显得力不从心。单靠法律治国,势必造成"律外有例,例

---

① 《读通鉴论·卷五》。

② 《噩梦》。

③ 《读通鉴论·卷四》。

外有奏准之令"①,不仅会导致法律条文日益繁复,刑罚严苛,而且可能激发社会矛盾,损害法律的权威与公正性。此外,法律的执行最终需由人来完成,若忽视对官吏德行与能力的培养,单纯追求法治形式上的完善,必然导致执法过程中的随意性与不公,加剧同罪异刑的现象,损害民众对司法的信任。更甚者,过度法治化的环境还可能成为贪腐滋生的温床。当法律条文之间存在模糊与矛盾时,不仅给民众带来困惑,也为那些心怀不轨的官吏提供了钻法律空子的机会,造成"意为轻重,贿为出入"②的局面,严重破坏社会的公平正义。

因此,王夫之强调,理想的治理之道应当是"法治"与"人治"和谐统一,既要制定清晰、公正的法律以维护社会秩序,又要重视提升官吏的道德修养与执法能力,确保法律得到正确、有效的执行。唯有如此,方能真正实现国家的长治久安与社会的和谐繁荣。

3."任人任法"为治之道

王夫之在深刻剖析了单纯依赖"任人"或"任法"治国所带来的种种弊端后,高瞻远瞩地提出了治国之道的核心要义——"任人"与"任法"的和谐统一。他认为,理想的治理模式应当是将贤能之士的智慧与公正无私的法律制度相结合,使人在法律的框架内发挥最大的治理效能,同时以人的德才兼备来确保法律的正确实施与不断完善,从而实现国家的长治久安和社会的持续繁荣。

在治国中,法律的作用至关重要。统治者须依法饬吏治,恤民隐,安天下。没有法,就没有"治"的依据。王夫之认为有了体现"天下之公"的法律,君主才能够说自己治民有所依,即"吾以治民为司者也",百姓才能够心悦诚服地接受治理,认为君主治国"非徒竭我之财,轻我之生,以为之争天下者也"③。基于此,王夫之认为"制法"实为为政之要,法即使有所不足也较无法而治强得多,即"天下将治,先有制法之主,虽不善,贤于无法也"④。治国之道,法律虽为核心,然公意之

---

① 《读通鉴论·卷四》。

② 《读通鉴论·卷四》。

③ 《读通鉴论·卷三十》。

④ 《读通鉴论·卷三十》。

体现,更在于得人执行。法治之完善,非唯一要素以达天下大治,因法源于人心,亦需人行。司法实践中之不足,需智者仁心以补偏救弊。法的完善度、执行精准度及其社会效能,皆深系于执法者之素养。故为政者,当以择贤任能为要,确保法律之精神得以正确诠释,公正施行,方能真正实现法安天下,德润人心之愿景。人才之兴,实为法治之基,治国安邦之关键。"择人而授以法,使之遵焉"①,此乃王夫之深谙历史沧桑,洞悉治国真谛之精辟总结。他强调,法律之实施,首要在于精选贤能之士,授之以法,令其不仅知法,更需遵法、守法,以法治精神引领社会风气,确保国家长治久安。如此,方能将法治之理念深植人心,共创和谐盛世。

三、唐甄的法律思想

唐甄早年才情出众,于 1657 年一举夺魁,步入仕途,担任山西长子县知县,然不久便因性情耿介,不愿逢迎权贵而辞官归隐。此后,唐甄寓居苏州,终其一生清贫自守,唯以读书、著述为乐。历经三十载寒暑,他呕心沥血著成《潜书》一书,共计九十七篇,此书不仅是他学术生涯的巅峰之作,更深刻体现了他独到的哲学思辨与对政治法律制度的深刻见解,成为后世研究其思想的重要文献。

(一)重"民本"的法律主张

"民本"思想,作为中国悠久政治智慧的核心精髓,深深植根于传统政治思想之中,历经数千年沧桑,成为历代政治家与思想家维系社会稳定、优化治理策略的重要基石。在唐甄的《潜书》中,这一思想得到了尤为深刻的体现与阐发。唐甄的法律思想,自始至终贯穿着"民本"的核心理念,不仅视民众为国家之根本,更将其作为法律制定与执行的出发点与归宿。他的法律构想旨在保障民生、顺应民意、促进民和,从而构建一个以民为本、和谐共生的社会秩序。因此,"民本"思想不仅是唐甄法律思想的理论支撑,更是其追求的最终价值目标。

1."众为邦本"

作为中国早期启蒙思想家的代表之一,明朝灭亡的教训让唐甄深刻认识到人民群众在社会发展中的重要作用。唐甄的《潜书》中处处可见其对困苦民众

---

① 《读通鉴论·卷十》。

的同情与怜悯,他提出"众为邦本,土为邦基"。

在阐述君主与民众间不可分割的纽带时,唐甄深刻洞见,将二者关系精妙地喻为心与身之依存:"君之于民,他物不足以喻之,请以身喻民,以心喻君。身有疾,则心岂得安?身无疾,则心岂复不安?有戕其身而心在者乎?是故君之爱民,当如心之爱身也。"① 此喻不仅揭示了君主责任之重大,更凸显了民众福祉对于国家安定之基石作用。唐甄进而主张,统治者应秉持"凡有所营,皆为身也;凡有所事,皆为民也"之理念,即在筹划国是、施政行令时,须时刻将民众利益置于首位,唯有如此,方能赢得民心归附,稳固政权根基,得以尊享尊荣,长治久安。他谆谆告诫当朝君主,应效法古之明君,"不侈其尊富强大也。以为我实民之父母,民实我之男女,唯恐其衣食之不足,居处之不安,日夜念之不忘"②。更进一步,唐甄倡导统治者应具备父母般的慈爱之心,视民众如亲子,不忘其温饱安宁,致力于营造一个和谐安定的社会环境。他深信,"百姓既安,沴戾消释"③,地才能无山崩水溢之变,天才会无恒旸恒雨之灾;只有百姓安定,才能万物繁育,咸得其生,才可以治天下,实现长久之道。唯有如此,方能真正实现国家的繁荣昌盛,社会的和谐稳定,以及文化的生生不息,让天下苍生共享太平之福。

2."富民"思想

唐甄的法律思想中特别强调"富",他称:"立国之道无他,惟在于富。自古未有国贫而可以为国者。"④ 这个"富"是指富民。唐甄看到了贫穷是礼仪道德败坏、犯罪滋生的根源,因此其指出"衣食足而知廉耻,廉耻生而尚礼仪,而治化大矣"⑤。

唐甄认为,尧天舜日之所以为治,就是因为他们重视百姓的生计。他指出:"孟子则告之曰:'尧舜之治无他,耕耨是也,桑蚕是也,鸡豚狗彘是也。百姓既足,

---

① 《潜书·明鉴》。

② 《潜书·厚本》。

③ 《潜书·宗孟》。

④ 《潜书·存言》。

⑤ 《潜书·厚本》。

不思犯乱,而后风教可施,赏罚可行。'于是求治者乃知所从焉。"① 所以,唐甄倡导统治者应首要保障民众的基本生活需求,确保他们衣食无忧,随后再通过道德教育的引导与法律制度的约束,来激发民众的善性,抑制恶行,从而构建出一个和谐有序的社会环境,实现国家的长治久安。更进一步地,他将民众的富足程度视为衡量国家治理成效的关键指标,强调统治者若欲国家稳定繁荣,首要之务便是致力于促进民众的普遍富裕。他说:"财者,国之宝也,民之命也;宝不可窃,命不可攘,圣人以百姓为子孙,以四海为府库,无有窃其宝而攘其命者,是以家室皆盈,妇子皆宁。"② 即把财富当作国之宝、民之命,只有民众拥有财富了,才可以家室皆盈妇子皆安。唐甄深入阐述,无论身居何职,皆应将养育民众、增进民生福祉视为首要使命与责任。因此,他尤为愤慨地批判了那些忽视民众疾苦、置民众福祉于不顾的执政者,指责他们不致力于富民之策,更无一人敢于为民众利益发声,此等行为实属祸国殃民,其罪难逃。

(二)重"人权"的法律思想

在华夏五千年璀璨文明的长河中,孕育了独具一格的人权理念,诸如儒家倡导的仁爱哲学,强调"己不欲,勿施于人"的黄金法则,以及他们对理想社会——"老有所终,壮有所用,幼有所长"③世界的憧憬。此外,"王侯将相,宁有种乎"④的质疑权威之声,与"等贵贱,均贫富"的平等诉求,共同构成了古代中国朴素而深刻的人权观念,这些观念与现代人权理念的核心理念不谋而合。唐甄,作为这一思想脉络的继承者与发扬者,不仅吸纳了历史长河中的人权智慧,更在此基础上独辟蹊径,发展出了自己独具特色的人权法律思想体系。

1."天道故平"的平等观

唐甄的平等思想根植于其深邃的"人性哲学"与"天道故平"的宇宙观之中。他坚信,人性本善且情欲乃人之天性,自呱呱坠地始,每个人便怀揣着这份

---

① 《潜书·宗孟》。
② 《潜书·富民》。
③ 《礼记·礼运》。
④ 《史记·陈涉世家》。

纯真与欲求,追求个人情感的满足与实现,无分贵贱。因此,他转述孟子所言:"人生所同有者,良知也。孩提知爱亲,稍长之敬长。恻隐,羞恶,辞让,是非,人皆有是心也。"①进而,他从宏大的"天道"视角审视世间万物,断言万物自诞生之日起便享有平等地位,失衡则会导致偏颇与不公:"天地之道故平,平则万物各得其所,及其不平也,此厚则彼薄,此乐则彼忧。"②他将这一自然法则映射至人类社会,主张人生而平等,无尊卑贵贱之别。这一人格平等的理念,与现代人权观念中的"天赋人权,人人平等"不谋而合,展现了跨越时代的共鸣。进一步地,他基于"天道故平"的原则,在政治领域倡导君臣、君民间的平等对话与相互尊重;在社会生活中,则积极呼吁男女平等、夫妻和睦,共同构建一个基于平等与理解的和谐社会。唐甄的这些主张,不仅是对传统等级观念的深刻反思,更是对人性尊严与自由追求的现代诠释。

第一,君臣、君民平等。在中国悠久的封建社会中,盛行着"天子乃天命所归"的观念,这无形中构筑了一道壁垒,将君主与民众划分到两个截然不同的世界。唐甄勇敢地揭开了这层神秘面纱,直指核心:皇权虽冠冕堂皇,实则源自人性,天子亦血肉之躯,与百姓无异。天子的尊贵,非源自超凡神力,皆因人伦所系,同为世间之子。所谓"天子之尊,非天帝之大神,皆人也","天子虽尊,亦人也"。他强调,君主应摒弃高高在上的姿态,认识到与臣子、百姓间的平等基石,构建一种基于相互尊重与互惠的和谐关系。唐甄倡导,君主应怀谦逊之心,不以位高自居,应该"接贱士如见公卿,临匹夫如对上帝",面对卑贱之士如同礼遇公卿,对待普通百姓如同面对神圣,如此方能彰显真正的礼仪之道。他猛烈抨击那种"君日益尊,臣日益卑"的不公现象,认为将臣民视为草芥实则是国家衰败之兆。他呼吁建立一种新型的君臣关系,其中蕴含着理解、尊重与协作,让国家机器在和谐中高效运转。

唐甄在阐述君主与民众应有的和谐共生之道时,援引了上古圣君尧舜的典范,深刻指出:"尧舜之为君,茅茨不剪,饭以土簋,饮以土杯,虽贵为天子,制御海

---

① 《潜书·宗孟》。

② 《潜书·大命》。

内,其甘菲食,暖粗衣,就好辟恶,无异于野处也,无不与民同情也。"① 他强调,君主应树立去奢崇俭之风尚,将自身置于民众之中,同呼吸共命运,心如赤子般纯真,身似农夫般勤勉,视宫殿如田舍之朴素,着衣饮食皆如贫寒之士,以此摒弃一切奢靡之风。唐甄认为,唯有如此,君主方能深刻理解民众之疾苦,国家方能根基稳固,社会和谐,最终实现天下太平与国家的长治久安。然而,这种超越时代的君臣平等与民本思想,在封建专制的旧有框架内,无疑是一盏理想之灯,照亮了前行的道路,却难以在现实中找到完全贯彻的土壤。它虽为后世提供了宝贵的思想资源,但在当时的社会环境中,更多地只能作为一种美好的愿景与深刻的批判,激励着人们不断追求更加公正与平等的社会秩序。

第二,男女平等、夫妻平等观念。在中国绵长的封建历史长河中,"男女有尊卑之序,夫妇有倡随之理,此常理也"②。古人常以阴阳哲学诠释两性地位之别,视男性为阳刚之象征,女性则寓为阴柔之体,宇宙万物皆以阳为主导,故有"阳尊而阴卑"之说。进而,在夫妻关系中强调"夫为妻纲,妻随夫行",女性被期许恪守"三从四德"的传统规范。然而,唐甄对此"男尊女卑"的旧论持异议,他主张男女之间仅存在性别特质与社会角色分工之别,而并无高低贵贱之异。唐甄认为,男女自诞生之初便享有平等之权,本质并无二致,他大胆批判了那些服饰礼仪上偏袒男方家族,忽视女方双亲的习俗,彰显出超越时代的性别平等观念。唐甄阐述道:"父母,一也;父之父母,母之父母,亦一也;男女,一也;男之子,女之子,亦一也。"③ 在亲情的天平上,父母之爱无分彼此,无论生身父母还是配偶的双亲,皆应等量齐观;性别之间,亦应视若一体,男女之子,承欢膝下,皆具同等价值。更进一步,针对社会普遍存在的重男轻女偏见,唐甄独树一帜,直言自己偏爱女儿。于《潜书·夫妇》篇中,他借对话形式,展现了这一非凡见解:当被问及喜好,众人多言爱子,而唐甄则反其道而行之,坦言对女儿之关爱,更胜于子。问其缘由,他说道:"均是子也,乃我之恤女也,则甚于男。""好内非美德;暴内为大恶。

---

① 《潜书·抑尊》。

② 《近思录》。

③ 《潜书·备孝》。

今之暴内者多,故尤恤女。" ① 唐甄对封建桎梏下女性所承受之苦怀有深切同情,并勇于挑战传统观念,其思想之光穿越时空,对今日社会仍具振聋发聩之启示,对倡导性别平等与家庭和谐具深远意义。

在古代社会架构中,夫妻关系常被框定于"夫唱妇随"的陈规之中,女性被期望无条件遵从丈夫,导致了一种以夫为尊、妻为从的失衡状态,其中不乏丈夫对妻子的无理欺凌,而妻子则往往只能默默承受。唐甄在其著作《潜书·内伦》中,对此现象发出了振聋发聩的批判之声:"始为夫妇,终为仇雠,一伦灭矣。"他严厉指责了丈夫在家中的暴行,指出这种对妻子的不敬实为家庭失和之根源,"夫不下于妻,是谓夫亢。夫亢,则门内不和,家道不成" ②。唐甄进而阐述,真正的家庭和谐建立在相互尊重之上,他强调,一个无法在家中对妻子展现宽容之心的人,亦难在外部世界以宽广胸怀待人。他深刻认识到妻子作为家庭不可或缺的一半,其地位应与丈夫平等,共同维系着家庭的温馨与秩序,倡导双方应如宾客般相互敬重,和谐共处。

唐甄所倡导的"男女平等"与"夫妻平等"理念,穿越时空的界限,至今仍闪耀着智慧的光芒,对于促进现代家庭关系的健康发展,构建和谐社会环境,具有不可估量的现实意义。

2. 鼓励庶民议政,主张言论自由

在封建王朝的末期,统治者对言论自由的钳制达到了前所未有的程度,既令帝王闭目孤行,忠言逆耳而难闻;又禁锢百姓之口,不容其论及匡是朝政。唐甄对此深恶痛绝,他主张"以天下为聪,则听广;以天下为明,则视远" ③,君主应化独断为众谋,视群臣之谏为智囊,广开才路,让直言敢谏者得其位;同时,应鼓励万民议政,使民间之声成为治国之镜。如此,方能实现无为而治,天下大治之境自然可期。

首先,重用"直言之臣"。面对君主权力日益集中可能滋生的独断专行,他

---

① 《潜书·夫妇》。

② 《潜书·内伦》。

③ 《潜书·良功》。

强调直臣如同国家的清道夫与疗愈者,其重要性无可替代。这些直臣,以国家兴亡为己任,勇于直面君主的过失,不畏权贵,敢于揭露宫廷内外的不法行径,他们的存在如同一剂猛药,能够迅速清除政治肌体上的毒瘤。唐甄曾说:"所贵乎直臣者,其上攻君之过,其次攻宫闱之过,其下焉者攻帝族、攻后族、攻宠贵,是疡医也。君何赖乎有此直臣,臣何贵乎有此直名! 是故国有直臣,百官有司莫不畏之。畏之,自天子始。"① 直言之臣的可贵,不仅在于其敢于直言不讳的勇气,更在于他们能够以独到的见解和无私的精神,为君主提供宝贵的决策参考。当君主能够虚心纳谏,听取直臣的逆耳忠言时,百官自然会心生敬畏,因为连至高无上的天子都对直臣之言有所忌惮,其他官员又岂敢不恪尽职守、谨言慎行? 如此,朝廷风气得以肃清,国家方能长治久安。

其次,广开言路,鼓励庶民议政。唐甄认为"君子之论,不敢违也;乡人之刺,亦可畏也",天下礼义之不愆,君主何须恤于人言?"是故庶人之谤,乡校之议"②,"皆所以考德也"③。为此,他要求为政者要广开言路,允许庶民干政,黎民百姓可以议论朝政,畅谈国事,君主则应该有则改之,无则加勉,充分发挥人民的力量,重视人民的心声,即他在《省官》中所说的允许"士议于学,庶人谤于道",并说这些人作为谏官,是万万不可缺少的。他要求君主应该时常听从臣民的建议,因为天下万民都有自己的智慧,他们所说的建议都是可以思考运用的,"天下有天下之智。一州有一州之智,一郡一邑有一郡一邑之智。所言皆可用也。"④ 现代人权法认为言论自由是一个人最基本的政治权利,政府应该保障人们的言论自由权,这与唐甄所提倡的鼓励庶民干政、议论朝政的做法有着某种契合。

3. 提倡社会救助,保障人的生存发展权

社会救济体系是捍卫民众基本生存与发展权益的基石。中华民族自古秉承尊老恤幼、扶危济困的优良传统,历朝君王与哲人皆对鳏寡孤独群体之福祉给予

---

① 《潜书·拟尊》。

② 《左传·卷九》。

③ 《潜书·取善》。

④ 《潜书·六善》。

深切关怀。唐甄在审视社会救济策略时,对当时盛行的"育婴堂"模式持批判态度,他主张借鉴"文王治岐之政"[①]的智慧,以此作为革新社会救济体系、解决现存问题的根本途径。

唐甄目睹了社会的苦难与人民的艰辛,他憧憬着一个美好的愿景:民众在寒冷时得以温暖,病痛时能有良药,实现他所说的"老幼保暖,养生送死无憾"的理想社会。彼时,苏州及其邻近地域兴起了"育婴堂",此乃开明士绅心怀慈悲,为解民间疾苦而设的慈善之举。家境贫寒、无力抚养的婴孩,得以被送入"育婴堂",享受衣食无忧、医疗周全的庇护,更有乳母受雇抚育。然而,唐甄对此持保留态度,认为此举虽为乡梓之善行,但对广袤天下的苦难而言,仅是杯水车薪。缘由有二:其一,当时国家多难,民众生计无着,饥寒交迫之下,亲子分离、婴儿遗弃之事频仍,虽有仁人志士慷慨解囊,创办"育婴堂",但相较于浩渺的苦难海洋,此举不过是微不足道的一滴水珠,难以根治问题。其二,"育婴堂"所雇乳母,多有逐利之心,未必能倾注真情,悉心照料这些无辜的生命,其关怀之质,实难保障。据记载,"育婴堂"里"诸乳妇多不良,第贪三百钱,得堂中之衣襁,皆用于己子。所养之子,置之不顾,故多病死……堂中虽有察婴之规,使从事者视之,不过月一至焉,岂能相与寝处,故病死者多也。自有此堂以来,所活者多矣,然念所不得全者,恒为戚戚焉"[②]。

正因如此,"育婴堂"中的弃婴病者十之二三,死者十之一二,虽然规定有专人定期视察婴儿,但也是一个月才会去一次,所以导致了婴儿病死者很多。因此,唐甄并不推崇这种社会救助方式,他认为只有从根本上解决了民众的贫困问题,才能够使人民安居而乐业。他认为应该实行"文王治岐之政",轻徭薄赋、予民休息,使四海之民"家给人足,衣食保暖",各级官员施行惠民的善政,才是社会救济的可行之策。唐甄在社会救济方面的主张,大有反对"输血式救济",提倡"造血式救济",从根本上解决穷苦贫弱社会顽疾的意味。

---

① 《孟子·梁惠王下》。

② 《孟子·梁惠王下》。

（三）"息讼止争"的法律思想

中国传统法律文化中，根深蒂固地蕴含着"息讼"的哲学理念。儒家思想强调"礼之用，和为贵"[①]，视和谐为社会之根本，将"讼争"视为对礼制和谐的破坏，孔子更以"听讼，吾犹人也，必也使无讼"[②]表达其追求无讼而治的理想境界。道家则秉持"无为而治"的智慧，认为通过引导民众达至"无知无欲"之境，自然能消除纷争之心，实现社会的无讼状态，进而达到治理的最高境界——"无不治"。唐甄在承继儒道两家精髓的基础上，深化了息讼止争的思想，强调通过内在修养与外在治理的和谐统一，促进社会的和谐稳定。

首先，唐甄批判当时"吴地"人民善讼及通过各种卑劣行径力求能够胜诉。《潜书·吴弊》中曾记载："吴人善讼，凡所以求胜者，无不为也，无不忍也。震泽有农夫，欲讼其叔而知不可，则谋之于母，使妇诬叔乱我。妇不可，姑与夫交挞之，不从，将致之死，妇惧而从之。姑妇告之官，其叔不能辩，乡人皆知其冈，而亦不能为之辨，今狱未成也。吴江有欲讼其所疾而知其不可胜，乃夜与人谋曰：'尔即为我致之来，我断其头。'其人笑曰：'尔亦与之俱死矣。'曰：'不然，吾斩吾妻之头，明日挈二头而告于官，曰：'是人通吾妻，并斩之矣，敢请死罪！'天下岂有无故而自杀其妻者哉？虽有明者不能察也。于是除吾所疾，而吾且晏然，又有豪杰之名。子以为如何？'其人曰：'妙哉，此计，非吾所能及也。'即起，往召所疾者。其婢窃闻之，而告其妻，其妻大惊，急奔之邻。入室视之，不见其妻矣，计遂不行。"[③]可以看到，吴人为追求胜诉，竟至冈顾伦理，不惜以母亲的清白与妻子的性命为代价，此等卑劣行径，无疑将招致社会舆论的强烈谴责。唐甄以笔为锋，深刻揭露了吴地人在诉讼中的极端手段，实则是对诉讼制度滥用的深刻反思与坚决反对，彰显了他对正义与道德底线的坚守。

其次，唐甄从"病礼"的角度说明争讼乃是"失礼""病礼"的行为，力主"不争"和"以礼止争"观点。他说："礼与争反，古之礼经，后事多不能行，不行不足

---

① 《论语·学而》。

② 《论语·学而》。

③ 《潜书·吴弊》。

以病礼。礼之失,非仪文度数之失,乃争之失。上世以礼息争,后世以礼遂争……天下大乱,此为之根。"① 他认为天地初辟之时,有道无德,有治无政,清净渊默,民众各养其身。黄帝谷神之书,老聃再述,传为道宗。运及尧舜,生人日众,情欲日开,不能与鸟兽杂处。黄帝所治,不可复治,政教乃起,学问乃备,使五谷为食,五行为用,五教② 为序,五兵③ 为卫,心原身矩,以溉生匡俗。待及后世,市人长短相争,是非相讼,君子亦不免争长短、讼是非,虽然看似所争有义与利的不同,但是"其为争一也",即是为"名"而争,人们因为"一言相异,变色而起,其徒助之,相煽不已。以为为道,其实为名;以为为国,其实为身"④。为此,唐甄一方面主张"顺乎自然,无强制之劳,有安获之益"⑤,方能达到"无为""无争"的境界;另一方面主张"以礼息争",他认为知礼者不在于行让先后,而在于心让贤,世多以贤为贤,殊不知"不争"为贤,只有"不争",才能够使抑抑雍雍的世道,不习而成风,才能够使君子不党、小人不戒。

综上所述,唐甄,作为明末清初杰出的进步思想家,其法律思想横跨法哲学与各部门法,展现出非凡的学术深度与广度。尽管他未留下专门的法律巨著,但其著作《潜书》中,字里行间流淌着对法律制度的深刻洞察与独到见解。唐甄以渊博的学识为基,秉持经世致用的精神,构建了一个既根植于传统法律文化精髓,又勇于突破时代局限的法律理想国。他不仅在继承古代法律智慧方面有着深厚的造诣,更在时代背景下,勇于探索、勇于创新,提出了一系列富有前瞻性和开创性的法律观点。从司法公正到立法理念,从刑罚制度到权利保障,唐甄的法律思想涉猎之广,论述之精,无不显示出其深厚的法学功底与卓越的思想洞见。

---

① 《潜书·性才》。

② 五教:父义、母慈、兄友、弟恭、子孝,五常之教。

③ 五兵:戈、矛、戟、酋、戈等五种兵器。

④ 《潜书·格定》。

⑤ 《潜书·悦入》。

结　语

　　党的十八大以来,以习近平同志为核心的党中央多次强调了传统文化的传承与发展,提出:"要坚持古为今用、以古鉴今……努力实现传统文化的创造性转化、创新性发展。"① 法律文化作为文化的重要组成部分,承载着丰富的历史传统、价值观念和社会规范。习近平总书记在讲话中也多次强调,要"弘扬社会主义法治精神,传承中华优秀传统法律文化"②。因此,新时代将中华优秀传统法律文化进行创造性转化和创新性发展具有重要的理论意义和现实价值。

　　其一,中华优秀传统法律文化在新时代的创造性转化与创新性发展,不仅是对古老智慧的深刻挖掘与再创造,更是马克思主义法学理论在中国这片深厚土壤上落地生根、开花结果的深入体现与完善过程。这一过程不仅丰富了马克思主义法学理论的内涵,也为其注入了鲜明的中国元素和时代特征,实现了理论与实践的有机结合。深入研究中国古代法律思想史,就如同打开一扇通往历史智慧宝库的大门,让我们能够窥见古人对于法治、公正、和谐社会的深刻洞察与不懈追求。在此基础上,挖掘并传承中华优秀传统法律文化中的精髓,如"以和为贵""法不阿贵,绳不挠曲"等理念,对于构建现代法治社会具有重要价值。而将这些宝贵遗产进行创造性转化和创新性发展,则意味着要在继承的基础上勇于突破,将传统智慧与现代法治理念相融合,创造出既符合中国国情又顺应时代发展潮流的法律文化新形态。这不仅是对"坚持把马克思主义基本原理……同中华优秀传统文化相结合"③ 即"第二个结合"理念的积极探索与实践,也是推动中

---

① 习近平:《在纪念孔子诞辰 2565 周年国际学术研讨会暨国际儒学联合会第五届会员大会开幕会上的讲话》,《人民日报》2014 年 9 月 25 日第 2 版。

② 《习近平著作选读》(第一卷),人民出版社 2023 年版,第 35 页。

③ 习近平:《在庆祝中国共产党成立 100 周年大会上的讲话》,《人民日报》2021 年 7 月 2 日第 2 版。

华优秀传统法律文化走向世界、增强文化自信的重要途径。通过这一过程,我们能够更好地展现中国法治文化的独特魅力,为构建人类命运共同体贡献中国智慧与中国方案。

其二,将中华优秀传统法律文化进行创造性转化和创新性发展,还是对中国特色社会主义法治理论的丰富与进一步发展,为构建具有中国特色的社会主义法治体系提供了深厚的文化底蕴和理论支撑。在这一过程中,我们深入挖掘传统法律文化中的合理内核,如"礼法并用""德主刑辅"等思想,将其与现代法治理念相结合,形成了既尊重传统又符合时代要求的法治观念。这不仅有助于提升公民的法律意识,促进法治社会的建设,还能为法治实践提供更为全面、深入的指导。同时,中华优秀传统法律文化中的和谐、公正、诚信等价值观,也为解决现代法治难题提供了独特的视角和思路。通过创造性转化和创新性发展,这些价值观被赋予了新的时代内涵,成为推动中国特色社会主义法治理论不断向前发展的强大动力。因此,将中华优秀传统法律文化进行创造性转化和创新性发展,不仅是对传统智慧的继承与发扬,更是对中国特色社会主义法治理论的丰富与完善。这一过程不仅有助于提升我国法治建设的水平和质量,还能为国际社会提供有益的法治经验和智慧,推动全球法治文明的交流与互鉴。

其三,深入研究中国古代法律思想史,并将其中的中华优秀传统法律文化进行创造性转化和创新性发展,无疑为传统法律文化在新时代的传承与创新开辟了一条广阔的道路。这不仅是对历史智慧的一次深刻挖掘,更是对传统文化生命力的再激发,使其在新的时代背景下焕发出更加璀璨的光芒。在这一过程中,我们不仅要关注古代法律思想的核心理念和基本原则,更要深入理解其背后的文化逻辑和价值追求。通过与现代社会的法律实践相结合,我们可以将传统法律文化中的合理元素进行创造性转化,使其更好地适应现代社会的需求和发展。同时,创新性发展也是不可或缺的一环。在保持传统法律文化精髓的基础上,我们要勇于探索新的法律理念、法律制度和法律实践方式,为传统法律文化注入新的活力和动力。这不仅有助于提升我国法制建设的水平和质量,还能为国际社会提供有益的法治经验和智慧。总之,深入研究中国古代法律思想史,并将中华优秀传统法律文化进行创造性转化和创新性发展,是推动传统法律文化在新时代传承与创新的重要途径。通过这一过程，我们可以更好地传承和发扬中华优秀传统法律文化，为构建具有中国特色的社会主义法治体系提供坚实的文化基础和理论支撑。